如何成为

淘宝天猫
运营高手

王一文（@电商马夫）著

电子工业出版社

Publishing House of Electronics Industry

北京·BEIJING

内 容 简 介

随着淘宝的竞争越来越激烈，对运营人员的要求也越来越高，以往那种靠简单的上传产品、低价售卖等就能经营好淘宝天猫店铺的时代已经一去不复返了。取而代之，运营人员不仅要有操作店铺的熟练技能，还要有品牌营销理念方面的高维认知。作为淘宝天猫店铺操盘手，作者将自己多年的店铺实操经验进行总结，希望帮助读者搭建全面的淘宝天猫运营知识体系。

本书不仅涉及淘宝搜索、直通车、引力魔方、淘宝客、万相台、达摩盘、数据化运营、视觉优化、爆款打造等店铺操作技能的内容，还涵盖了品类思维、定位思维、颜值思维、背书思维、爆款思维、圈层思维等品牌思维认知的内容。本书内容由浅入深，讲解细致，每步操作都配有图示，每种思维都有对应案例，方便读者理解和落实。

本书既适合淘宝天猫平台的网店运营人员阅读，也适合其他平台电商从业者学习和参考，还适合作为各院校和培训机构相关专业的教材。

图书在版编目（CIP）数据

如何成为淘宝天猫运营高手 / 王一文著. —北京：电子工业出版社，2022.9
ISBN 978-7-121-44165-3

Ⅰ. ①如… Ⅱ. ①王… Ⅲ. ①网店－运营管理 Ⅳ. ①F713.365.2

中国版本图书馆 CIP 数据核字（2022）第 155213 号

责任编辑：张月萍　　　　　　特约编辑：田学清
印　　刷：天津千鹤文化传播有限公司
装　　订：天津千鹤文化传播有限公司
出版发行：电子工业出版社
　　　　　北京市海淀区万寿路 173 信箱　　　　邮编：100036
开　　本：787×980　　1/16　　印张：18.75　　字数：415 千字
版　　次：2022 年 9 月第 1 版
印　　次：2022 年 9 月第 1 次印刷
定　　价：69.90 元

凡所购买电子工业出版社图书有缺损问题，请向购买书店调换。若书店售缺，请与本社发行部联系，联系及邮购电话：(010) 88254888，88258888。
质量投诉请发邮件至 zlts@phei.com.cn，盗版侵权举报请发邮件至 dbqq@phei.com.cn。
本书咨询联系方式：(010) 51260888-819，faq@phei.com.cn。

前言

做淘宝天猫运营的第 12 个年头，我撰写了第一本书，即《如何成为淘宝天猫运营高手》。在这本书里，我对最新的淘宝天猫知识体系和品牌营销理念做了梳理，希望正在做淘宝天猫运营或即将从事这个职业的你能够少走一些弯路，早日成为一名优秀的运营人员。

经历过淘宝早期"草莽时代"的运营人员应该都清楚，那时候只要把产品挂到淘宝网上就会有源源不断的订单，欧莎、三只松鼠、林氏木业等"淘品牌"都是那个时期发展起来的佼佼者。然而到了 2013 年，淘宝的流量增长开始遇到瓶颈，运营人员发现再依靠简单的上传产品、低价售卖等已经很难将一家店铺运营起来，原因在于淘宝的底层逻辑变了，它不再是一个"货架"，而是变成了"货品中心+关系中心+内容中心"。

随之而来的是运营人员的抱怨、迷茫，甚至有的人心生倦意，离开了这个行业。在与他们交流过后，我发现大部分运营人员碰到了以下三大难题。

- 淘宝天猫的知识更新太快，但是相对权威的知识获取渠道太少。
- 运营人员看似学习了不少的淘宝天猫知识，可实操性不强不说，还十分零散，无法形成自己的框架体系。
- 淘宝各行各业"内卷"严重，除了上传产品、低价售卖，运营人员不知道自己还能做什么。

坦白地讲，以上难题我都碰到过。记得刚开始做运营时，没有人教，市面上关于淘宝天猫运营的书籍要么过于陈旧，要么不是由有淘宝店铺实操经验的作者所写，无奈之下，我只能自行摸索。在此期间，我成功操盘过十几家年销售额高达千万元的店铺，也经历过店铺从高峰跌落低谷，甚至倒闭的情形。

随着经验的积累，我明显感觉到如果运营人员不改变自己的思维模式，那么离被淘汰就不远了。

只要运营人员认真研究淘宝上的店铺就会发现，虽然大部分"淘品牌"已经退出历史舞台，但越来越多像三顿半、小仙炖、Ubras、完美日记等新兴的品牌逆势而上，一发不可收。很多人把它们的成功归结于资金雄厚，这当然是一部分原因，但不可忽视的原因是它们运用了品类、定位、圈层等高维的品牌营销理念。还有一些中小卖家由于抓住了淘宝天猫最新的一些变化，成功将自己的品牌带入了"第二春"。因此，虽然"淘宝越来越不好做了"这种话每年都会有人说，但在乐于学习和改变的运营人员那里，只是正确的"废话"而已。

为了适应淘宝天猫的变化，本书第1～7章讲了淘宝搜索、直通车、引力魔方、淘宝客、万相台、达摩盘、数据化运营、视觉优化、内容营销、活动营销、新品运营等操作技能；第8～12章讲了品类思维、定位思维、颜值思维、背书思维、爆款思维、IP思维、内容思维、圈层思维、产品思维、场景思维等品牌营销理念。

我希望自己多年的店铺实操经验及对新兴品牌的研究能够帮助运营人员从一大堆关于淘宝天猫的知识和概念中解脱出来，真正回归到对淘宝底层逻辑的掌握和品牌塑造上来，并通过实践最终形成自己的认知体系。

我希望运营人员不再有看不完的数据、熬不完的夜，而是可以从容、自信地经营好店铺，并且享受生活带给我们的美好。

电商马夫

2022年3月

目录

第 1 章

淘宝搜索：快速提升宝贝排名

淘宝搜索的重要性，相信大家都知道，尤其在流量越来越贵的当下，淘宝搜索更成了商家们争相研究的对象。毕竟由淘宝搜索引入的流量，不仅是免费的，转化率还相当高。可以说我们做推广、宣传、营销等，最终目的都是获得更多的免费流量，而淘宝搜索引入的免费流量是所有免费流量中最有价值的。虽然如今市面上讲淘宝搜索的书籍不少，但有些知识过于陈旧，还有一些过于复杂，不好理解。而我要讲的淘宝搜索，我希望它是简洁的、实用的，我会聚焦最基本、最实用的内容，期望对大家有所帮助。

1.1 淘宝搜索的基本原理

网上有很多关于搜索优化的文章。例如，标题优化最好在零点以后，因为这时候搜索系统在收录更新，如果改标题的话会影响流量；还有的说优化主图时，要把新主图先放在第二个位置，过几天再调整到第一个位置，这样对搜索流量的影响最小。这些所谓的优化技巧，其实都是没有依据的，很多人愿意相信这样的谣言，其实是没有理解淘宝搜索的本质。

在我看来，淘宝搜索的本质，用一句话就可以概括，那就是"把最适合的商品推荐给最有可能成交的买家"，这个过程其实是分两步走的。

第一步，分析买家的真实需求

淘宝会根据买家的性别、年龄、购物偏好、行为标签等因素，推断出买家的真正需求是什么。淘宝在判断买家的真正需求时，并非只有关键词这一个维度，还有买家的搜索行为标签。为什么是两个维度呢？因为第一次的关键词搜索，系统是根据大数据来判断买家需求的，也就是性别、年龄、购物偏好等相似的这类人，他们在搜索同样关键词时会购买什么宝贝，于是系统就推荐同样的宝贝；而第二次的点击、收藏、加购等购物行为，会更真实地暴露出买家的购买意向，这个维度是系统根据买家行为来进行实时反馈的。系统除了判断买家的需求，还需要从海量的商品库里筛选出最合适的商品推荐给买家，最终才有可能成交。

第二步，筛选出合适的商品

商家每天都有大量的商品上传到淘宝的商品库里，系统要通过一套运行机制，也就是通常我们所讲的搜索算法，筛选出符合买家特定需求的商品。淘宝搜索无非就两个动作：一个动作是展现，宝贝展不展现，主要是看你的商品与买家的需求是否匹配；另一个动作是排名，也就是说和买家需求匹配的商品有很多，谁该排在前面、谁该排在后面，这是由一系列权重因素决定的。实际上，淘宝每过一段时间就会对影响搜索排序的权重比例进行调整，如果算法固定不变，商家把这套机制摸透了，大家就会把精力都放在"讨好"搜索算法上，而不是给买家提供最好的产品和服务，这显然不符合搜索引擎的最终目的。淘宝搜索的两个步骤如图 1.1 所示。

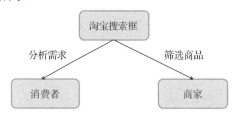

图 1.1　淘宝搜索步骤示意图

1.2　千人千面下的应对技巧

2013 年，淘宝开始进入个性化搜索时代。在此之前，淘宝搜索经历过两个阶段。最开始的时候，淘宝为了让商家都有公平的展现机会，设计了一个机制：越接近下架时间的商品，排名就越靠前。后来很多商家利用这个漏洞，上传大量的商品，争取占据各个有利的时间点，这严重影响了消费者的购物体验，于是淘宝对搜索规则进行了完善，禁止重复铺货。与此同时，淘宝开始把最容易成交的商品优先推荐给消费者，这无形中又促使很多商家过于在乎销量，而不注重商品的质量，很多优质的商品反而得不到很好的展现。于是淘宝又开始修正它的搜索机制，在技术和个性化需求的基础上，开始全面普及"千人千面"。所谓千人千面，简单来说就是指不同的人享有不同的搜索结果，而这个结果会更加贴近搜索人的需求。

千人千面背后的设计逻辑，简单来说就是精准匹配。以前靠上下架时间、销量，或者单独几个维度，系统很难匹配精准的商品来满足消费者的需求，而千人千面是通过给买家和产品打上各种标签来实现的。当买家搜索某个关键词时，系统会看商品库里有哪些产品的标签和这个买家的标签相吻合，吻合的就优先展现，不吻合的靠后展现或不展现。

1.2.1　买家标签

买家标签是指淘宝根据买家的性别、地域、年龄、消费水平、浏览行为和购买历史等信息给买家打上的各种标签，它又可以分为基础标签和行为标签。

基础标签是由买家的个人信息，以及购买历史而形成的标签。比如，某位女大学生过去经常买 100 元以内的休闲服，那么淘宝就会给她打上"追求高性价比""喜欢休闲服装""女大学生"等标签，等她下次有买衣服的需求去淘宝搜索时，淘宝就会优先将价格实惠的休闲服装推荐给她。基础标签如图 1.2 所示。

图 1.2　基础标签

行为标签是买家最近在进行浏览、收藏、加购、支付、回购、分享等行为时被系统打上的标签。比如一位最近总是浏览高单价的手机的白领，期间有过收藏、加购的行为，那么系统就会给他打上"男性""白领""想买高端手机"等标签，等他下次搜索手机时，淘宝就会优先将高单价的手机推荐给他。

基础标签和行为标签之间的区别还是很大的。举个例子，当买家第一次在淘宝搜索手表时，淘宝只能根据已有的信息，比如年龄、性别、消费水平、购买历史等基础标签，先做一个基本的判断，再把有同样基础标签的人都喜欢买什么样的手表推荐给这位买家，也就是说基础标签主要是在买家一开始产生需求的时候起作用。但这个时候淘宝的推荐其实是不够精准的，淘宝还要结合买家的行为标签才能给出更好的推荐。比如，买家最近浏览了几十款手表并且加购了其中三款，这三款手表都属于中高价位的机械表，这时候淘宝就会根据买家的浏览和加购行为，给他打上"喜欢机械表""消费力强"等标签。如果这位买家最终选择了其中一款手表成交，手表还是某知名品牌，淘宝又会给他打上"喜欢某知名品牌"的标签。这些标签都可以称为行为标签，它们都是买家在进行浏览、收藏、加购、支付、回购、分享等行为时所产生的标签。行为标签能更精准地反映买家近期的需求。

这里必须强调的是，虽然买家的行为标签关系到淘宝的推荐机制，但也分强弱。比如，买家浏览一款产品，相当于"刚认识"；收藏、加购一款产品，可以算"朋友"；购买一款产品，那就是"亲密朋友"了；如果还回购、分享一款产品的话，那绝对就是"铁杆粉丝"了。总之，回购、分享的权重要高于购买，购买的权重要高于收藏、加购，收藏、加购的权重又要高于浏览。另外，行为标签的权重还跟行为发生的时间有关系，越接近当下的行为权重越高。行为标签权重如图 1.3 所示。

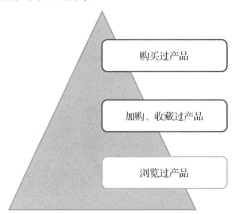

图 1.3 行为标签权重

1.2.2 产品标签

产品标签可以归纳为两类：产品初始标签和用户反馈标签。

产品初始标签就好比一款产品的出生证明，是商家在发布一款产品的时候，系统要求填写的基础信息，比如类目、价格、标题、属性等。系统就是根据这些基础信息来确定产品更适合哪一类人群的需求的。

　　有的新手商家在填写产品基础信息时，喜欢投机取巧，没有从自身产品的精准人群出发，而是从获取更多流量的角度出发，比如夏季短袖的衣服好卖，但产品明明是长袖的，偏要写个短袖，那么系统在识别的时候就会误判，将产品推荐给不精准的人群。为了减少这种误判，在产品初始标签的基础上，淘宝加上了另外一类标签，那就是用户反馈标签。

　　所谓用户反馈标签，其实类似于买家的行为标签。当一款产品上架后，淘宝会根据产品的初始标签先给予一定的展现量，再收集该产品在市场上的表现，比如点击率、转化率、跳失率、加购率、收藏率、评价反馈等。只有当这些反馈的数据表现好时，系统才会认可产品的初始标签，才会将产品展现给更多的精准人群。我们通常说标签混乱，其实就是产品的初始标签和淘宝给它打上的标签不相符，系统出现了认知失调，不知道该把产品展现给哪类人群，于是就选择不展现。

　　因此，商家要想给自身产品打上精准的人群标签，首先要做的就是准确填写产品的基础信息，它是产品的身份认证，一旦填写错误，后期很难弥补；其次在产品规划阶段就要想好产品的定位，否则就容易出现人群错配；最后要做好产品的各项数据，比如点击、转化、收藏、加购、坑产、好评等，只有这些数据的反馈良好，淘宝才会给产品更多优质的展现量，如图1.4和图1.5所示。

图 1.4　连衣裙标题价格

产品参数:

品牌: H▇▇▇ ▇▇▇	适用年龄: 40-49周岁	尺码: S M L XL XXL
图案: 花色	领型: 立领	腰型: 松紧腰
衣门襟: 套头	颜色分类: 粉杏 淡黄色 粉杏(长袖)	袖型: 常规
组合形式: 两件套	货号: AQ8003	裙型: 大摆型
年份季节: 2020年夏季	袖长: 五分袖	裙长: 中长裙
流行元素/工艺: 拼接 印花	销售渠道类型: 纯电商(只在线上销售)	材质成分: 桑蚕丝100%

图 1.5　连衣裙参数

1.2.3　店铺标签

店铺标签应该很好理解,它其实就是一家店铺所有产品标签的综合载体。说得再详细点,店铺标签是基于店铺的主营类目、基础信息、产品标签、产品风格,结合产品的成交方向,以及被浏览、收藏、加购、回购、分享的人群累积产生的数据而综合形成的。

淘宝上的商家千千万,各个类目的竞争都异常激烈,淘宝在推行千人千面的时候,鼓励大家去做"小而美"的店铺。"小而美"背后的逻辑,其实就是店铺的产品定位要精准、风格要统一,商家只需要服务好一部分人即可,不要盲目地追求"大而全"。例如,你是卖女鞋的,就把女鞋做精做透,不要也卖男鞋。虽然男鞋能带来一些销量,但店铺的人群标签有可能被打乱,最后反而不利于店铺的发展。尤其对于那些跨类目发展的店铺,我个人建议尽量聚焦一个类目,删除不相关的产品,这样有利于系统给店铺打上更精准的标签,从而推荐给店铺更多精准的流量。

1.2.4　如何应对千人千面

前面我们讲了千人千面的形成机制,其实就是靠买家标签、产品标签和店铺标签对买家需求进行精准匹配。商家既然不能改变买家的行为习惯和用户属性,那么优化的重点只能是店铺标签和自身的产品标签,具体来说,可以从以下两方面入手。

1. 做好店铺定位

一款产品好不好卖,90%以上是由选品决定的,而选品又是由店铺的定位决定的。如果把店铺定位比作一场战争,那么好的店铺定位就应该是点对点的精准打击,而不是乱枪打鸟,或者散弹枪打出去,看似杀伤范围很大,实际打中的目标并不多。

2．优化产品标签

产品标签包含产品初始标签和用户反馈标签。商家一定要准确地填写产品的类目、属性、价格、参数、标题等信息，它是淘宝判断产品该推荐给哪类人群的基础依据。其中，产品标题的确定和优化是非常重要的一个环节。产品标题是由多个关键词组合而成的，每个关键词背后对应的都是买家的一种需求，商家关键词选错了就会造成需求上的不匹配，从而导致产品的反馈数据很差。

在优化用户反馈标签时，大家可以去"生意参谋—流量—访客分析"中查看店铺的人群与自身定位是否相吻合。如果你的定位是卖高单价产品，但进来的流量是贪便宜的人，说明你的产品的反馈标签有问题。这时候要么顺应淘宝给你的反馈标签，对产品进行重新定位；要么通过直通车、超级钻展、超级推荐等付费工具的人群定向、老客户回购等方法给产品打上精准标签，从而把之前淘宝给产品打上的"旧标签"扭转过来。但系统最终能不能给予产品更多的展现量，关键还要看产品与买家的需求是否能够精准匹配。人群标签如图 1.6 所示。

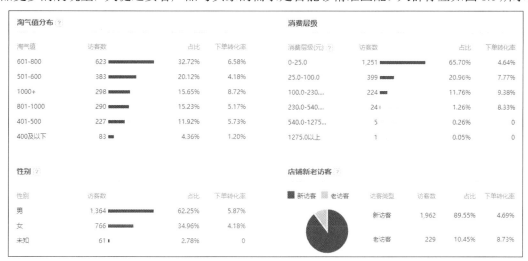

图 1.6　人群标签

1.3　影响搜索排名的核心因素

据说影响搜索排名的因素有上百个，淘宝没有把这些因素对外公布出来。这里我借用大家实践过程中总结出来的经验加上个人的体会，谈谈影响搜索排名的核心因素。这些因素可以理解为所谓的权重，而权重直接影响排名。

1.3.1 店铺因素

1. 店铺层级

店铺层级是淘宝根据近 30 天的支付金额对同一类目下的店铺划分的不同等级，目前有 7 个层级，如图 1.7 所示。

图 1.7　店铺层级

2. 店铺 DSR

店铺 DSR 也叫动态评分，它通过宝贝与描述相符、卖家的服务态度、物流服务的质量等维度组合而成，每个维度取连续 6 个月内所有买家给予的评分的算术平均值。每个新开店铺三项指标的起始分值都是 5.0，动态评分高的店铺说明买家的体验非常不错，尤其在如今淘宝越来越重视买家体验的背景下，动态评分越高，店铺的权重也就越高，如图 1.8 所示。

图 1.8　店铺 DSR

3. 服务能力

服务能力主要表现在售前、售后和物流这几个方面，具体包括询单转化率、发货速度、售后处理速度、退款速度、服务态度、旺旺响应时间、旺旺在线时长等指标，这些指标的数据最好优于同行平均值，否则就会影响搜索排名。

4．违规处罚

店铺违规可以说凌驾于一切规则之上，一旦店铺有违规、扣分、处罚现象，不仅会影响店铺参与淘宝官方活动，还会影响店铺权重。店铺违规类型分为一般违规和严重违规。当店铺扣分达到 48 分时，店铺将会被查封，而未达到 48 分的会对其采取相应的处罚措施。

1.3.2　宝贝因素

1．搜索转化率

众所周知，搜索转化率可以提高宝贝的搜索权重，但容易产生误解的地方是宝贝的整体转化率高并不一定能带来更多的搜索流量。首先，只有该款宝贝的搜索转化率高，它的搜索权重才会高，而付费推广、首页推荐、活动等其他流量来源的转化率高并不能直接提升搜索的权重；其次，搜索转化率需要细分到每个关键词，淘宝系统是根据关键词来筛选宝贝的，而不是主图和详情页，所以要想提高宝贝的搜索权重，最重要的是提高宝贝关键词的搜索转化率。搜索转化率如图 1.9 所示。

商品来源	访客数 ⑦ ▼	收藏人数 ⑦	加购人数 ⑦	支付转化率 ⑦	操作
直通车	207	12	11	4.35%	详情 趋势 提升搜索
手淘搜索	139	6	9	3.60%	详情 趋势
我的淘宝 ⑦	24	0	1	8.33%	趋势
购物车 ⑦	15	0	0	20.00%	趋势
手淘旺信	14	0	1	28.57%	趋势
淘内免费其他 ⑦	11	0	0	9.09%	详情 趋势
手猫搜索	7	0	1	14.29%	详情 趋势
淘宝客	5	1	0	0	趋势
手淘问大家	4	0	2	0	趋势
手淘我的评价	2	0	0	0	趋势

图 1.9　搜索转化率

2．流失率

流失率指的是浏览过我们商品的顾客中，去对手家买的顾客占所有成功购买的顾客的比例。相比搜索转化率，流失率能在更长时间内反映一款商品的竞争力，尤其对于一些客单价高、转化周期比较长的商品，比如家具。当然，这里并不是说搜索转化率不重要，在搜索转化率不低于同行业均值的前提下，商品的流失率越低，它的权重就越高。流失率如图 1.10 所示。

图 1.10　流失率

3．收藏、加购

一款宝贝收藏、加购的人越多，代表对它有购买意向的顾客越多。有些宝贝的点击率很高，但顾客未必会产生购买意向，这时候淘宝系统不会仅仅因为你的宝贝点击率高，就给你的宝贝搜索加权。在转化周期内，如果大量顾客只是看看而不下单，系统就会判定你的宝贝具有一定的欺骗性，从而收回这款宝贝的关键词权重。因此，商家应该切实提升宝贝的吸引力，而不是停留在数据的弄虚作假上。

4．UV 价值

"UV 价值=支付金额/访客数"，UV 价值可以平衡客单价和转化率。如果只是看搜索转化率，看收藏、加购，而不考虑价格，那么一些客单价高的商品将得不到公平的展现。这时，UV 价值的重要性就体现出来了。客单价高的商品虽然搜索转化率低，但它的客单价高，它的 UV 价值就高，这能从一定程度上弥补转化率低的不足，其实这也体现了淘宝系统的公平性。

5．新品

为了提升淘宝产品生态的丰富性，淘宝对新品会有一定的扶持。淘宝会对新品期 28 天内的宝贝加权，特别是前 14 天，加权的效果尤其明显。对于商家来说，千万不要浪费了新品期的扶持权重，新品一定要规划好了再上架。新品如图 1.11 所示。

图 1.11　新品

6．递增权重

销量一直都是影响自然搜索排名的重要因素，根据时间取值不同，有最近 30 天的销量、最近 7 天的销量和 1 天的销量。在其他条件相同的情况下，销量越高的产品一般排名也越靠前。但销量权重也有极值，当达到这个极值后，销量权重不会再因销量增加而有所提高。

而销量的递增，比如最近 7 天的增速和最近 30 天的增速，这个指标能反映产品未来的潜力，尤其对于季节性比较强的产品和新品，若不把递增权重考虑进去，那么它们可能一直没有出头的机会。

7．实时权重

如今的淘宝系统，它能够在用户对某款宝贝产生浏览、收藏、加购等行为后，立刻做出实时的反馈和调整，从而推荐更符合用户需求的宝贝。实时权重更能反映用户当下的真实需求，所以它的占比越来越大。

8．相对权重

淘宝实行的是赛马机制，一个关键词的权重高不高，不仅要看它的数据表现如何，还要看抢这个关键词排名的竞争对手的数据表现如何，只有当你的表现比竞争对手的都优秀时，才有机会获得更好的排名。

9．标题优化

淘宝是通过关键词来筛选宝贝的，决定一款宝贝排名的因素可能有很多，但最终都会反映到每个关键词上。某个关键词的数据表现越好，宝贝在该关键词搜索下的排名就越靠前。多个关键词组成了一款宝贝的标题，因此标题优化做得好不好直接关系到搜索的排名。

10．个性化因素

在千人千面的机制下，淘宝进入个性化搜索时代，以往单靠累积宝贝数据的做法已经行不通了，取而代之的是宝贝与买家需求的匹配度。在这套个性化推荐逻辑下，商家优化的重点不是单纯地提高宝贝的各项数据，而是要与自身的目标人群"发生关系"。买过的店如图 1.12 所示。

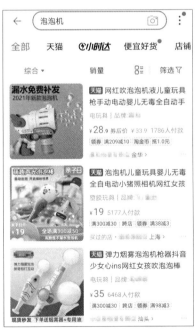

图 1.12　买过的店

1.4 标题优化的四个关键步骤

关键词是连接买家和宝贝的桥梁，而宝贝标题是由多个关键词组成的，因此标题的重要性不言而喻，一个优秀的标题可以给宝贝带来更多的展现机会。

1.4.1 挖掘关键词

挖掘关键词是制作标题的第一步，以下是常用的几种方法。

1. 淘宝首页搜索下拉框

买家在淘宝首页搜索关键词时，很多人都依赖下拉框里推荐的一些搜索热词，一来非常方便，二来很多人未必一开始就清楚自己需要什么。因此，商家要经常去搜索和自己店铺类目相关的关键词，可以随时掌握买家的需求。淘宝首页搜索下拉框推荐如图 1.13 所示。

图 1.13 淘宝首页搜索下拉框推荐

2. 直通车系统推荐词

商家在进行直通车推广时，系统会根据产品的信息给出一些推荐词，如图 1.14 所示。

13

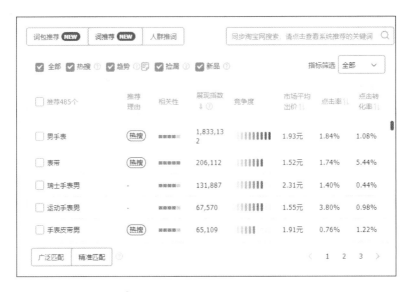

图 1.14　直通车系统推荐词

3．通过"生意参谋—市场—搜索排行"进行挖掘

通过"生意参谋—市场—搜索排行"可以找到宝贝所在类目买家搜索的行业热词，还可以点击关键词后面的"搜索分析"进入二级页面，里面有很多关于这个关键词的推荐词，如图 1.15、图 1.16 所示。

图 1.15　生意参谋—市场—搜索排行

图 1.16　生意参谋—市场—搜索排行—搜索分析

4．通过"生意参谋—竞争—竞品分析"进行挖掘

通过"生意参谋—竞争—竞品分析"可以监控竞争对手的引流关键词和成交关键词，如图 1.17 所示，这些关键词都是经过竞争对手验证的，实用性比较强。

图 1.17　生意参谋—竞争—竞品分析

5．通过"生意参谋—流量—选词助手—行业相关搜索词"进行挖掘

在"生意参谋—流量—选词助手—行业相关搜索词"这里也有很多关键词供挖掘，如图 1.18 所示。

图 1.18　生意参谋—流量—选词助手—行业相关搜索词

1.4.2　筛选关键词

经过上一步的挖掘，我们已经得到了很多关键词，建议大家可以建立一个关键词词库，以便优化标题、新品上架的时候使用。如果店铺里有不同类别的产品，还可以建立多个不同的关键词词库。虽然我们已经挖掘了很多关键词，但未必每个都适合用来做标题，所以接下来我们就需要对关键词进行筛选。

首先，我们需要确定产品的核心关键词。类目比较大的一般选出一个核心关键词就够了，类目比较小的可以选出两个核心关键词。核心关键词需要满足以下三个要求。

1. 能准确描述宝贝

也就是说，人们一看到这个关键词脑海里就能想起对应的宝贝。"连衣裙"是核心关键词吗？在某种程度上是，但它太宽泛了，如果再加上一个修饰词，比如"短袖连衣裙"，这样人们脑海里的画面可能更清晰。当然，我们还要根据类目的大小、竞争度、合适的人群进行综合判断。

2. 要符合宝贝的购买人群

在千人千面机制下，宝贝的人群越聚焦，淘宝给它推荐的流量就越精准，而精准是成交的基础。一个关键词适不适合做核心关键词，我们可以通过"生意参谋—市场—搜索人群"进行分析，看搜索的人群和我们想要的人群是否匹配。这点很重要，如果不符合的话，这个关键词就坚决不能用。人群分析如图 1.19 所示。

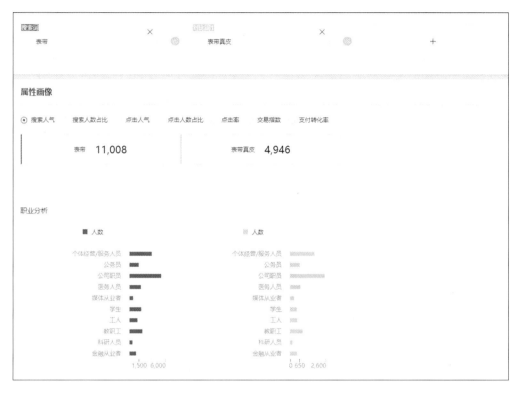

图 1.19　人群分析

3. 要有一定的热度

之所以称为核心关键词，不仅因为它能描述宝贝的特点，还因为其他关键词都是围绕它进行拓展的，所以核心关键词要有一定的热度。如果热度太低，说明市场的需求量不大，即便我们排到第一了，也没有太大的意义。但热度也不宜太高，虽然热度高代表需求量大，但同时竞争也激烈，总之要懂得量力而行。

然后，我们需要确定产品的修饰词。什么叫修饰词呢？你可以把它理解为围绕产品进行描述的词。例如，对连衣裙来说，碎花、五分袖、松紧腰等都是它的修饰词，修饰词的筛选标准和核心关键词基本一致。

无论是核心关键词还是修饰词，我们都要综合考虑它的搜索人气、转化率、点击率、竞争环境，但同时具备搜索人气、转化率高、竞争度低等特点的词少之又少。因此，商家既要懂得平衡和取舍，也要懂得循序渐进。例如，在宝贝的新品期，可以考虑先用转化率高、竞争度低的关键词，等累积了一些权重之后，再选用人气高一点的关键词。如果你的宝贝已经有很高的权重了，想要拿到比较好的排名，这时候就可以考虑用人气和转化率都比较高的关键词。

1.4.3　组合标题

我们筛选出合适的关键词后，当然不能简单地把这些关键词堆在一起就完事了，还需要考虑系统的抓取及消费者的阅读体验。因此，在确定标题时，我们要注意一些事项。

1．不能有明显的冲突

这里说的冲突指的是标题里的关键词与宝贝的属性不一致的情况。例如，你的宝贝是七分袖的，就不要用长袖这样的词，否则即便能带来一些流量，最终也不能转化，反而影响淘宝系统对你的宝贝的判断，得不偿失。

2．不要随意拆分关键词

有的人不清楚淘宝的切词原理，把两个关键词拆分开，这有可能改变搜索返回的结果，比如"碎花"就不能拆分为"碎+空格+花"。如果你不确定这个关键词能不能拆分，我教大家一种判断方法，你可以把整个标题复制到淘宝首页的搜索框里进行搜索，然后找到全红色显示的标题，右键点击宝贝标题，选择"审查元素"，就可以看到淘宝是怎么拆分关键词的，如图 1.20、图 1.21、图 1.22 所示。

图 1.20　宝贝标题搜索结果

🛒 图 1.21　选择"审查元素"

🛒 图 1.22　拆分后的关键词结果

3．尽量不出现重复关键词及空格

一个标题写满的情况下是 60 个字符，这 60 个字符可以说是"寸土寸金"，我们要尽量把它们利用好，所以重复的关键词和空格实际上浪费了流量展示的机会。当然，对于一些小类目来讲，在可选关键词比较少的情况下，适当重复在所难免，但绝对不可以出现堆砌关键词的情况，比如为了引入其他品牌词的流量，在标题里添加另一种品牌词，这样做不仅无益于转化，还会触犯淘宝的规则，被降权处理。

4．不要使用敏感词

所谓敏感词就是淘宝禁止使用的关键词。对于敏感词，淘宝系统一旦识别，就会屏蔽该款宝贝。比如政治敏感词，还有一些仿冒产品常用的"高仿""外贸"等都属于敏感词。还有一些功效词，如果宝贝没有取得相应的资质也不能使用。比如保健食品，明明是食品，非得说有药用效果，这也是违反淘宝规定的。

案例：为图 1.23 所示的产品制作标题。

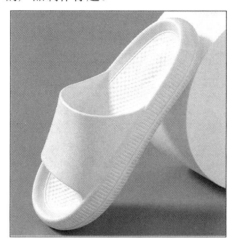

图 1.23　产品

第一步：我们一看到图 1.23 中的产品，马上能想到的就是"拖鞋"这个关键词，但这个关键词并不能用作核心关键词，因为这个词面临的竞争非常大，如图 1.24 所示。并且拖鞋也分很多种，既有夏天穿的，也有冬天穿的，这个词不能准确地描述图 1.23 中的产品。那不妨将这个关键词放到"生意参谋"中，通过"搜索分析—相关分析"进行查询，看能不能找到既有热度、竞争小，又非常贴合这款产品的核心关键词。经过一番查找，我们发现"拖鞋踩屎感"这个词非常适合用作核心关键词，如图 1.25 所示。把这个关键词放到淘宝首页搜索一下，对比后发现，"拖鞋踩屎感"所面临的竞争比"拖鞋"这个关键词要小很多，如图 1.26 所示。

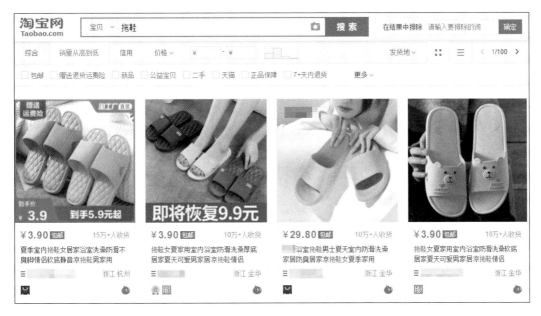

🛒 图 1.24 "拖鞋"搜索结果（篇幅有限，截图不全）

🛒 图 1.25 用"相关分析"挖掘核心关键词

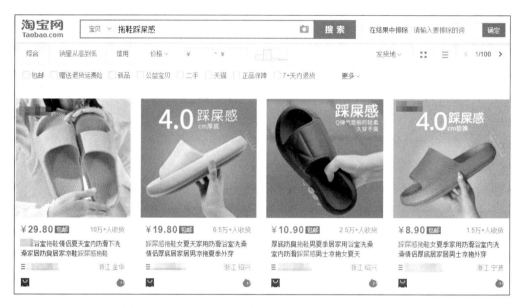

图 1.26 "拖鞋踩屎感"搜索结果（篇幅有限，截图不全）

第二步：同样使用"搜索分析—相关分析"进行查询，把日期选成 7 天，为了方便后面复制数据，可以将页面显示的条数从默认 10 条改成 100 条，勾选"搜索人气""点击率""支付转化率""在线商品数""商城点击占比"5 个数据指标，并将搜索结果按照"搜索人气"排序，如图 1.27 所示。

图 1.27 查询结果按照"搜索人气"排序（篇幅有限，截图不全）

第三步：新建一个 Excel 表格，首先将查询到的相关搜索词都复制到表格中，然后把不符合产品属性的关键词（比如含儿童、卡通、冬天等的关键词），还有"搜索人气"和"支付转化率"太低的关键词删除，当然这里没有绝对的标准，你要根据自己类目的情况进行筛选，比如我将"搜索人气"在 600 以下的都删除了。如果你运营的是淘宝店的话，还要注意"商城点击占比"这个指标，这个指标越高说明淘宝店所占的比例越大，如图 1.28 所示。接下来，我们引入一个叫"竞争值"的概念，竞争值=在线商品数/搜索人气，它代表的是一个关键词的竞争情况，数值越低代表该关键词面临的竞争越小，如图 1.29 所示，竞争值的函数为"=E:E/B:B"。

第四步：首先我们把筛选出来的关键词放到一起，然后在旁边列出宝贝的属性卖点及适用的场景，最后根据去重原则，以及消费者的阅读体验，把这些关键词组合成我们想要的标题，如图 1.30 所示。这里需要强调两点，一是有些关键词在宝贝属性里本身就有，即便我们标题里不写，系统也会自动识别出来；二是一款宝贝标题不可能涵盖所有的关键词，我们需要取舍与平衡，后期还会根据数据反馈来优化标题，才能最终得到一个"黄金标题"。

	A	B	C	D	E	F
	搜索词	搜索人气	点击率	支付转化率	在线商品数	商城点击占比
1						
2	拖鞋踩屎感	27,510	87.29%	22.07%	32,352	89.74%
3	踩屎感拖鞋	21,703	99.56%	19.62%	32,352	90.64%
4	踩屎感拖鞋女	5,016	98.55%	19.79%	20,952	86.65%
5	拖鞋男踩屎感	3,522	90.85%	33.53%	122,795	92.99%
6	踩屎感拖鞋男	3,197	101.99%	28.70%	122,327	90.91%
7	拖鞋女夏季踩屎感	3,177	90.83%	17.85%	70,544	91.45%
8	拖鞋女踩屎感	2,902	102.13%	22.71%	20,952	82.73%
9	踩屎感的拖鞋	2,637	91.29%	14.53%	91,269	90.06%
10	拖鞋软底踩屎感	2,527	95.17%	20.67%	303,414	90.59%
11	拖鞋踩屎感男	2,293	82.38%	26.59%	122,522	93.83%
12	拖鞋踩屎感女	2,125	94.03%	19.21%	20,952	91.08%
13	踩屎感拖鞋女夏季	2,036	89.86%	21.80%	70,193	92.01%
14	踩屎感男拖鞋	1,724	02.74%	25.62%	122,522	95.45%
15	拖鞋踩屎感夏天	1,640	85.92%	19.68%	93,024	86.86%
16	拖鞋踩屎感情侣	1,631	78.11%	22.22%	18,445	92.95%
17	儿童踩屎感拖鞋	1,593	88.08%	25.40%	4,056	75.34%
18	拖鞋踩屎感外穿	1,533	66.45%	13.70%	10,298	80.91%
	踩屎感拖鞋夏季	1,384	100.70%	14.88%	3,448,897	88.24%

图 1.28　根据数据删除不需要的关键词（篇幅有限，截图不全）

搜索词	搜索人气	点击率	支付转化率	在线商品数	商城点击占比	竞争值
拖鞋踩屎感	27,510	87.29%	22.07%	32,352	89.74%	=E:E/B:B
踩屎感拖鞋	21,703	99.56%	19.62%	32,352	90.64%	
踩屎感拖鞋女	5,016	98.55%	19.79%	20,952	86.65%	
拖鞋男踩屎感	3,522	90.85%	33.53%	122,795	92.99%	
踩屎感拖鞋男	3,197	101.99%	28.70%	122,327	90.91%	
拖鞋女夏季踩屎感	3,177	90.83%	17.85%	70,544	91.45%	
拖鞋女踩屎感	2,902	102.13%	22.71%	20,952	82.73%	
踩屎感的拖鞋	2,637	91.29%	14.53%	91,269	90.06%	
拖鞋软底踩屎感	2,527	95.17%	20.67%	303,414	90.59%	
拖鞋踩屎感男	2,293	82.38%	26.59%	122,522	93.83%	
拖鞋踩屎感女	2,125	94.03%	19.21%	20,952	91.08%	
踩屎感拖鞋女夏季	2,036	89.86%	21.80%	70,493	92.01%	
踩屎感男拖鞋	1,724	92.74%	25.62%	122,522	95.45%	
拖鞋踩屎感夏天	1,640	85.92%	19.68%	93,024	86.86%	
拖鞋踩屎感情侣	1,631	78.11%	22.22%	18,445	92.95%	
儿童踩屎感拖鞋	1,593	88.08%	25.40%	4,056	75.34%	
拖鞋踩屎感外穿	1,533	66.45%	13.70%	10,298	80.91%	
踩屎感拖鞋夏季	1,384	100.70%	14.88%	3,448,897	88.24%	

宝贝标题词库示例（1）　Sheet2　Sheet3

图 1.29　引入"竞争值"概念

标题制作所需关键词	宝贝属性卖点	适用场景	标题组合示例
拖鞋踩屎感	厚底	居家	
踩屎感拖鞋女	超软	夏天	
拖鞋男踩屎感	防滑	外穿	
拖鞋女夏季踩屎感	防臭	浴室	
拖鞋踩屎感情侣	时尚	室内	一二三四五六七八九十一二三四五六七八九十一二三四五六七八九十
拖鞋踩屎感外穿	百搭	室外	拖鞋踩屎感女夏天情侣全家用超软厚底洗澡凉拖时尚防滑防臭男外穿
踩屎感eva拖鞋	eva	洗澡	
拖鞋凉拖踩屎感			
拖鞋踩屎感防臭			
拖鞋家用踩屎感			
拖鞋女踩屎感防滑			
拖鞋男夏季踩屎感软底			
拖鞋踩屎感夏天			
拖鞋踩屎感洗澡			
踩屎感厚底拖鞋			
超软拖鞋踩屎感			
踩屎感拖鞋全家			

宝贝标题制作示例（2）

图 1.30　宝贝标题组合示例

1.4.4 标题优化及注意事项

宝贝标题制作完成后，并非就万事大吉了，还要看后续能不能带来流量和转化。若能带来流量和转化的关键词就留下，不能带来流量和转化的关键词，我们就需要进行分析和判断，考虑是否替换成新的关键词，这个过程大致分为以下几个步骤。

第一步，用拆分词根的方法把要优化标题的词根找出来，淘宝系统是根据词根来反馈搜索结果的，所以我们要知道每个词根的流量和转化数据。例如，标题"××表带真皮男小牛皮 代用美度 CK 浪琴 DW 手表带男女士 柔软舒适"进行拆分后得到的词根为"表带""真皮""男""小牛皮""代用""美度""CK""浪琴""DW""手表""带""男""女""士""柔软""舒适"，我们新建一个词根分析表格，将这些词根都复制进去，并在旁边加上"访客数""收藏人数""加购人数""支付买家数""支付转化率"5 个数据指标，以便后续统计分析，如图 1.31 所示。

图 1.31 标题优化之词根分析表

第二步，通过"生意参谋—流量—商品来源—手淘搜索—来源详情"查看该款宝贝手淘搜索的流量来源，日期选 7 天或 30 天都可以，然后点击下载表格，如图 1.32 所示。保留"访客数""收藏人数""加购人数""支付买家数""支付转化率"5 个数据指标，如图 1.33 所示。

图 1.32　标题优化之手淘搜索流量来源（篇幅有限，截图不全）

来源名称	访客数	收藏人数	加购人数	支付买家数	支付转化率
表带真皮	511	25	60	18	3.52%
表带	372	13	30	20	5.38%
真皮表带	219	6	21	14	6.39%
表带男真皮	156	3	12	11	7.05%
手表带男真皮	153	3	13	10	6.54%
真皮表带男	127	9	14	5	3.94%
牛皮表带	83	3	10	3	3.61%
真皮表带男真皮软	83	3	9	3	3.61%
手表表带　真皮	77	0	9	6	7.79%
手表带	60	3	6	1	1.67%
手表表带	60	1	5	1	1.67%
手表表带真皮柔软	55	1	4	6	10.91%
表带男	53	2	3	2	3.77%
表带女真皮	51	1	6	0	0
手表带女女款真皮	48	0	6	1	2.08%
皮表带	46	2	3	1	2.17%
真皮表带女	41	1	9	4	9.76%
男士表带真皮	37	2	5	4	10.81%
表带女	37	4	4	2	5.41%
皮表带男真皮	34	0	3	4	11.76%
其他	29	1	3	2	6.90%
牛皮表带男	27	0	2	3	11.11%
小牛皮表带	24	1	2	0	0
手表带男款	22	0	2	3	13.64%
美度表带	21	2	3	1	4.76%

无线三级流量来源详情

图 1.33　标题优化之关键词表格下载（篇幅有限，截图不全）

　　第三步，在关键词表格里选择"来源名称"，然后点击"数据—筛选—文本筛选—包含"，接着把每个词根输入筛选框里进行筛选，如图 1.34 所示。将筛选出来的包含该词根的关键词的各项数据进行统计，并将统计后的数据填写到词根分析表中，如图 1.35、图 1.36 所示。

	A	B	C	D	E	F
	来源名称	访客数	收藏人数	加购人数	支付买家数	支付转化率
2	表带真皮	511				3.52%
3	表带	372				5.38%
4	真皮表带	219				6.39%
5	表带男真皮	156				7.05%
6	手表带男真皮	153				6.54%
7	真皮表带男	127				3.94%
8	牛皮表带	83				3.61%
9	真皮表带男真皮软	83				3.61%
10	手表表带　真皮	77				7.79%
11	手表带	60				1.67%
12	手表表带	60				1.67%
13	手表带真皮柔软	55				10.91%
14	表带男	53		3		3.77%
15	表带女真皮	51	1	6	0	0
16	手表带女女款真皮	48	0	6	1	2.08%
17	皮表带	46	2			2.17%
18	真皮表带女	41	1	9	4	9.76%
19	男士表带真皮	37	2	5	4	10.81%
20	表带女	37	4	4	2	5.41%
21	皮表带男皮皮	34	0	3	4	11.76%
22	其他	29	1			6.90%
23	牛皮表带男	27	1	2	3	11.11%
24	小牛皮表带	24	1	2	0	0
25	手表带男款	22	0	2	3	13.64%
26	美度表带	21	2			4.76%

自定义自动筛选方式　?　×
显示行：
来源名称
包含　浪琴
○与(A)　○或(O)
可用 ? 代表单个字符
用 * 代表任意多个字符
确定　取消

无线三级流量来源详情
就绪

图 1.34　标题优化之数据筛选

	A	B	C	D	E	F
	来源名称	访客数	收藏人数	加购人数	支付买家数	支付转化率
40	浪琴表带	15	0	1	1	6.67%
53	浪琴手表带	10	0	0	0	0
65	浪琴手表带女真皮	7	0	0	0	0
102		32	0	1	1	3%

图 1.35　标题优化之数据筛选结果

图 1.36　标题优化之词根数据统计

第四步，通过图 1.36 中的数据，我们可以发现"代用""舒适"这两个词根近 30 天的各项数据都为 0，说明引流和转化效果都不好。但因为"代用"这个词属于该类目必须放的词，否则容易引起误会，所以即便数据不好也要保留，而"舒适"可以考虑替换成新的词根。

关于标题的优化调整，有以下事项需要我们特别注意。

（1）不要频繁地优化

这里的频繁指的不是时间维度，而是数据维度。当标题关键词优化后，它需要一定的时间来积累权重，只有关键词的权重上去了，淘宝系统才会给你更多流量。

（2）优化的时机

一般我们进行标题优化有两种情况：一种情况是发现有些词已经有一段时间在引流或成交方面情况不太好，这时候就需要进行标题优化，把一些无效词删除，找一些新词来替换；另一种情况是有新的搜索需求出现，比如跟节日、季节有关的类目，搜索词也会随之发生变化。如果这些新的搜索需求刚好跟我们的宝贝相吻合，我们就可以通过标题优化来抓住这些新的搜索需求。

（3）优化的幅度不能太大

每次进行标题优化时，建议做微调，删除和修改的字数不要太多。因为宝贝的权重主要集中在关键词上，如果把所有的关键词都换一遍就相当于宝贝之前积累的权重归零，需要重新积累权重。

（4）标题优化不能仅看数据

除了数据，我们更应该关注关键词背后目标人群的需求。就像我在之前例子中讲过的一样，虽然数据表现好的关键词市场大，但后期你需要投入的资源也非常多，如果你没有相应的驾驭能力，最后反而得不偿失。

1.5　要避免陷入的几个误区

误区一：搜索流量突然下滑是隐形降权导致的

隐形降权应该算是老生常谈的话题了，虽然淘宝官方明确指出，不存在所谓的隐形降权，但还是有人愿意相信隐形降权的存在，原因如下：一是淘宝第三方工具软件开发者通过给商家灌输这种理念，让商家产生恐慌，好让商家去买他们的诊断软件；二是店铺突然出现流量直线下滑，商家又分析不出具体原因，后台也没有任何违规处罚，很多人就开始疑神疑鬼，以为自己被隐形降权了。其实，这两种想法都是不可取的，淘宝系统只有降权和不降权两种状态，我们应该采取大胆尝试、小心求证的态度，才能找到搜索流量下滑的根本原因，而不是把问题推给莫须有的隐形降权。

误区二：销量高，搜索排名就靠前

销量只是众多影响搜索排名因素中的一个而已，并且只限于搜索成交的销量。淘宝搜索经历过几个阶段：最初因为销量所占的比例过大，大量商家钻空子，导致低价劣质的产品泛滥成灾；于是淘宝引入价格、转化、评分等更多的判别维度，价格太低的宝贝权重下降，甚至不给予展示，转化、评分低的宝贝权重也下降；后来，淘宝店铺数量达到了千万级别，平台推出了千人千面机制，给产品、店铺及消费者打上了标签，并把标签一致的进行配对。也就是说，只有在标签精准的前提下，销量权重才能发挥作用，否则销量高也未必搜索排名就靠前。

误区三：直通车推广的越多，搜索排名越靠前

很多人认为开直通车就是给淘宝交"保护费"，只要交了"保护费"，流量就会更多。

那直通车对搜索排名到底有没有帮助呢？我个人认为是有帮助的。因为直通车本身就属于搜索流量，并且转化之后是有销量权重的，进而对搜索排名有加持的作用，但这种影响只是间接的，如果宝贝的评价、标签、转化等都没做好，即便直通车推广花费再多，也提升不了搜索排名。

误区四：标题优化零点以后进行会更好

关于修改标题有很多种说法，其中修改标题最好在零点以后就是常提及的一种，但如今系统都是实时更新数据的，无论你是违规了，还是标题改了，系统都会立即反馈结果，而不是等到某个时间点再去更新。

误区五：一个 IP 挂两家店铺的旺旺会影响搜索

我们假设一种场景，比如有很多商家参加了某个行业交流会议，并且大家都连接了会场的 Wi-Fi，还用旺旺回复了客户的信息，你觉得这时候淘宝会不会判定这些店铺存在异常，进而给它们搜索降权？当然不会。可如果你的两家店铺的产品是相同的，图片、标题也是相同的，还处于同一个 IP 下面，那就不好说了，淘宝可能因此判定你重复铺货。但这是完全不同的两个概念，淘宝判定你是否重复铺货和 IP 地址没有相关性。

误区六：关键词数据表现好就一直用

有些商家会陷入这样的误区，这个关键词数据表现好，那我就一直使用这个关键词。其实，每款产品都是有生命周期的。一般新品基础较为薄弱，此时应该选择一些转化好、竞争没那么大的关键词作为标题，等到关键词累积的权重比较高了，我们再考虑搜索人气和转化率都高的关键词。

误区七：卖得好的宝贝标题肯定是好标题

卖得好的宝贝，它的标题可以拿来借鉴，但不可全盘照抄。有可能一个关键词对爆款来讲权重高，你拿来用就未必高，因为标题的权重最终是要落到每个关键词上的，而关键词权重需要时间的积累，双方所处的阶段不同，可动用的资源也是不同的。正确的做法是，综合考虑价格、人群标签、竞争等各个维度后，选择适合自己的标题。

误区八：搜索排名等同于标题优化

标题优化做得好的确会给搜索排名加分，但因此就把两者画等号并不合适。搜索排名是由很多因素共同决定的。这就好比高考，不是说你一门课程考好了就行，而是要看你最后的总分，总分高才能上好大学。所以要想搜索排名靠前，我们还得做好产品和提供优质服务，让自己具备很强的竞争力，才能得到用户的青睐，而用户的青睐最终会反馈到搜索排名上。

误区九：活动多了，搜索流量自然就会好起来

和直通车推广一样，活动不会对搜索直接产生影响，但是会间接产生影响，并且这种影响可好可坏，关键要看活动是否拉动了自然搜索。比如有些商家去参加第三方低价冲量活动，购买人群都是价格敏感型的，活动结束后产生了大量的差评，这反而会降低宝贝的搜索权重。

误区十：信誉等级越高，搜索权重越高

有些淘宝 C 店掌柜非常关心店铺信誉等级，他们认为店铺信誉越高，宝贝排名就越靠前。其实，这已经是过去式了，如今淘宝推出了很多措施来保障用户的权益，所以店铺信誉不再是一个很重要的参考因素了。

误区十一：多款宝贝重复使用一个关键词

淘宝有一个搜索打散原则，那就是搜索同一个关键词，在同一个搜索结果页面一般只会展示同一家店铺的两种产品，这其实是淘宝为了防止大店铺垄断而制定的一个规则。

我们在做搜索优化时，一定要考虑关键词的布局，要尽可能做到不过多重复使用同一个关键词。对于不同的宝贝，我们可以采取不同的关键词策略，比如店铺爆款可以选择热词、大词，而对于次爆款或者小爆款来说，要尽量选择转化率高、竞争低的词。

当然，如果你的类目比较小，可选的词就那么多，很难做到每款宝贝都使用不同的关键词，也可以从产品布局入手，比如你的店铺是卖 3C 数码的，可以同时开发手机壳、数据线、耳机等品类。总之，你的宝贝覆盖的关键词越多样化，人们看到你的可能性就越大，要尽量避免左右手互搏的内耗行为。

误区十二：价格越低，买家越容易搜到我的宝贝

不可否认有的人为了买到价格较低的产品，喜欢按照价格从低到高进行筛选，但这部分人肯定不是主流。如今，随着淘宝进入个性化搜索时代，淘宝会根据用户的浏览习惯、购买历史、消费水平等因素，推荐与之相匹配的产品。例如，某用户最近想购买一条连衣裙，浏览了不少价格在 500 元左右的产品，即便你的店里刚好有一条 50 元的连衣裙，淘宝也不一定会把你的产品推荐给这位买家，反而价格在 500 元左右的连衣裙得到展现的机会更大。

第 2 章

付费流量：淘宝、天猫
四大引流利器

无论是淘宝店还是天猫店，如果只靠淘宝给的免费流量，无疑很难生存下去，尤其现在免费流量稀缺，因此付费做广告就成了商家不得不做的一件事情。目前，淘宝上的付费流量主要有四种形式：直通车、引力魔方、淘宝客、万相台。这四种工具虽不相同，但目的只有一个，那就是以最低的成本引入更多精准的流量。

2.1　直通车

直通车是一种点击付费引流的推广工具，它具有展现免费、点击付费、竞价排名三个主要特点。直通车最大的优点就是精准，因为它是以关键词为纽带连接商家和买家的。买家只有搜索了某个关键词，商家恰好也添加了这个关键词的推广，这时买家才能看到直通车广告。商家可以利用直通车的这些特点引入精准流量、测款测图、打造爆款、带动免费流量等。

2.1.1　直通车测款、测图

测款和测图都是直通车非常重要的应用，两者既可以同时进行，也可以分开进行。测款的目的是避免人为失误，选出有热销潜力的产品款式；测图的目的是选出点击率高的图片，因为图片点击率越高，引入的流量就越多。

1．测款

测款主要分为选款、新建标准计划、数据累积、选出潜力产品四个步骤，如图 2.1 所示。

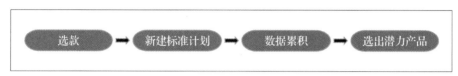

🛒 图 2.1　测款步骤示意图

第一步，选款

在正式测款之前，我们需要做的是选款，选款可以节约测款的时间和预算。有的产品如果表现优异，可以直接略过测款的环节。常见的选款方法有以下三种。

（1）老客户选款

如果店铺已经积累了一些老客户，不妨通过老客户来选款，这样不仅精准，还能提升老客户的黏性，一举两得。具体的方法有很多，比如在老客户群里发起免费试用活动，看看选哪款产品的人比较多。

（2）关联选款

先把我们要测试的产品关联到店铺里已经有一些销量的产品上，再通过买赠活动来测试买家更倾向于选择哪款产品。

（3）关注行业趋势

一个行业里产品卖得好的商家，它们往往都有很强的选款能力，时常关注它们的上新，以及行业的流行趋势，可以给我们带来很多灵感。

第二步，新建标准计划

（1）设置日限额

测款不同于正式推广，获取的流量不是越多越好，只需要获得足够做出判断的数据量就行了。每个类目的标准可能不一样，建议小类目一个款 300～500 个点击量，大类目一个款 500～800 个点击量。日限额可以根据预算选择性设置，比如我要获取 300 个点击量，行业均价是 1.5 元一个点击量，那么日限额就可以设置为 500 元。投放方式最好选择"标准投放"，如果设置的是"智能化均匀投放"，系统就会根据花费的情况相应地降低流量获取的速度，不利于我们快速进行测款，如图 2.2 所示。

图 2.2　设置日限额

（2）设置投放位置

"站外优质媒体"可以选择不投放，因为流量相对来说没有那么精准，其他位置可以选择开启投放，如图 2.3 所示。

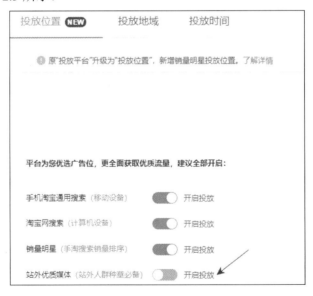

图 2.3　设置投放位置

（3）设置投放地域

除了香港和澳门特别行政区、台湾地区、一些偏远地区，其他地方都可以选择投放，如图 2.4 所示。

投放平台　　**投放地域**　　投放时间

ⓘ 您可以根据该计划内的您想主推的商品品类在各地区的搜索、成交、转化表现，选择您希望投放的区域。各品类在不同区域的数据表现可以通过左侧栏"工具
>>流量解析"功能查看，了解详情 >>

○ 当前设置　　○ 使用模板：　请选择地域模板　▽

🔍 省份/城市

☑ 全选 - 华北地区

☑ 北京　　　　☑ 天津　　　　☑ 河北(11)　　　☑ 山西(11)　　　☑ 内蒙古(12)

☑ 全选 - 东北地区

☑ 辽宁(14)　　☑ 吉林(9)　　　☑ 黑龙江(13)

🛒 图 2.4　设置投放地域

（4）设置投放时间

淘宝每天的流量高峰主要集中在 10:00、15:00、16:00、20:00、21:00、22:00 这几个时间点，当然不同类目会有略微的差别。如果你运营的不是新店的话，可以通过"生意参谋—流量—访客分析"查看自己店铺访客的时段分布，如图 2.5 所示。在流量高峰时间段，我们可以把出价调高一点，比如 110%；在正常时间段，可以把出价调低一点，比如 90%；而在 0:00—8:00，可以把出价调得更低，比如 60%，或者不投放，如图 2.6 所示。

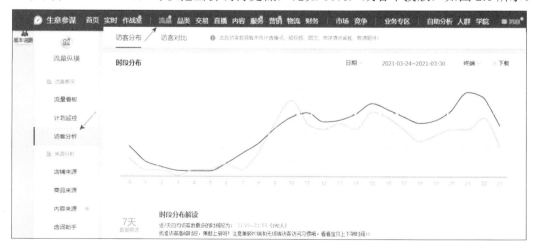

🛒 图 2.5　生意参谋—流量—访客分析

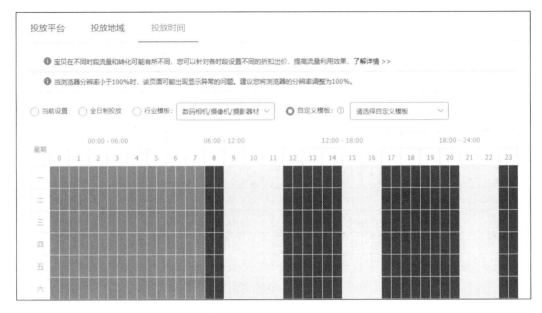

图 2.6　设置投放时间

（5）添加测试产品

由于不同产品属性和所针对人群的不同，最好一个计划只添加一款测试产品，如图 2.7 所示。

图 2.7　添加测试产品

（6）设置创意

一个创意通常包含创意标题、创意图片和流量分配方式。创意标题尽量用宝贝标题里的关键词进行组合，不建议添加一些营销词，比如"买一送一""首单免单"等，这样会干扰测款的准确率。在测款的时候，建议 4 张创意图片都添满，采用"轮播"的流量分配方式即可。设置创意如图 2.8 所示。

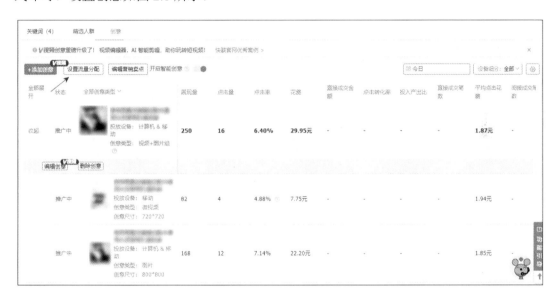

🛒 图 2.8　设置创意

（7）添加关键词

测款添加的关键词不要太多，一般 20～30 个就够了。在添加关键词时，需要注意添加的关键词不能过于精准，也就是不能添加长尾词，因为长尾词的转化率相对较高，这样不利于我们做出客观公正的判断，所以最好添加大词或精准词。比如"短靴"就算大词，"短靴　内增高"就算精准词，而"短靴　内增高　白色"就可以算长尾词。三种关键词之间没有严格的划分标准，一般在大词的基础上加两个以上的修饰词，就可以算作长尾词。添加关键词如图 2.9 所示。

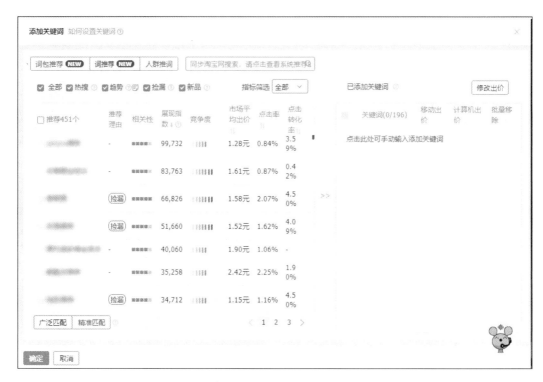

图 2.9　添加关键词

（8）设置出价

出价直接影响到关键词的排名，我们可以参考市场平均出价来设置出价，一开始不要出价太高，建议以市场平均出价的 80% 为基准，然后观察点击量的变化。如果没有展现，再慢慢往上加价，直到有点击量为止，这种出价方式也被称为"上坡出价法"。预算充足的话，也可以采取高位出价法，即一开始就出一个比较高的价格，这样可以快速获取测款所需的点击量。一些商家在测款时也会使用"抢位助手"直接去抢大流量，但前提是宝贝的选款、销量、评价等基础工作已经很完善了。设置出价如图 2.10 所示。

图 2.10　设置出价

（9）设置匹配方式和流量智选

直通车有广泛匹配和精准匹配两种匹配方式。广泛匹配是指买家搜索词包含或者关联了我们所设置的关键词时，推广宝贝就可以获得展现机会；精准匹配是指买家搜索词与所设关键词完全相同（或是同义词）时，推广宝贝才有机会展现。广泛匹配的展现量大，但流量可能不精准，而精准匹配引来的流量虽然精准，但展现量小。在测款时，由于我们添加的基本上都是大词或精准词，为了最大化地获取展现量，建议采用广泛匹配。另外，为了让测款过程更加可控和透明，建议关闭系统自动开启的"流量智选词包""捡漏词包""竞品词包"。设置匹配方式和流量智选如图 2.11 所示。

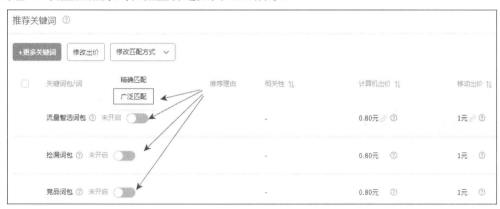

图 2.11　设置匹配方式和流量智选

（10）精选人群

新品测款的时候，为了尽可能地降低干扰因素的影响，原则上不建议对人群进行溢价，因为溢价可能导致人群规模过小，尤其是一些小类目。当然，如果你添加的关键词的流量规模比较大，同时产品的目标人群十分清楚，这时候可以通过人群溢价来缩小人群的规模，让获取的流量更加精准。

第三步，数据累积

只有积累了一定的数据量，才能判断产品是不是有潜力，建议小类目一个款 300～500 个点击量，大类目一个款 500～800 个点击量。有的人可能还会问测款到底需要测几天？其实，这没有固定的标准，只要获得了我们所需的数据量即可。另外，对于一些季节性较强或者上新频繁的店铺，销售窗口期相对来说比较短，那么测款就要尽可能地缩短时间，而这恰恰是用标准计划来测款的一个短板，因为标准计划通常会有一个冷启动和权重积累的过程。对于这类店铺，建议用直通车的智能计划，以及引力魔方、万相台来测款。

第四步,选出潜力产品

当我们得到足够进行分析的数据量之后,就要依据数据选出潜力产品。因为测试的一般都是新品,所以我们主要看点击率、加购率两个数据,同时适当参考点击转化率。其中,点击率=点击量/展现量,加购率=加购数/点击量,点击转化率=订单数/点击量。在进行判断的时候,我们可能碰到以下几种情况。

① 点击率低于行业平均水平。这说明创意可能不过关,尝试更换新的图片进行测试,如果点击率还是偏低的话,基本上就可以放弃这款产品。

② 点击率高于行业平均水平,加购率低于行业平均水平。这里分为两种情况:一种情况是产品本身不过关,可以考虑继续挖掘产品的卖点、优化产品的视觉和评价;另一种情况是产品本身没什么问题,但加购率低于行业平均水平,说明产品本身不具有较强的吸引力,可以考虑放弃。

③ 点击率和加购率都高于行业平均水平。这说明产品具备典型的热销款潜质,可以考虑用直通车加大推广力度,尤其是点击率高于行业平均水平 1.5 倍以上的产品。

④ 点击率和加购率都低于行业平均水平。直接放弃,重新选款进行测试。

这里教大家两种简单的方法得到行业的平均点击率、加购率、点击转化率。

关于行业平均点击率和点击转化率,首先打开直通车,点击"工具—流量解析",然后把产品计划中的关键词输入"关键词分析"筛选框进行查询,接着点击"竞争流量透视",往下拉就能看见关键词的行业平均点击率和点击转化率,如图 2.12 所示。最后,计算数据的平均值。

🛒 图 2.12 查看关键词的行业平均点击率和点击转化率

关于行业平均加购率，很难直接获得，只要得到一个大概的数据可以做判断就行了。方法是找到 5～10 款销量不错的竞品，然后把这些竞品添加到"生意参谋"中进行分析，就可以得到这些竞品的流量指数、加购人气数据，如图 2.13 所示。接着，我们自行或借助第三方工具对指数进行换算，就能得出一个大致的行业加购率数据。需要注意竞品和你分析的产品的流量来源一致才行，否则两者不具有可比性。

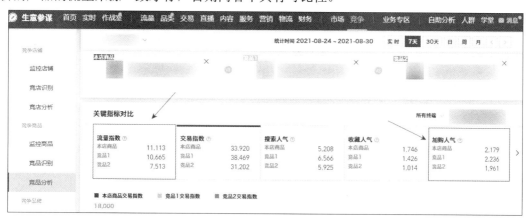

图 2.13　查看竞品的相关数据

2. 测图

测款和测图的侧重点不一样，测款主要判断的是产品有没有热销潜力，而测图主要判断的是图片的点击率高不高。测图有两个前提条件：一是产品本身款式不错，因为如果产品款式不好，点击率再高也没用；二是尽量把干扰因素的影响降到最低，比如图片的位置、投放的地域、添加的关键词等。下面讨论测图需要注意的事项。

① 投放地域可以只选择几个热门城市，大类目两三个即可，小类目可以根据情况适当增加。

② 投放时间可以只选择几个热门的时间段，比如上午 10:00—12:00、下午 15:00—17:00、晚上 20:00—22:00，其他时间段不投放。

③ 投放关键词时，建议大类目选择一个就够了，小类目可以适当增加。关键词选择大词、精准词，质量得分 8 分以上。

④ 创意设置方面，创意标题中规中矩去写，不要添加营销词，比如"买二送一"，这样会干扰点击率。图片最少添加 2 张，预算充足的话可以添加 4 张，流量分配方式采用"轮

播"。另外，在测试的时候，一定要注意采用同标题、不同创意的方式。

⑤ 出价的话，最好能抢一个比较好的位置，比如前三或者首屏，否则即便图片本身不错，点击率也会偏低。

⑥ 测图所需要的数据量，建议每张创意图的点击量不少于 100 个或 200 个，太少了就不具有参考的意义。时间方面没有要求，达到所需的数据量就可以进行判断。

⑦ 判断一张图片好不好，我们只需要看一个数据，那就是点击率。一般来说，点击率高于行业平均值 1.5 倍，这张图片的创意就可以算得上十分优秀。

2.1.2　直通车关键词质量得分提升

在直通车推广过程中，系统会给每个关键词一个质量得分。质量得分是搜索推广中衡量关键词与宝贝推广信息、淘宝用户搜索意向之间相关性的综合性指标，以 10 分制的形式呈现。在相同关键词下，你的扣费=(下一位的出价×下一位的质量得分)/你的质量得分+0.01元，从公式可以看出，你的质量得分越高，你就可以用越低的出价获取更好的排名。影响关键词质量得分的因素主要有三个：创意质量、相关性和买家体验，如图 2.14 所示。

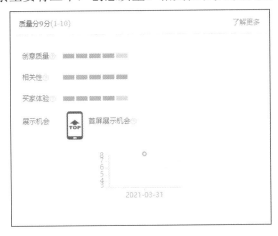

图 2.14　影响关键词质量得分的因素

1. 影响关键词质量得分的因素

（1）创意质量

创意质量是指推广创意期间的关键词动态点击反馈，主要包括推广创意的关键词点击反馈、图片质量等。

（2）相关性

相关性是指关键词与宝贝类目、宝贝属性及宝贝自身信息的相符程度。具体而言，宝贝类目相关性主要表现为宝贝发布时选择的类目与关键词最优类目的一致性；宝贝属性相关性主要表现为发布宝贝时选择的属性与关键词的一致性；而宝贝自身信息相关性则主要表现为宝贝标题和直通车创意标题里是否出现过该关键词，如果出现过，那么相关性就高。

（3）买家体验

买家体验是指系统根据买家在店铺的购买体验给出的动态得分，虽然淘宝没有给出具体的指标，但根据我多年的经验，影响买家体验的因素主要包括直通车转化率、收藏率、加购率、跳失率、访客停留时间、详情页加载速度、旺旺反应速度、关联营销、好评率、DSR 评分等。

既然我们知道了影响关键词质量得分的因素，那么我们就可以有针对性地进行优化，从而提高关键词的质量得分。

2．如何提高关键词的质量得分

（1）优化创意质量

一般从宝贝的图片和标题的角度来优化创意质量，而其中点击率是关键指标。关于如何找到一张点击率高的图片，我们在直通车测图的相关内容中已经说过，这里不再重复。创意标题除了要体现和宝贝的相关性，还要尽量使用宝贝标题里的关键词组合。直通车添加的推广关键词也要以创意标题和宝贝标题里的核心关键词组合为主，前期添加的关键词不需要太多，挑一些质量得分、点击率、收藏率、加购率都高的关键词即可。

（2）优化相关性

根据前面提到的相关性的三个方面，我们来看一下如何优化相关性。

宝贝类目相关性不仅影响宝贝的自然搜索，还影响关键词的质量得分。判断宝贝最优类目的快捷方法就是看同行都放在哪个类目下面。

宝贝属性相关性的优化，应做到宝贝的属性与关键词保持一致。例如，"雪纺连衣裙"这个关键词，它适合的面料属性就应该是"雪纺"，而不是其他。

宝贝自身信息相关性的优化，应把直通车推广的关键词放到宝贝标题和直通车创意标题里面。千万不能在创意标题里添加一些看似能提高点击率的无关关键词，否则会导致宝贝的转化率偏低，从而影响关键词的质量得分。

（3）优化买家体验

影响买家体验的因素有很多，其中影响最大的就是转化率。因此，要优化买家体验就需要提高宝贝的转化率，同时兼顾其他各种因素。

2.1.3　直通车常见的投放策略

前面我们讲过测款和测图，它们使用的都是直通车的标准计划，其实智能计划也可以用来做同样的事情。两者的区别在于：标准计划需要手动添加宝贝的关键词和人群，它就好比汽车中的"手动挡"，可以做到更加个性化和精细化的投放；而智能计划就好比是"自动挡"，它的底层逻辑是通过大数据算法自动匹配关键词和人群，从而降低了商家的操作难度。

此外，为了满足优质宝贝在短期内获得大量流量的需求，直通车又推出了销量明星这个新工具，它可以让优质宝贝在手淘销量排序页下获得确定性的精准大流量。接下来，我们就聊聊在标准计划、智能计划和销量明星下不同的投放策略。

1．标准计划投放策略

标准计划在日常推广中使用的频率比较高，玩法十分多，这里主要介绍比较常见的三种玩法。

（1）低价引流玩法

如今直通车的流量成本越来越高，基本上类目的大词、热词都被有实力的大商家所占据。作为中小商家，除了在产品上做出差异化，还可以考虑另辟蹊径，去争取那些大商家看不上、看不到的"边角料"流量，我把这种策略称为"低价引流玩法"，形象地说就叫"捡漏"。它的核心在于低价和高流量：低价指的是我们要以低于行业平均点击单价的方式拿到流量，而高流量指的是我们获取流量的渠道和方式一定要多种多样，这样才能做到积沙成塔、积流成河。接下来，我们介绍几种低价流量的来源渠道。

- 偏远地区。大部分人在开直通车的时候，因为物流成本高的关系，都会习惯性不投放新疆、西藏、青海等偏远地区。但这些地方的人也是有网购需求的，如果你的产品毛利率还不错的话，完全可以单独制订一个计划只投放这些地区，这样就能避开激烈的竞争，争取到一些低价流量。同样，像 0:00—8:00 这样的购物低峰时段，淘宝站外平台、PC 端平台，也可以进行单独投放。

- 飙升词。一些飙升词在刚起来的时候，一般很少有人去关注，如果我们能够及时抓住的话，就能享受这些词所带来的红利。这些飙升词既可以去直通车后台的流量解析工具里找，也可以通过生意参谋、淘宝下拉框等其他途径去找，如图 2.15 所示。

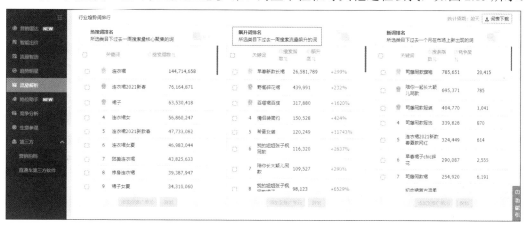

图 2.15　飙升词

- 长尾关键词。这里所说的长尾关键词是指那些展现量不大但有一定转化的关键词，这些词大商家一般不太关注，它们大多是由一两个以上的修饰词+核心词组成的，比如"碎花连衣裙女春秋"。对于大类目来说，像女装类目，一般会有几万个这样的长尾关键词可供挑选，即便一些小类目，也有上千个这样的词可供筛选。再加上直通车在正常情况下可以开通 20 个计划，有的类目甚至可以开通 50 个计划，每个计划又可以添加 200 个关键词，因此我们就可以采取"多计划、多关键词"的策略，也就是把每个宝贝都同步到不同的计划里，然后添加不同的长尾关键词。假设我们把同一个宝贝加入 20 个不同的推广计划中，每个计划添加 200 个关键词，那就相当于同时在推广 4000 个关键词，只要平均每个关键词能带来两个访客，那就有 8000 个访客，推广效果非常惊人。

关于如何找到长尾关键词，我在前文的标题制作中已经有过详细阐述，这些渠道包括生意参谋、直通车推荐、流量解析、淘宝下拉框等。此外，在出价时，可以参考店铺其他相似宝贝的历史平均点击单价或者行业的平均点击单价。例如，一个关键词的行业平均点击单价是 0.6 元，那么我们可以先按这个价格的 50% 出，也就是出价 0.3 元，再根据"上坡出价法"，每次加价 0.1 元，一直加到有流量进来为止。如果最终的出价已经超过了行业的平均水平或者我们能承受的范围，可以考虑放弃，毕竟价格太高就失去了低价引流投放的意义。

另外，需要注意低价引流比较适合非标品类目，对于小类目或者标品类目的效果不是很好。此外，一定要在直通车计划权重比较高的前提下使用，否则即使关键词添加得再多也很难获取到流量。最关键的是宝贝本身要有吸引力，因为单靠关键词引进来的流量不可能太多，如果宝贝本身不够优质的话就很难转化。

（2）精准优化玩法

精准优化玩法的基本原理是对精选出来的宝贝进行精细化操作，以期引入相对精准的流量。标品和非标品都适合采用精准优化的策略，而且对运营人员来说更为常用。精准优化玩法的具体操作思路如下。

- 精选产品。精准优化玩法有点类似于射箭时瞄准靶心，追求的是一击即中，一旦我们瞄准了目标消费人群，就能取得不错的转化效果。所以产品款式是核心，精选后的产品才值得我们投入精力去优化。关于如何精选产品，在"直通车测款、测图"一节中已经有所阐述，大家可以去看一下。

- 养分。通过测款精选出来的产品款式，基本上都具有热销的潜力，因此在添加关键词时，我们先选取行业热搜榜前 50～100 个关键词加入计划，再把展现量过低、质量得分低于 7 分的关键词删除。接着用 3～7 天的时间，把关键词的质量得分提升上去，这个阶段也被大家称为"养分"，养分的目的并不是把所有关键词的质量得分都提升到上限，而是培育出几个流量大、效果好的关键词就行了。

- 优化与维护。当质量得分达到一个不错的水平之后，我们就要开始考虑降低关键词的点击成本，同时提高宝贝的销量和转化率。关于如何降低点击成本，通用的做法主要有两种：一种是提升关键词的质量得分，质量得分越高，点击成本就越低；另一种是"拖价法"，它的原理是在质量得分比较高的时候逐步降低宝贝的出价，在一高（质量得分高）一低（出价变低）中，让宝贝的排名保持不变，从而达到以更低的成本引入更多流量的目的。在降低宝贝出价时，建议可以先从分时折扣、人群溢价入手，而不要轻易去动宝贝的基础出价，这样能把影响降到最低。

关于如何提升宝贝的销量和转化率，在"直通车 ROI 提升技巧"一节中我们详细讨论。但需要注意的是，任何一种玩法都不可能做到面面俱到，我们一定要根据店铺的阶段性目标来设定推广的侧重点。例如，这个阶段我主要想提升销量，那就要适当地接受成本的增加；如果我首先考虑的是盈利，那么我的出价和花费就不能太高。如果没有一个清晰的目标，运营人员就很难玩好直通车，毕竟什么都要最后可能什么都得不到。

（3）流量智选玩法

在标准计划中，系统还提供了一个自动买词的功能，也就是我们常用的流量智选。对于优化能力不足或精力不足的中小商家来讲，流量智选能更快速、更高效地获取自主推广未触及的优质、精准流量。图 2.16 所示为流量智选入口，在推广宝贝下的关键词列表页就能找到。

图 2.16　流量智选入口

流量智选目前比较常用的玩法主要有两种：一种是跟自主添加的关键词放在一个标准计划里推广，这种玩法适合关键词不多的标品或小众类目；另一种是不添加任何关键词，也不开人群，只开流量智选包，这种玩法适合关键词多或宝贝多的非标品类目。简单地讲就是把流量智选当作智能计划来使用，详细玩法可参加智能计划投放策略。接下来，我们聊聊流量智选操作的注意事项。

- 设置买词偏好。把鼠标移到"流量智选词包"上，下方会出现"设置"按钮，点击后进入"策略设置"页面，如图 2.17 所示。

图 2.17　设置买词偏好

在"选词偏好"中，系统提供了六种关键词类型供商家选择，它们分别是"品牌热搜词""品牌长尾词""类目热搜词""类目长尾词""产品热搜词""产品长尾词"，每类偏好都代表了系统买词的方向。对于中小商家来说，在前期预算有限的情况下，主要购买"产品长尾词"即可，如果流量太少，可以适当购买"产品热搜词"，获取的流量会比较精准；对于急需大量流量的商家来说，除了上面那两类词，商家还可以勾选"类目热搜词"和"类目长尾词"，它们往往能带来比较多的流量；如果你的品牌具有一定的知名度，也可以勾选"品牌热搜词"和"品牌长尾词"。

在"屏蔽词"中，商家可以设置 10 个过滤词，设置的过滤词会以中心词匹配屏蔽的方式被系统屏蔽。商家可以根据产品在直通车推广中的关键词表现数据或者产品总体的引流词数据来过滤与宝贝不匹配的词根。

- 设置出价上限。设置所购买关键词词包的基础出价的上限，这里分为两种情况：第一种情况，如果采取的是把"流量智选词包"和自主添加的关键词放在一个标准计划里推广的玩法，建议计划前期先不投放"流量智选词包"，等过一周左右关键词有了数据再投放，词包的出价要略低于关键词的出价，以免抢了关键词的流量；第二种情况，如果采取的是把"流量智选词包"拿出来单独制订一个计划的玩法，一开始可以先按照系统建议出价的 50%来出，再按照"上坡出价法"，每次加 0.1 元，直到有展现量为止。不论采用哪种玩法，计算机端的出价都设置成 0.05元即可。

- 效果报告分析。把鼠标移到"流量智选词包"上，下方会出现"报告"按钮，点击进入后可以看到系统购买了哪些关键词，以及关键词的具体数据表现。针对效果好的关键词，我们可以点击购买并设置一个出价，把它添加到关键词列表中进行手动管理。流量智选词包报告如图 2.18 所示。

- 调整优化。"流量智选词包"属于智能托管工具，比较依赖宝贝的数据反馈，宝贝最近的数据表现好，它的效果就会比较好。当"流量智选词包"的数据表现差的时候，要赶紧降低它的出价，甚至停止推广，把重点放到关键词上，通过关键词的优化提升数据效果，等宝贝的数据变好以后再托管给系统。

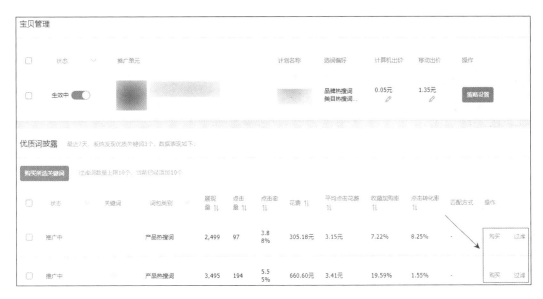

图 2.18　流量智选词包报告

2. 智能计划投放策略

前面我们已经讲过标准计划和智能计划的区别，智能计划是系统根据商家所推广宝贝的特征自动匹配流量的一种推广方式，它无须商家手动添加关键词（系统提供自主加词功能），也无须为设置人群而烦恼。但因为智能计划推出的时间不长，再加上受到很多人的误解，因此实际使用的人并不多。其实，它的投放效果可能优于标准计划，尤其对新手和中小商家来说，它们的操作经验和人力配置都赶不上大商家，这时如果能借助淘宝成熟的大数据算法，往往能取得意想不到的效果。

（1）智能计划的创建技巧

在直通车后台首先选择"推广—智能推广"，然后点击"新建推广计划"，就可以新建一个智能计划，如图 2.19 所示。接下来，我分两个部分讲解智能计划的创建及技巧。

第一部分，营销目标的选择。

在智能推广下，一共有 5 个营销目标供商家选择，分别是日常销售、趋势明星、活动引流、周期精准投、均匀测款，如图 2.20 所示。

图 2.19　新建智能计划

图 2.20　智能推广营销目标选择

- 日常销售。这个营销场景是商家用得最多的，它以提升成交为目标，选取高转化词和人群。建议按照"三多原则"操作，即"多宝贝""多计划""多测试"。

首先是"多宝贝"。智能计划的原理是系统自动根据宝贝的特征去匹配关键词和人群，不仅极大地降低了商家的操作难度，还具备大数据算法带来的人无法比拟的优势。从目前大量商家的反馈情况来看，智能计划的投产比要普遍优于标准计划。那么，如何利用智能计划的算法优势呢？首先要做的是多宝贝布局。目前，一个智能计划支持添加 30 款宝贝，这也为多宝贝操作提供了空间。

在宝贝布局上，建议尽量把同子类目、同属性、同销量级别的宝贝放到一个计划里，这样一来方便后期管理，二来防止宝贝之间互相抢流量。假设你是卖女装的，那就对 T 恤、裤子、裙子等分别建立不同的智能计划。此外，对于店铺的主推款或后期推广效果非常不错的宝贝，一定要单独拿出来建立计划。如果你的产品属于标品或小众类目，店里能卖的宝贝不多，那不妨建立多个不同的计划，或者干脆就拿智能计划来测图，毕竟智能计划没有权重一说，可以随时删除并重新建立。

其次是"多计划"。一般账户有 10 个智能计划，历史推广消耗金额多了以后系统会自动开通 20 个甚至 50 个智能计划。假设你把 20 个智能计划都开通，然后每个计划里都添加 30 款相同的宝贝，就可以取得类似标准计划里多关键词低价引流的效果。它成立的逻辑在于，即便宝贝都一样，但因为算法的关系，不同智能计划给宝贝匹配的关键词和人群也是不一样的。那我们该按什么样的标准来建立计划呢？我提供两种思路供大家参考：一是可以根据不同的营销场景来创建智能计划，一般常用的是日常销售、趋势明星、活动引流和均匀测款四种营销场景；二是可以按照不同的出价来创建智能计划，比如行业平均点击单价是 1 元，那我就可以按照 1 元的 80%、50%、20%，也就是 0.8 元、0.5 元、0.2 元来分别建立计划，这相当于"捡漏"。

最后是"多测试"。无论是"多宝贝"还是"多计划"布局，都要"多测试"，因为智能计划不像标准计划那样可以自主选择关键词和人群，它的效果因宝贝和场景的不同而有所差别。有可能一个爆款用标准计划来推广效果不错，但放到智能计划里就不一定好，这时候我们就要多做测试，看看宝贝放到不同的场景中或出不同的价位，它最终的效果怎么样。

- 趋势明星。该场景以流行趋势元素为切入点，挖掘直通车有增长趋势的流量机会，打造全网趋势主题榜，并提供与之相关的货品洞察，帮助商家优化店铺货品结构，完善流量构成，丰富消费者画像。简单地讲就是系统将有飙升趋势的一堆流量打包给商家使用。我们利用趋势明星就是为了找到高竞争外的洼地流量机会，从而达到低价引流、弯道超车的目的。

- 活动引流。该场景可以帮助商家在活动期快速获取流量，挖掘活动兴趣人群，助力活动期效果提升。建议商家在大促蓄水期、预热期或爆发期使用，往往能取得意想不到的效果。

- 周期精准投。该场景又称"全店托管模式"，系统会根据算法自动优选店铺的宝贝进行推广，唯一需要商家做的就是规划好预算。这种模式对于新手商家来说是比较友好的，但目前来看效果不太稳定，不建议经常使用。

- 均匀测款。前面我们讲过如何用标准计划测款，它的好处是自主可控，但对于上新频繁、季节性较强的类目，用智能计划进行批量测款，可以帮助商家缩短测款的周期，从而抓住产品销售的黄金期。

第二部分，计划的设置。

接下来，以日常销售和趋势明星两个场景为例，讲述计划的设置及注意要点。

日常销售的计划设置，添加完宝贝之后，就进入日限额与出价设置、投放设置等。

- 日限额与出价设置。出价方式我们选择"智能调价"，日限额最低是 30 元，商家可以根据宝贝的实际情况进行设置，50 元、100 元、150 元等都可以，前期不要太高，以免预算很快花完。基准出价这里要分情况，对于同时在标准计划中推广的宝贝来说，可以参照宝贝平均点击花费的 80% 来出价；而对于新品来说，可以参照直通车流量解析里关键词的市场平均点击单价的 80% 来出价。当然，还可以参考系统建议的相似宝贝常用出价的最低价，总之一开始出价不要太高，可以采用"上坡出价法"，每次增加 0.1 元，每过半个小时或一个小时观察一次，直到有展现量就可以停止加价了，如图 2.21 所示。

图 2.21　智能计划日限额与出价设置

另外，还要注意的是，如果要控制点击花费，那么在计划全部创建完成之后可以进入计划的推广页面，点击"日限额&出价设置"，然后把计算机基准出价设置为 0.05 元，因为系统默认是按照移动端出价的 10% 来出的，如图 2.22 所示。

图 2.22　智能计划计算机基准出价设置

- 投放设置。计划名称可以根据自己的习惯来命名，我是按照"宝贝类别+优化目标+时间"来命名的。智能创意保持开启，不需要勾选"添加自选词"，这样就可以让系统来帮我们跑数据，如图 2.23 所示。接下来就是设置"投放位置/地域/时间"。

图 2.23　智能计划投放设置

投放位置这里，我们把"站外优质媒体"关闭，其他位置都开启；投放地域这里，我们把偏远地区和其他地区都设置为不投放；投放时间这里，我们把 00:00—08:00 的时间折扣设置为 30%、08:00—21:00 的时间折扣设置为 100%、21:00—00:00 的时间折扣设置为 90% 即可。当然，还可以参照行业模板进行设置。

再说趋势明星的计划设置，除了新建智能计划这个入口，我们还可以通过"直通车首页—工具—趋势明星"或者直通车首页中部的"推广产品"的快捷入口找到趋势明星。因为趋势明星的"日限额与出价设置"跟日常销售场景的基本一样，所以这里只讲其他两项设置的注意事项。

- 趋势主题设置。我们要尽可能选择市场容量和市场竞争力都大的趋势主题，市场容量数值的满分为99999，分数越高说明增长空间越大，市场竞争力数值的满分为999，分数越高说明竞争力越大。同时，我们还可以点击趋势主题后方的"查看"，分析该趋势下的热销属性有哪些，以此来判断它跟宝贝是否高度吻合，如果吻合就可以推广，如果不吻合就要更换宝贝或主题，如图2.24所示。

图2.24　选择趋势主题

- 投放设置。计划名称要尽量简洁，建议按照"趋势流量包名称+日期"来填写，因为计划一旦创建完成就无法查看选择的是哪个趋势主题，不备注的话很容易造成重复投放。"投放位置/地域/时间"的设置跟日常销售场景的一样。

（2）智能计划的优化思路

智能计划创建完成之后，要想取得预期的效果，还要不断对其进行优化。

- 冷启动。智能计划一般都有冷启动的时间，因为系统对产品的认知需要一个过程，认知完成后系统才会给宝贝匹配流量。冷启动时间一般在两三天左右。

- 投放目的。投放目的不同，优化的方向也就不一样。比如新品，投放目的是获取更多的曝光，那就重点关注宝贝曝光后的点击效果；再比如爆款，由于宝贝本身具有较强的人群基础，系统很容易匹配比较优质的流量，此时可以考虑以投产比为基准做优化。

- 数据反馈。不管哪个营销场景，它都是基于关键词来获取流量的，因此我们的优化重点要看关键词的点击率、收藏率、加购率、投产比这几个数据指标，以 7 天为一个周期，数据表现好的留下，表现不好的删除，或者更换宝贝。

3. 销量明星投放策略

销量明星是在手淘搜索销量排序下进行商业广告卡位的推广工具，可以直接卡到销量排序下第一位和第十一位，属于非个性化的流量，不受千人千面的影响，但并不是所有宝贝都有机会在销量明星中进行推广，销量明星将销量星级作为商品投放准则。销量星级由平台根据宝贝所在的类目过去 30 天的销量排名计算划分为 1～5 星，4～5 星宝贝可竞价销量排序下第一位和第十一位，3 星宝贝可竞价第十一位，1～2 星宝贝无竞价资格。

销量明星针对的是对销量敏感的消费者，主要用来加速爆款的成长，以及在淡季时用来稳定和提升宝贝的排名，比较适合标品和小类目的商家使用。接下来，我们讲解销量明星计划的创建和优化策略。

（1）销量明星计划的创建

第一步，新建计划。

登录直通车，在推广页找到"销量明星"，然后点击"新建推广计划"，如图 2.25 所示。

🛒 图 2.25　新建销量明星推广计划

这里需要提醒大家，2021 年下半年，直通车对销量明星做过一次全新升级，除了以上路径，商家还可以在标准计划和智能计划中一键开启销量明星投放，如图 2.26 所示。

图 2.26　投放位置新增销量明星入口

第二步，计划基础设置。

计划名称尽量简洁、容易辨认，我个人习惯按照"序号+产品名称+日期"来命名。日限额最低 30 元起投，商家可以根据宝贝的实际情况设置金额，50 元、100 元、150 元、200元等都可以，但不建议一开始投太多，以免预算消耗太快，如图 2.27 所示，

图 2.27　销量明星计划基础设置

第三步，单元设置。

点击"添加宝贝"后，商家可以看到参与竞价的宝贝，宝贝的销量星级要达到 3 星以上，如图 2.28 所示。同一个商品在销量明星中仅能推广一次，建议单个计划别添加太多宝贝，可以把爆款和其他款分开投放。

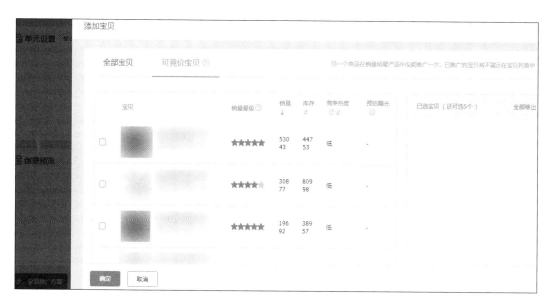

图 2.28　销量明星单元设置

第四步，推广方案设置。

在这个模块中，常见的推广方案有两种：一种是不添加任何关键词，直接开启"流量智选词包"，先按照系统建议出价的 50% 来出，再采用"上坡出价法"，每次加 0.1 元，直到有展现量为止，这种玩法是让系统先跑数据，后期再来优化关键词；另一种是添加关键词后开启"流量智选词包"，这样能尽可能多地引入流量，但需要商家有一定的操作能力。关键词的出价按照系统建议的市场平均出价来出即可，后期根据竞价位置和预算情况综合优化，如图 2.29 所示。

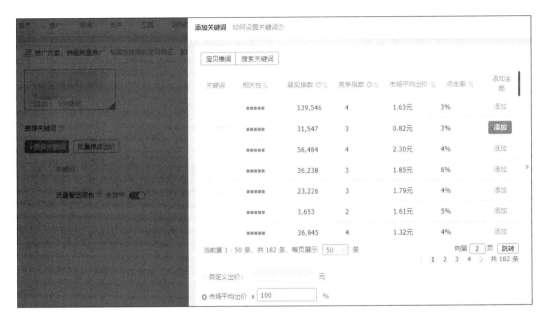

图 2.29　销量明星推广方案设置

（2）销量明星计划的优化策略

销量明星计划的优化策略主要围绕关键词和出价来进行。

- 关键词。选择什么样的关键词对销量明星计划的推广来说至关重要，毕竟按销量排序查看宝贝的消费者都是具有明确的购买意向的。建议尽量选择那些精准度高、转化率高、搜索人气高的"三高"关键词，这样能最大化地发挥销量明星工具的价值。在对关键词进行优化时，建议以 7 天为一个周期，重点考察收藏率、加购率和投产比数据。对于收藏率、加购率偏低且投产比也低的关键词，可以直接删除；对于收藏率、加购率不错但投产比偏低的关键词，可以适当地降低出价，以控制引流的成本；对于收藏率、加购率和投产比都不错的关键词，则可以单独提价，增加更多的曝光量。

- 出价。销量明星的竞价必须配合宝贝的销量星级进行调整。前面说过，3 星宝贝只能竞价关键词销量排序下第十一位的位置，4～5 星宝贝则可以同时竞价关键词销量排序下第一位和第十一位两个位置。图 2.30 中显示的系统建议出价是基于当时的竞争环境给出的，可以按照系统建议出价的 80% 来出，如果没有展现再逐步调价即可。假如你的宝贝在某关键词的销量排序下已经处于比较靠前的位置，如果再投放销量明星的话，付费推广的广告位会被优先展示，而搜索位置就会被暂时屏蔽，从而出现搜索流量变少的情况。

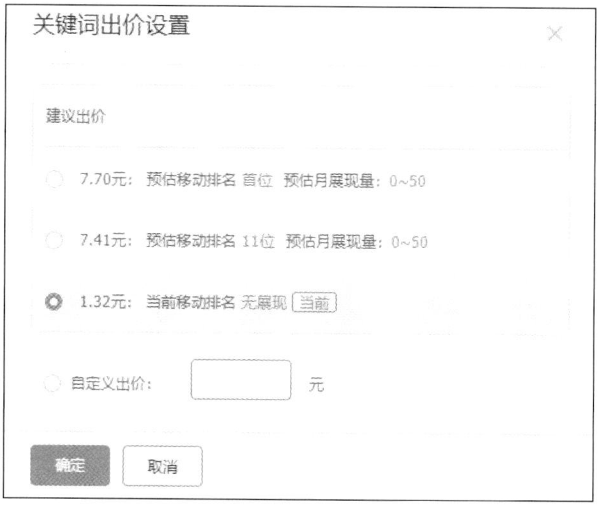

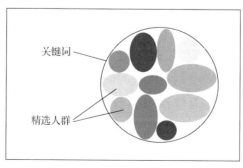

图 2.30　销量明星关键词出价设置

2.1.4　直通车精选人群优化

1.　人群与关键词的关系

很多人在做精选人群投放时，往往会过分重视精选人群而不重视关键词。我们要明白关键词和人群的关系，如图 2.31 所示，直通车的人群是由关键词决定的，我们选择什么样的关键词，就相当于选择了这个关键词背后的所有展现人群，只有增加关键词的数量，我们圈定的人群数量才会相应地增加。

图 2.31　关键词和人群的关系示意图

2.人群的分类

直通车人群主要由两部分组成，一是系统推荐人群，二是自定义组合人群。

（1）系统推荐人群

系统推荐人群是系统根据店铺的整体流量和长时间的数据积累匹配的人群标签，也就是系统智能匹配的人群包，这些人群包的流量相对来说比较宽泛，有的是达摩盘推荐的，初期不建议添加，如图2.32所示。

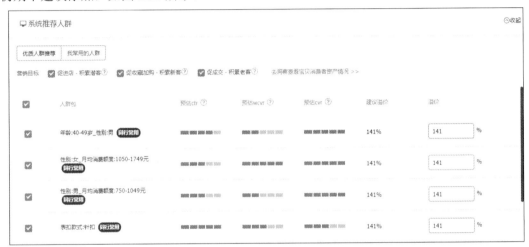

图2.32　系统推荐人群（篇幅有限，截图不全）

（2）自定义组合人群

自定义组合人群是需要自己手动组合的人群，包含宝贝定向人群、店铺定向人群、行业定向人群、基础属性人群和达摩盘人群。

- 宝贝定向人群。这类人群有两个标签，分别是"喜欢相似宝贝的访客"和"喜欢店铺新品的访客"，如图2.33所示。"喜欢相似宝贝的访客"是系统根据宝贝的产品属性和反馈数据，为商家找到的喜欢同类商品的消费人群。需要注意的是，系统认为的相似可能与实际的相似有差异，建议等数据积累到一定程度再开。"喜欢店铺新品的访客"很好理解，这类人群往往对新品有很大的兴趣，如果你的店铺有新品上架，不妨对这类人群适当地调高溢价。

图 2.33 宝贝定向人群

- 店铺定向人群。店铺定向人群相对要多一些，总共有 10 个标签，分别是"浏览过智钻推广的访客""店铺长期价值人群""智能拉新人群""浏览过猜你喜欢的访客""浏览未购买店内商品的访客""店内商品放入购物车的访客""购买过店内商品的访客""收藏过店内商品的访客""浏览过同类店铺商品的访客""购买过同类店铺商品的访客"，如图 2.34 所示。其中，"浏览未购买店内商品的访客""店内商品放入购物车的访客""购买过店内商品的访客""收藏过店内商品的访客"这 4 类人群的转化效果不错，而"智能拉新人群"对于店铺拓展新用户很有帮助，其他几类人群相对来说也比较精准，商家可以根据自身的营销目标决定要不要进行投放。

图 2.34 店铺定向人群（篇幅有限，截图不全）

- 行业定向人群。行业定向人群有 3 个标签，分别是"行业偏好人群""行业优质人群""跨类目拉新人群"，如图 2.35 所示。行业定向人群所覆盖的流量规模是相当巨大的，但不够精准，可以用来拉新，前提是宝贝的受众面要广，同时转化能力要很强。

图 2.35　行业定向人群

- 基础属性人群。基础属性人群包含 5 个标签，分别是"人口属性人群""身份属性人群""天气属性人群""淘宝属性人群""节日属性人群"，如图 2.36 所示。基础属性人群用到的相对多一些，我个人习惯把它称为"打标人群"。然而，很多运营人员在做人群的时候，喜欢把所有的人群都选上，这其实是没有弄清楚先后顺序，基础属性人群就好比是一款宝贝的身份 ID，是我们在做人群时首先要选择的一类人群标签，系统只有识别了宝贝的人群标签，才能把宝贝呈现在与之相对应的精准人群面前。如果后续的点击反馈也比较吻合的话，那么系统推荐给宝贝的流量就会多。当你觉得流量规模还不够大时，可以通过宝贝定向人群、店铺定向人群和行业定向人群来对流量进行一层一层的放大。

- 达摩盘人群。达摩盘人群的标签非常多，它满足的是商家对于更丰富人群标签的组合需求，如图 2.37 所示。有很多人群标签只有在达摩盘里才能看到，商家可以根据自己的实际情况进行不同的组合，然后把它们同步到直通车里使用。但是，这类人群操作起来相对来说比较困难，同时有的类目太小，如果选择的人群标签过于精准，最后反而没有了展现量。在实际操作中，建议先投放前面的四类人群，最后尝试投放达摩盘人群。

图 2.36　基础属性人群

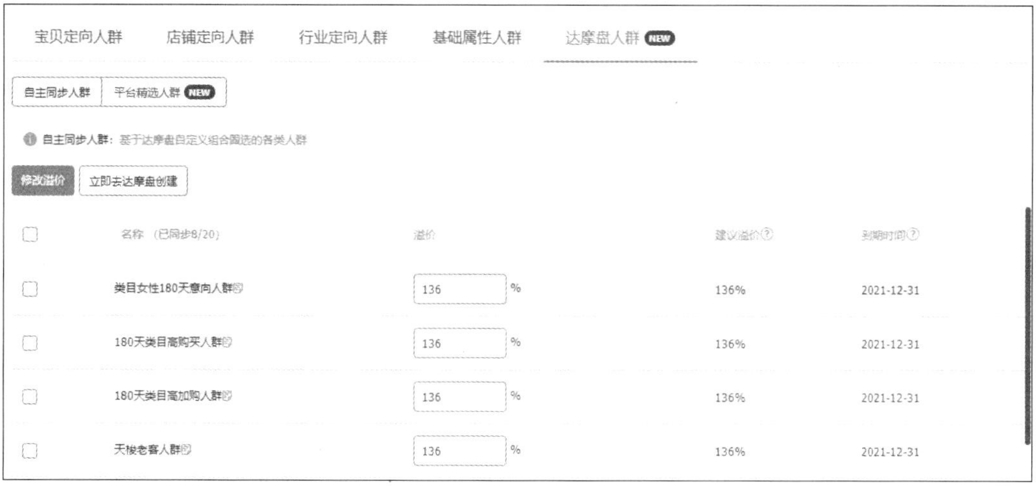

图 2.37　达摩盘人群

3．人群的测试

（1）什么情况下需要测试

有的运营人员会想当然地根据生意参谋里的人群画像数据直接操作人群，这其实是有失偏颇的，原因在于生意参谋里分析的是整个店铺的数据，而直通车推广的是具体的某款产品。不同的产品，它所针对的目标人群也是不同的。因此，如果店铺的产品之间有明显的差异，那就有必要针对不同款式的产品分别进行人群测试。此外，即便同一款产品，添加的关键词不同，背后的人群也不一样，比如"连衣裙"和"连衣裙碎花"，这两个关键词背后的人群在年龄、月均消费额度、风格偏好等维度上都有明显的差异。

（2）测试需要遵循哪些原则

在测试人群的时候，我们需要遵循以下两个原则。一个是对于大词要单独进行测试，因为大词所覆盖的人群规模相当大，比如在"连衣裙"的所有人群中，25～29 岁和 40～49 岁这两个年龄段的人群占比都很大，如果不测试我们就不知道该如何进行选择。另一个是每次只测试一个人群维度，比如测试基础属性人群的时候，我们就要先测试"年龄"这个维度，再测试"类目笔单价"等其他维度，以此类推，这样得出来的数据相对来说比较准确。当然，如果我们对于产品的人群画像十分清楚，比如客单价较高的家具，那么像"学生"这样的人群标签就完全没必要进行测试了。

（3）如何分析测试数据

当我们测试完人群标签之后会得到很多数据，有的运营人员会根据表面数据的好坏做出判断，比如一看到"18～24 岁"这个标签的数据非常好，就提高对它的溢价，这其实是一个比较明显的误区。要知道，当我们圈定一个人群标签时，其实还有一部分"非标签人群"是系统无法识别的，如果我们不对"非标签人群"的数据进行分析，就有可能出现误判。那要到哪里去看"非标签人群"的数据呢？很简单，我们可以先在"直通车—推广"里看到某款宝贝的"总数据"，如图 2.38 所示。接着，我们在"精选人群"里可以看到该款宝贝的"标签人群"数据，如图 2.39 所示。这样，该款宝贝的"非标签人群"数据就等于"总数据"减去"标签人群"的数据。

图 2.38　直通车某款宝贝的总数据

	状态	推广人群	溢价	展现量	点击量	点击率	花费	平均点击花费	总成交笔数	投入产出比	总购物车数	总成交金额	点击转化率	总收藏数
☐	推广中	优质人群扩展 (升级助手) ⓘ 人群分类：扩展人群	90%	5,712	218	3.82%	577.85元	2.65元	11	2.69	23	1,554元	5.05%	2
☐	推广中	智能拉新人群 (拉新必看) ⓘ 人群分类：店铺定向人群 ⓘ 目标 ◎ 流转 ◎ 洞察	150%	8,341	451	5.41%	1,397.03元	3.10元	23	2.05	29	2,866元	5.10%	24
☐	推广中	资深淘宝/天猫的访客 人群分类：基础属性人群	ⓘ85%	1,250	50	4%	135.09元	2.70元	0	0	1	0元	0	0
		合计：汇总		26,509	1,174	4.43%	3,332.81元	2.84元	43	1.68	85	5,598元	3.66%	37

🛒 图 2.39　直通车某款宝贝的标签人群数据

得到"标签人群"和"非标签人群"这两个数据之后，我们再来进行详细分析。如果宝贝的"总数据"跟"标签人群"的数据相差不大，说明引进来的流量都是系统可以识别的精准流量，那我们就可以给"标签人群"高一点的溢价。如果两者的数据差异比较大，那我们就要看"非标签人群"的数据表现如何，如果它的数据表现还不错，那我们对"标签人群"的溢价就不能太高，否则会导致宝贝整体的数据表现不佳；如果"非标签人群"的数据表现本来就差，那我们就可以放心地调高"标签人群"的溢价，从而获得更多的精准流量。

4．人群的溢价

前面我们讲过人群与关键词的关系：首先有关键词，然后有人群。不同的关键词所采取的溢价策略不一样，当然人群溢价也必须遵循这个策略。不妨建立两个人群计划，一个是大词、热词计划，另一个是精准长尾词计划，如图 2.40 所示。大词、热词对应的人群相对来说比较宽泛，那么对关键词出低价而对人群高溢价，就能确保我们在想要的人群面前尽量多展现；而对于精准长尾词来讲，关键词本身就已经非常精准了，这时候对关键词本身出高价就可以了，人群反而要低溢价，甚至不溢价，这样能够保障关键词的展现量不会过于狭窄，否则即便展现的目标人群最后都成交了，意义也不大。

🛒 图 2.40　人群溢价策略

5．人群的组合

人群组合的目的是获得更多精准的流量，在进行人群组合时，我们要注意以下几个要点。

（1）组合的维度不要太多

组合要确保覆盖的人数具有一定的量级，如果组合后所覆盖的人数太少，那组合的意义就不大。建议最好进行两个维度的组合，比如类似"女+18～24 岁""18～24 岁+韩版"这样的组合。总之，首先要看覆盖的人群规模，然后决定要不要进行组合。

（2）组合的出价要高于不组合的出价

这个应该很好理解，既然你把两个人群标签组合到一起了，当然希望宝贝尽量只在组合后的人群面前展现，但如果组合后的出价低于组合前的人群标签的单独出价，那组合后的人群标签就得不到展现的机会。比如"18～24 岁"这个人群标签溢价 40%，"韩版"这个人群标签溢价 45%，那么"18～24 岁+韩版"这个人群组合标签的溢价至少要高于 45%，宝贝才会有所展现。

（3）要以数据为最终的评判标准

要以数据为最终的评判标准，才能做到精准且高效。

2.1.5 直通车 ROI 提升技巧

提升直通车的投产比，也就是 ROI，是运营人员面临的一个难题。尤其在淘宝流量见顶的大环境下，流量的成本也是水涨船高。要想提升直通车的 ROI，就必须从影响它的关键因素入手。

1．关于直通车 ROI 的两个公式

（1）ROI 盈亏平衡点=1/毛利率

假设你的产品的毛利率是 50%，只要直通车的 ROI 能做到 2 以上，你的直通车就是赚钱的，这时候你就可以放心大胆地去推广；如果直通车的 ROI 低于 2，那就代表你的直通车是亏损的，这时候你就要考虑能否接受这样的亏损。通过这个公式，我们至少能够做到心中有数。

（2）ROI=成交金额/花费

我们可以把这个公式稍微延伸一下，ROI=（流量×转化率×客单价）/（流量×ppc）=（转化率×客单价）/ppc。通过这个公式，我们可以清楚地看到，要想提高直通车的 ROI，我们

就要综合考虑转化率、客单价、ppc 三个维度。由于客单价基本上是确定的，接下来我们主要对转化率和 ppc 两个维度进行优化。

2. 直通车 ROI 的优化技巧

（1）提升转化率

提升转化率是一个非常宽泛的话题，它包括对产品、价格、视觉、营销、推广等的提升。如果仅从直通车这个角度来看，可以从以下几个方面入手。

- 时间折扣。有的人很容易忽略时间折扣这个维度，导致一些钱被浪费了。比如 0:00
  —08:00 这个时间段的统一折扣设置成 60%，09:00—12:00、15:00—17:00、20:00—
  22:00 这几个时间段的统一折扣设置成 110%，其余时间段的统一折扣设置成 100%。
  这样的设置乍一看没什么问题，但我们完全可以做得更加精细化，也就是说，对一
  天 24 小时的每个小时的出价折扣都进行个性化的设置。

方法是先去"生意参谋—流量—访客分析"里导出店铺的访客数据表格，时间最好选近 30 天，这样参考的价值比较大，如图 2.41 所示。接着，我们算出每个小时的下单转化率，如图 2.42 所示。最后，通过分析每个小时的下单转化率数据，我们就能对原有的时间折扣进行更加个性化的调整，比如把转化率偏低的时间段的出价折扣相应地调低或不投放，把省下来的钱投放到转化率更高的时间段，从而在成本花费变动不大的基础上提升宝贝的 ROI。

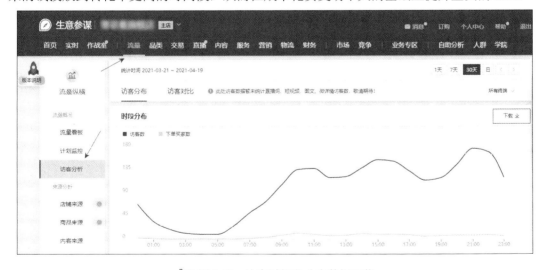

图 2.41　访客时间段分布数据下载

统计终端	统计时段	访客数	下单买家数	下单转化率
所有终端	00:00~00:59	69	3	4.35%
所有终端	01:00~01:59	35	2	5.71%
所有终端	02:00~02:59	20	1	5.00%
所有终端	03:00~03:59	12	1	8.33%
所有终端	04:00~04:59	10	1	10.00%
所有终端	05:00~05:59	10	1	10.00%
所有终端	06:00~06:59	26	1	3.85%
所有终端	07:00~07:59	52	2	3.85%
所有终端	08:00~08:59	74	4	5.41%
所有终端	09:00~09:59	107	8	7.48%
所有终端	10:00~10:59	137	12	8.76%
所有终端	11:00~11:59	139	10	7.19%
所有终端	12:00~12:59	121	7	5.79%
所有终端	13:00~13:59	123	8	6.50%
所有终端	14:00~14:59	140	11	7.86%
所有终端	15:00~15:59	156	10	6.41%
所有终端	16:00~16:59	153	10	6.54%
所有终端	17:00~17:59	134	9	6.72%
所有终端	18:00~18:59	116	6	5.17%
所有终端	19:00~19:59	121	7	5.79%
所有终端	20:00~20:59	146	8	5.48%
所有终端	21:00~21:59	178	8	4.49%
所有终端	22:00~22:59	171	9	5.26%
所有终端	23:00~23:59	121	6	4.96%

【生意参谋】访客分布-时段-2021-03-21_2021-0

图 2.42　各时间段转化率数据

- 精准地域。同样，对于地域我们也可以进行精细化操作。方法是进入某款宝贝的直通车报表，然后下载该款宝贝的地域列表数据，如图 2.43 所示。通过数据分析，对于 ROI 偏低的省份，我们可以选择不投放。如果想进一步优化到市一级，那就需要借助第三方软件，或者把店铺的发货数据调出来进行整理。

创意列表　关键词列表　地域列表　　全屏查看更多数据

过滤条件：请选择　　下载报表　更多数据

省市	点击量 ↓	点击率 ↑	花费 ↑	平均点击花费 ↑	投入产出比 ↑	点击转化率 ↑	总购物车数 ↑	总收藏数 ↑	总成交笔数 ↑	操作
广东	1,083	3.98%	¥3,009.06	¥2.78	1.93	4.43%	85	47	48	分日详情
江苏	688	3.97%	¥1,962.50	¥2.85	2.07	5.09%	52	17	35	分日详情
山东	644	4.32%	¥1,780.17	¥2.76	2.17	4.97%	45	20	32	分日详情
浙江	591	3.81%	¥1,698.88	¥2.87	1.40	3.05%	42	13	18	分日详情
河南	427	4.20%	¥1,142.93	¥2.68	1.12	2.34%	19	18	10	分日详情
安徽	304	3.99%	¥850.96	¥2.80	2.69	5.59%	27	12	17	分日详情
四川	285	4.26%	¥819.56	¥2.88	1.80	3.51%	29	8	10	分日详情
福建	261	3.74%	¥757.43	¥2.90	2.10	4.60%	28	6	12	分日详情
湖北	242	4.29%	¥690.09	¥2.85	1.38	3.31%	18	6	8	分日详情
上海	228	3.91%	¥642.19	¥2.82	1.38	3.07%	15	8	7	分日详情

图 2.43　直通车地域列表数据

- 关键词精准化。要想提升直通车的 ROI，关键词是基础，如果一开始选择的关键词不精准，那么它的转化率就不可能高。例如，你的直通车投放了"连衣裙"这个关键词，而搜索这个关键词的消费者的需求五花八门，有的人喜欢碎花，有的人喜欢真丝等，你的产品很难满足所有人的需求，因此我们要尽量去选择那些代表精准人群的精准关键词，这样才能从根本上提升直通车的 ROI。

- 人群精准化。关键词是人群的基础，而人群是关键词的筛选器。要想提升直通车的 ROI，人群的精细化操作至关重要。举个例子，某新品牌吹风机之所以定价 799 元，还能将一众低价吹风机远远地甩在身后，秘诀就在于它通过直通车重点投放了像 88VIP 会员这样高消费力的客户群体。

（2）降低 ppc

决定直通车 ppc 高低的主要有两个因素，一个是关键词的出价，另一个是关键词的质量得分。关于如何提升关键词的质量得分，我们在前面已经阐述过，这里重点介绍如何降低关键词的出价。

如果直接降低关键词的出价，有可能导致直通车流量下滑，虽然 ppc 降下来了，但其实并没有达到提升 ROI 的目的。因此，我们既要降低关键词的出价，又要稳住关键词的排名，比较通用的做法是"拖价法"。

- 拖价前的准备。拖价是需要考虑时机的，在直通车前期，由于关键词的权重不稳定，这时候如果降低关键词的出价，可能导致关键词的流量下滑，从而导致 ROI 下降。因此，在开始拖价前，我们要确保关键词的权重足够高。

首先，关键词的质量得分最好达到 10 分，这是实施"拖价法"的基础。然后，要保持直通车高权重的稳定性，不能关键词的质量得分一达到 10 分，马上就去降低关键词的出价，而是要在宝贝的销量、转化等数据都非常稳定的情况下，再去考虑降低关键词的出价，这样才不会影响关键词的排名。

- 拖价的操作。关键词的最终出价=基础出价×（1+时间折扣）×（1+人群溢价），因此，基于这三个维度，在刚开始拖价时，人群溢价和基础出价最好不要动，先调整时间折扣，调整比例最好控制在 5%～10%，切忌大幅度调整。

时间折扣降低后的第二天，我们要开始观察数据，一方面看 ppc 是否有所降低，另一方面看关键词的排名是否有所下降，如果这两个数据都没有出现问题，那就可以进一步降低关键词的人群溢价和基础出价；但如果宝贝的数据出现较大波动，那我们就要赶紧恢复原来的折扣，先稳定三四天，再通过数据判断是否要继续进行拖价。一般来说，拖价到市场平均出价的一半或者 1/3 就已经是极限了。我们不能盲目地追求低出价，而是要达到一种平衡，即在保证关键词排名不下降的前提下追求最低的出价。

2.2 引力魔方

引力魔方是超级推荐的全新升级版本，是融合了猜你喜欢信息流和焦点图的全新推广产品。猜你喜欢信息流是唤醒消费者需求的重要入口，覆盖了消费者购前、购中、购后的消费全链路；焦点图则锁定了用户进入淘宝的第一视觉，覆盖了淘系全域人群。通过两者的有机结合，引力魔方能帮助商家实现高效拉新、强效促转化、完善营销闭环、提升店铺的整体流量、促进店铺的生意增长。进入超级推荐后台，点击页面右下角"进入新版"就可以登录引力魔方后台，目前两个版本是同时运行的，但后续超级推荐会逐步下线，如图 2.44 所示。接下来，我们详细论述两个版本几个主要的不同点。

图 2.44　引力魔方入口

（1）资源位

引力魔方相比超级推荐增加了淘宝首页焦点图资源位，这也是此次改版比较大的一个亮点，相当于把超级钻展的资源位进行了整合。毕竟首页焦点图是用户进入淘宝的第一视觉，不仅能够大规模地开拓新流量，还能对各个付费渠道的浏览人群进行强力收割。升级后的引力魔方有了首页焦点图资源位的加持，预计将成为下一波流量的洼地，建议商家好好把握这个红利期。

（2）投放主体

超级推荐只能选择"商品"作为投放主体，大一点的品牌能投放橱窗。而升级后的引力魔方除了"商品"，还能选择"店铺"或"自定义页面"作为投放主体。

（3）出价

超级推荐的出价方式分为"系统出价"和"手动出价"，而引力魔方则进一步提升了系统自动出价的能力，避免商家把大量精力耗费在调价上。

（4）创意

相比超级推荐，引力魔方增加了"创意库""智能化创意""组件化创意"，简化了创意制作的流程，提升了商家创意制作的能力。

由于我在写作本书时，引力魔方尚处于内测阶段，很多新功能还在测试中，因此大家一定要持续关注平台的升级。

2.2.1　引力魔方自定义计划玩法

虽然引力魔方相比超级推荐升级的地方不少，但玩法大同小异，还是围绕着"人群"来做文章。引力魔方有自定义计划玩法和投放管家玩法。接下来，我们介绍自定义计划玩法的操作步骤，一共分为三步：计划布局、计划搭建和优化。

第一步，计划布局

引力魔方将计划结构中的计划定位为最基础的操作单元，从原来超级推荐的"计划/单元/创意"升级为"计划组/计划/创意"。因此，这里所讲的计划布局，指的是通过合理地设置计划，让计划更好地体现营销意图，并最终提升推广的效果。计划布局的方式因目的不同而多种多样，这里讲几种比较常见的供大家参考。

第一种从营销目标出发。无论是直通车，还是引力魔方和万相台，营销目标都可以归纳为拉新和收割两大类，它们贯穿着整个推广过程，只是在不同时期、不同场景下，两者的比重不同罢了。

第二种从产品生命周期出发。几乎所有产品都会经历新品期、成长期、成熟期、衰退期几个阶段。在新品期，推广主要为了测款或者给产品打上人群标签，因此，这个阶段的主要任务是拉新；在成长期，一方面产品需要引入大量的新客户，另一方面需要对已有客户进行转化，才能维持产品的高速增长，因此，这个阶段的任务以拓展拉新为主，适当进行收割；在成熟期，产品已经具备了一定的引流能力，但销量开始遇到瓶颈，那么这个阶段的任务就成了以收割为主，适当进行拉新；到了衰退期，投入再多也无法阻止产品走下坡路，因此，这个阶段的主要任务就是召回老客户，然后进行收割。

第三种从活动大促出发。一般活动大促都会经历蓄水期、预热期、爆发期几个阶段。在蓄水期，我们要尽可能多地触达潜在客户，这个阶段的任务以拉新为主；在预热期，由于官方的大力宣传，人们对于活动的节奏已经十分清楚了，因此，为了防止在蓄水期积累的客户流失掉，我们除了拉新，还要进行适当的收割；而在爆发期，在前期广泛拉新的基础上，为了保证活动的产出效果，我们的主要任务就变成了收割，也可以借着活动的热度适当进行拉新。

总之，计划布局没有固定的范式，只有根据不同目标和场景进行灵活调整，才能找到真正适合自己的计划布局方式。

第二步，计划搭建

进入引力魔方后台，点击"新建计划"，就开始了计划搭建的过程。

（1）设置计划组

计划组类型选择"自定义计划"，我们可以将同一类型的计划都放到一个"计划组"下，比如图中的"计划组名称"就是以店铺爆款来命名的，这样方便我们后期对计划进行管理，如图 2.45 所示。

图 2.45　选择自定义计划

（2）设置计划名称

关于计划名称的设置，可以按照"商品名称+营销目标+定向人群+优化目标+出价方式"来命名，这样能够包含整个计划的所有重要信息，如图 2.46 所示。

图 2.46　设置计划名称

（3）设置投放主体

主体类型有"商品推广""店铺""自定义 url"三种，一般用得比较多的是"商品推广"，一个计划最多可以选择 20 款宝贝，建议一个计划对应一款宝贝和一个定向人群，这样方便后期对不同的定向人群进行精细化管理，如图 2.47 所示。当投放主体选择"店铺"时，系统将自动获取账号背后绑定的店铺并进行投放，这种方式一般在品牌推广或活动期间用得比较多。当投放主体选择"自定义 url"时，系统将根据创意绑定的 url 进行投放，"自定义 url"包括淘积木、商品、店铺首页等店铺私域页面，可以通过这种方式同时投放商品和店铺。

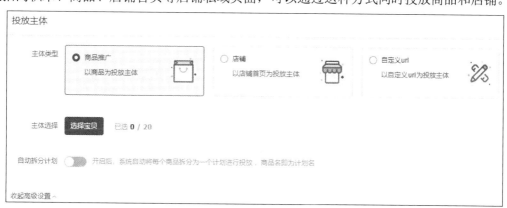

图 2.47　设置投放主体

此外，需要注意的是，主体类型的选择将直接影响资源位的配置，当选择"商品推广"时，可投放首页焦点图或信息流场景；当选择"店铺"或"自定义 url"时，仅可投放首页焦点图场景。

（4）设置定向人群

定向方式可以选择"智能定向"或"自定义"，如图 2.48 所示。前者是系统根据访客的特征实时计算并智能优选出对商家推广内容感兴趣的人群，也叫黑盒人群。由于"智能定向"是一个机器学习的过程，建议拉长投放周期。而后者是商家根据自身的推广目标，自定义圈选细分人群，也叫白盒人群。建议大家可以选择两种方式进行投放和对比，接下来重点讲讲"自定义"下的人群圈选技巧。

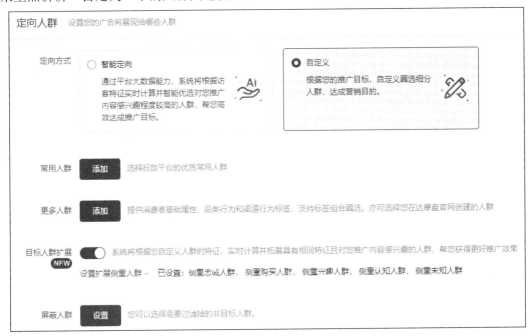

图 2.48　设置定向人群

- 常用人群。常用人群包含"关键词兴趣""店铺相关""宝贝相关""人群特征继承""小二推荐"。

关键词兴趣，它基于各类关键词进行人群圈选，商家可以选择系统推荐或自定义搜索的关键词，如图 2.49 所示。对于新品，它可以用来打标签；对于老品，它既可以用来拉新，也可以用来收割。比如"手机"这个关键词可以用来拉新，但"某某品牌手机"这个关键词就可以用来收割，因此不同的关键词，一定要区别对待。

图 2.49 常用人群——关键词兴趣

店铺相关，它根据消费者近期与店铺互动行为进行智能化圈选，包含"相似店铺人群""喜欢我的店铺""深度行为人群""领券未使用人群""粉丝人群"，如图 2.50 所示。其中，除了"相似店铺人群"属于拉新标签，其他人群都属于收割标签。

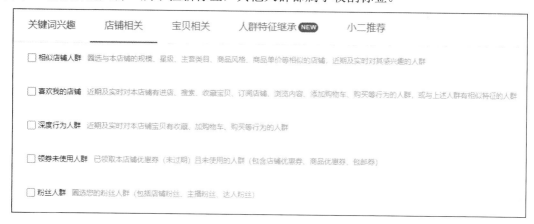

图 2.50 常用人群——店铺相关

宝贝相关，它包含"喜欢我的宝贝"和"相似宝贝人群"，前者是收割标签，后者是拉新标签，如图 2.51 所示。这里一共可以选择 5 款宝贝，一定要选择人群一致、销量不错的宝贝。

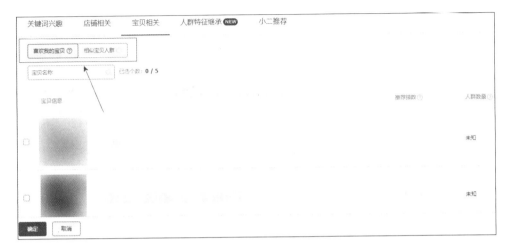

图 2.51 常用人群——宝贝相关

人群特征继承，该定向人群将继承原始计划已触达的消费者特征，能够缩短算法寻找合适人群的冷启动周期。如果两款宝贝存在迭代或升级，比如女装的春款和冬款，它们所针对的人群特征有很多相似之处，就比较适合用"人群特征继承"来缩短冷启动周期。但如果两款宝贝之间存在竞争，比如两款相似的客厅灯，消费者一般很少会两款都购买，因此使用"人群特征继承"就没有多大意义。此外，"触达后消费者行为"有"仅曝光"和"点击行为"两种选择，如果宝贝所继承的原始计划的点击量超过了1000，那么我们就选择前者；如果宝贝所继承的原始计划的收藏、加购量超过了1000，那么我们就选择后者，如图 2.52 所示。

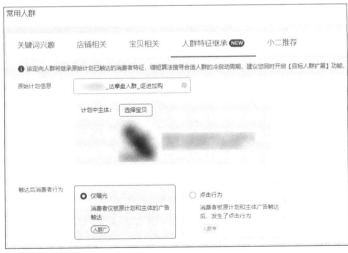

图 2.52 常用人群——人群特征继承

小二推荐，它比较适合用来拉新，其中有些人群还是相当优质的，比如"88VIP 相关高端消费者群体"，如果你的产品恰好与之匹配，就可以用这个人群标签进行拉新，如图 2.53 所示。

图 2.53 常用人群——小二推荐

- 更多人群。它包含"新建人群"和"已保存人群"，如图 2.54 所示。其中，"新建人群"提供了消费能力等级、城市等级、用户职业、用户年龄、用户性别、人生阶段、店铺行为、店铺粉丝等标签供商家进行自由圈选，也可以视作"小达摩盘"，"已保存人群"则是我们在达摩盘里创建的人群包同步过来的。在实际操作中，很多人不知道该如何组合人群标签，建议大家可以参考"达摩盘"的相关内容。

- 目标人群扩展。它是指系统根据你自定义人群的特征，实时计算并扩展具有相同特征且对你推广内容感兴趣的人群，这种功能是超级推荐里没有的，如图 2.55 所示。在实际操作中，有三个注意事项：一是不建议一开始就开启"目标人群扩展"，因为它的效果取决于你圈选的自定义人群本身质量的好坏，在自定义人群表现不错的情况下，开启"目标人群扩展"能帮助你获取更多的优质流量，反之则不然；二是要围绕计划目标来选择侧重人群，比如当计划目标为拉新时可以选择"侧重未知人群"或"侧重认知人群"，当计划目标为收割时可以选择"侧重兴趣人群"、"侧重购买人群"或"侧重忠诚人群"；三是不要一次性勾选全部五类侧重人群，而是要有针对性地选择一两个人群进行扩展，以保证扩展目标的一致性。

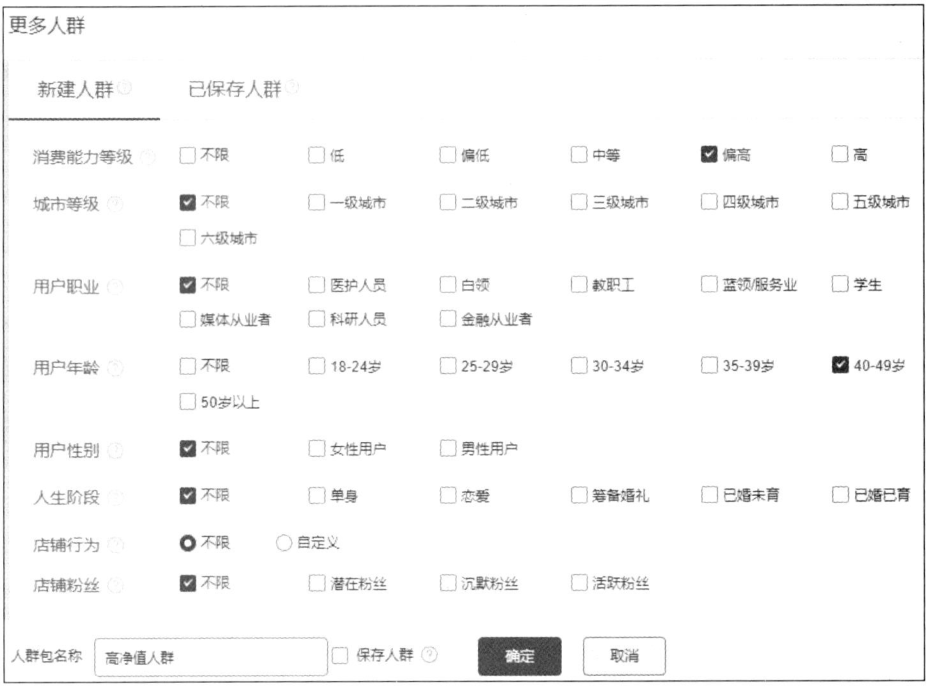

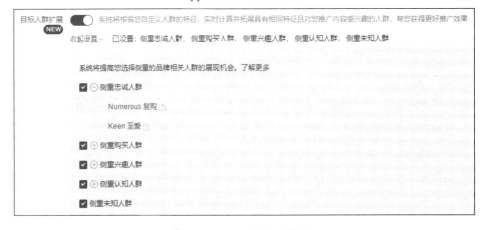

图 2.54　更多人群

图 2.55　目标人群扩展

- 屏蔽人群。在选择拉新和收割标签时，一定要过滤掉购买人群，过滤天数可以参考宝贝的复购周期，如图 2.56 所示。比如食品，它的复购周期很短，有可能十几天消费者就会再次购买，因此"过滤购买人群"选择 7 天就可以了。

图 2.56　屏蔽人群

最后提醒一点，在"常用人群"下方，系统会自动推荐一些人群包给我们，建议全部移除，因为这些人群包可能不精准，如图 2.57 所示。

图 2.57　移除系统推荐人群包

（5）设置资源位

资源位包含"核心资源位"和"优质资源位"，"核心资源位"又包含"焦点图场景"和"信息流场景"，支持多选，且平台提供了资源位的流量、成本、竞争热度供参考，建议都勾选，但如果要保证高投产比的话，可以不选择"淘系焦点图"和"红包互动权益场"。

而"优质资源位"则是必选项，是淘宝从今日头条、高德等站外渠道中优选的流量资源，如图 2.58 所示。

图 2.58　设置资源位

（6）预算与排期

这个模块包含"优化目标""目标出价""预算设置""投放日期""高级设置"。

- 优化目标。它包含"促进曝光""促进点击""促进加购""促进成交"，如图 2.59 所示，四个优化目标所对应的流量规模是依次递减的，但流量精准度是依次提高的。在选择优化目标时，有以下三个考量维度。

图 2.59　优化目标

第一，从流量需求的规模出发。如果我们想获取的流量很大，可以选择"促进曝光"或"促进点击"作为优化目标；如果我们想获取的流量很小，主要考虑投产比，可以选择"促进成交"作为优化目标；如果我们想获取的流量介于前面两者之间，不妨选择"促进加购"作为优化目标。

第二，从店铺的规模出发。如果店铺的规模比较大，本身就积累了不少老客户，就可以选择"促进加购"或"促进成交"作为优化目标，这样触达的人群会更加聚焦，推广的效果也会更好。如果店铺的规模比较小，本身就没有多少老客户基础，就可以选择"促进曝光"或"促进点击"作为优化目标，否则系统触达的人群规模可能会非常小，以致很难获取流量，更谈不上后续的成交了。

第三，从拉新和收割出发。当我们以拉新为主要目的时，如果是新品或新店拉新，优化目标建议选择"促进曝光"或"促进点击"；如果是老品拉新，需要的是更多精准的新客，优化目标建议选择"促进加购"或"促进成交"。当我们以收割为主要目的时，优化目标建议选择"促进曝光"或"促进点击"，因为收割所选择的都是店铺的私域人群，这时选择"促进加购"或"促进成交"可能会缩小收割的人群规模。

- 目标出价。当优化目标选择"促进曝光"时，出价方式可以选择"统一出价"或"详细出价"。前者不区分人群和资源位，计划采用唯一出价，可以采用"上坡出价法"或者参考系统给的相似店铺建议出价来出。后者可针对每个人群进行单独出价，出价思路和"统一出价"的思路差不多，同时支持对资源位进行溢价，可以先按系统建议的溢价比例来出，后期再根据投放效果进行调整。

当优化目标选择"促进点击"时，相比"促进曝光"，该模块下增加了"智能调价"功能，调价幅度为正负100%，建议开启，这样能获取更多流量，它的目标出价的思路跟"促进曝光"的思路一样。

当优化目标选择"促进加购"或"促进成交"时，系统提供了三种投放策略。第一种是"控成本"，也就是系统根据优化目标智能出价，控制平均成本尽量小于你设置的目标出价。同时，建议开启"冷启动加速"选项，能有效缩短新计划冷启动的时间。第二种是"最大化拿量"，在"促进加购"下是"最大化加购收藏量"，而在"促进成交"下是"最大化成交量"。系统会在你设置的预算范围内智能出价，最大化地获取加购收藏量或成交量。第三种是"智能调价"。系统在调价范围内进行最优出价，支持人群出价和资源位/时间段溢价，调价幅度为正负30%。建议选择前两种投放策略，这样比较稳妥。此外，这两种优化目标下的目标出价的思路跟"促进曝光"的思路一样。投放策略如图2.60所示。

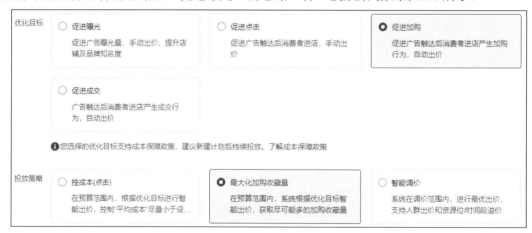

图 2.60 投放策略

- 预算设置。每日预算最低50元起投，可以根据计划曝光量或点击量，结合预估的点击单价，计算出一个大概的每日预算金额；也可以先按照最低50元进行投放，后期再根据实际消耗逐步增加预算。

- 投放日期。系统默认是"365天后结束"，建议按照默认的设置就可以了，除非你只想投放一段时间，比如只在活动期间进行投放。

- 高级设置。投放时间和投放地域可以采用系统默认的模板，也可以把直通车里投放效果好的时间和地域模板拿过来用。

（7）绑定创意

支持"自定义创意"和"智能创意"。在"自定义创意"下，可以从创意库或本地上传图片或视频创意。"智能创意"是指系统使用宝贝的主副图及自定义创意，自动适配不同的资源位，建议勾选。此外，建议尽可能铺满各种尺寸的图片和视频，这样才能最大化获取流量。

第三步，优化

在对计划进行优化时，建议重点关注四个数据指标，分别是点击率、加购率、加购成本、ROI。我们以拉新和收割两个常用的营销目标为例。如果营销目标以拉新为主，首先看点击率，这是硬指标，如果点击率偏低，要么优化创意，要么暂停投放；然后看加购率是否达标，达标就继续投放，不达标则暂停投放；最后看加购成本，如果加购成本过高，要么想办法降低点击成本或提高点击率，要么暂停投放。如果营销目标以收割为主，点击率同样是硬指标，不过我们要重点关注 ROI，对于 ROI 偏低的计划，要么想办法提高转化率或降低点击成本，要么暂停投放。

2.2.2　引力魔方投放管家玩法

为了帮助商家快速获取流量，引力魔方推出了投放管家这种智能化的推广工具，它能给商家带来四大好处：一是一键快捷开启，只需要设置推广预算并选择推广宝贝，就可以快速建立智能投放计划，这样商家就能把更多精力放到店铺的运营中去；二是流量加权倾斜，系统将对投放管家进行加权，以便商家能快速拿到流量；三是首单成交破零，系统通过智能周期预算和智能出价，助力新品以更快速度、更低成本首单破零；四是稳定日销转化，投放管家根据算法来为推广宝贝匹配最优质的人群与创意，并实时结合数据进行智能优化，从而提升最终的推广效果。接下来，我们介绍投放管家玩法的操作步骤，同样分为计划布局、计划搭建和优化。

第一步，计划布局

虽然投放管家属于智能计划，但要想把它玩好，一开始我们就要想清楚计划该如何布局。这里我分享比较常见的两种计划布局方式。一种是针对多宝贝的店铺，我们首先把所有宝贝划分为新款、平销款和热销款，然后分别建立不同的推广计划。新款计划可以用来批量测款，目的是快速引入流量；平销款计划的流量需求适中，目的是追求更高的投产比；而热销款计划的流量需求相对较大，以引入更多流量为主要目的。另一种是针对标品或小类目，我们可以用投放管家进行大量测图。有条件的话可以让美工多做图，然后放到投放管家里不停地测试，因为对于标品或小类目来说，图片的点击率至关重要。为了防止竞品跟风模仿，我们手里随时要有多张高点击率的图片。

第二步，计划搭建

由于投放管家的计划搭建非常简单，我就挑重点跟大家分享。计划组类型选择"投放管家"，如图 2.61 所示。

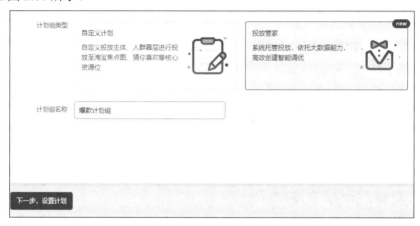

图 2.61 选择投放管家

（1）主体选择

对于新店或资源有限的店铺，建议选择"全店商品优选"或"指定商品集合"作为投放主体，让系统自动帮你去店铺里或指定的商品集合中筛选适合投放的宝贝。如果希望有更多自主权，你也可以选择"自定义商品"作为投放主体，一个计划最多可以添加 20 款宝贝，如图 2.62 所示。

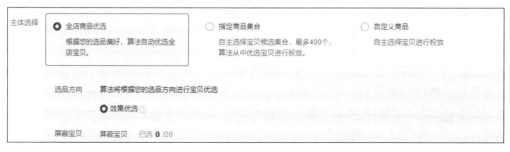

图 2.62 主体选择

（2）投放策略

系统默认的投放策略是"控成本"，商家可以设置目标出价，我个人认为按照相似店铺建议出价的 80% 来出就可以了，后期根据投放效果进行调整，如图 2.63 所示。

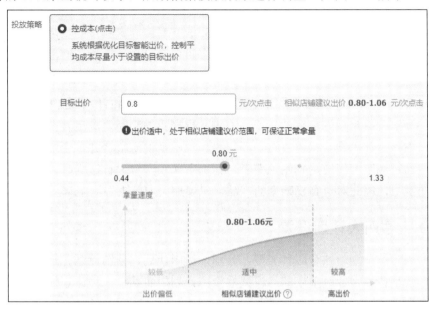

🛒 图 2.63　投放策略

第三步，优化

有四个优化方向，分别是创意、定向人群、投放时段/地域和预算。对于创意，如果创意的点击率低于行业均值，我们要将其移除并上传新的创意；对于定向人群，重点关注点击率、加购率、加购成本、ROI 这几个数据指标，对于效果不好的人群，我们同样要将其移除；对于投放时段/地域，如果某些时段或地域的投放效果不好，我们可以进行个性化调整；对于预算，我个人建议一定要保证预算充足，并且要大于你的实际消耗，这样能获取更多流量。

最后分享一个用投放管家低价引流的思路供大家参考：首先新建一个宝贝计划，然后在设置目标出价时，按照相似店铺建议出价的 60% 来出，接着用同一个宝贝新建两个计划，目标出价分别设置为相似店铺建议出价的 40% 和 20%。这时候，同一个宝贝就有了三个不同出价的投放管家计划，目的是让系统根据不同的出价去自动抢流量。当然，一个宝贝的引流能力肯定是有限的，但如果有多个这样的宝贝，引流能力一定会非常惊人。

2.3　淘宝客

　　淘宝客是一种按成交计费的推广工具。商家设置好推广佣金，淘客在阿里妈妈平台获取商品的推广链接，然后将推广链接发到自行搭建的网站、App、微信群、抖音等渠道进行推广，一旦买家通过淘客的推广链接进入并完成交易，商家就按照实际成交金额支付淘客佣金费用。对于商家来说，淘宝客推广是淘宝目前风险最小、投入产出最高的一种付费推广工具。

　　尤其在 2021 年年初，有消息传出官方已确认淘宝客销量将计入淘宝搜索的统计中后，越来越多的商家开始重视淘宝客的作用。不过，根据我的判断，淘宝客销量可能只是计入搜索统计，而不是计入搜索权重，这是两码事，也就是说淘宝客并不会增加自然搜索的权重。但那些通过淘宝客渠道购物的消费者，他们下次在淘宝进行搜索时，会优先看到已购买过店铺的宝贝，因此对于高复购率的产品，建议加大力度去做淘宝客。

2.3.1　淘宝客四大计划设置

　　淘宝客后台的计划一共有四种类型，分别是通用计划、营销计划、定向计划和自选计划。其中，营销计划是针对单个商品设置的推广计划，而其余三种计划则是针对整个店铺设置的推广计划。

1．通用计划设置

　　商家开通淘宝客以后，通用计划会默认开通，并且全店的商品会自动参与该计划的推广，不需要报名，也无法删除，建议商家把佣金率设置成类目的最低要求即可，如图 2.64 所示。

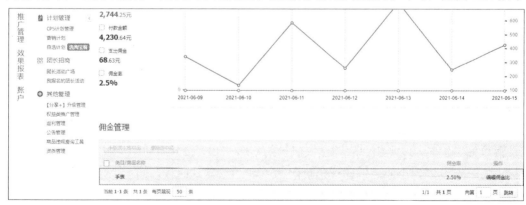

图 2.64　淘宝客通用计划设置

2. 营销计划设置

营销计划针对的是单品的推广，商家可以自定义设置推广的单品、阿里妈妈推广券、推广佣金、推广时间等，并且可以查看推广的实时数据及多维度的推广效果。

（1）营销计划的设置步骤

第一步，点击"计划管理—营销计划—添加主推商品"，营销计划最多支持添加 12000 款商品，如图 2.65 所示。

图 2.65　淘宝客营销计划设置第一步

第二步，设置商品的推广时间、推广策略和佣金率。在营销计划下，一款商品可以设置三个日常策略，但阿里妈妈平台只会透出佣金率最高的那个计划，因此在正常情况下，设置一个日常策略就行了，佣金率要设置得比通用计划的高一些，才有淘客愿意帮你推广，如图 2.66 所示。

图 2.66　淘宝客营销计划设置第二步

（2）营销计划推广策略的设置方式

商品设置完成以后，在营销计划的商品信息列表里，我们可以看到每款商品所采用的策略类型，目前显示的策略类型只有三种，分别是日常、活动和默认。日常策略是在营销计划下新增主推商品后设置的商品推广策略，活动策略是报名招商团长活动时设置的商品推广策略，而默认策略是阿里妈妈平台从有效的日常策略和活动策略中选取最优的佣金率、最优的优惠券进行推广。默认显示的是活动策略下最高 15% 的佣金比例，如图 2.67 所示。

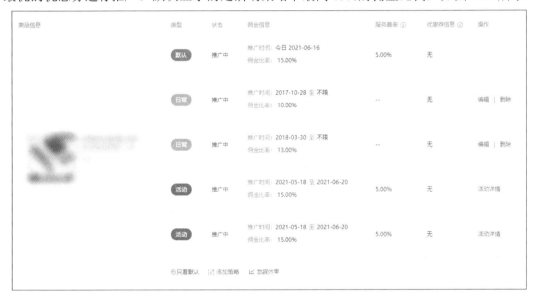

图 2.67　营销计划推广策略的设置方式

（3）"内容库"入库

营销计划除了用来对单品进行推广，还可以用作商品的"内容库"入库。所谓"内容库"，是指淘宝联盟联合站外媒体平台推出的可在站外推广场景推广的所有商品的总称。说得简单点，如果我们的商品想要被抖音、快手、微博等平台的达人推广，必须进入"内容库"才行。而要加入"内容库"，就需要设置符合媒体平台佣金要求的营销计划，接下来我们看一下加入"内容库"的具体操作步骤。

第一步，查询不同媒体平台对营销计划的佣金要求。淘宝联盟跟不同的媒体平台达成的合作方案是不一样的，有的媒体平台佣金高一些，有的则低一些，商家一定要注意查看。根据阿里妈妈相关规定，淘宝在 2021 年 4 月初统一取消了部分媒体平台的"内容库"入库门槛，营销计划佣金率满足系统要求的最低佣金率即可，如图 2.68 所示。建议大家随时关注淘宝联盟官方千牛号的最新消息。

类目划分		原内容库营销佣金率要求		新内容库营销佣金率要求
行业分类	所含一级类目	微博、B站、知乎、喜马拉雅、一直播	西瓜视频、今日头条	微博、B站、知乎、喜马拉雅、一直播、西瓜视频、今日头条
化妆品(含美容工具)	彩妆/香水/美妆工具 美容护肤/美体/精油 美发护发/假发 美容美体仪器	2.01%	6.01%	营销计划佣金率满足系统要求的最低佣金率即可
图书音像	书籍/杂志/报纸 音乐/影视/明星/音像 文具电教/文化用品/商务用品 数字阅读	2.01%	6.01%	
服饰	服饰配件/皮带/帽子/围巾 女装/女士精品 男装 女士内衣/男士内衣/家居服	2.01%	6.01%	
居家日用	居家日用 节庆用品/礼品 收纳整理 家庭/个人清洁工具 洗护清洁剂/卫生巾/纸/香薰 厨房/烹饪用具 餐饮具 宠物/宠物食品及用品	2.01%	6.01%	
食品	零食/坚果/特产 酒类 咖啡/麦片/冲饮 茶 粮油米面/南北干货/调味品 水产肉类/新鲜蔬果/熟食	2.01%	6.01%	
鞋类箱包	箱包皮具/热销女包/男包 女鞋 流行男鞋	2.01%	6.01%	
保健品及医药	传统滋补营养品 成人用品/情趣用品 保健食品/膳食营养补充食品 OTC药品/医疗器械/计生用品 精制中药材 隐形眼镜/护理液	2.01%	6.01%	
数码家电	大家电 手机 笔记本电脑 平板电脑/MID DIY电脑	1.01%	1.01%	
其他大类	以上未包含的类目	2.01%	6.01%	

🛒 图 2.68　淘宝取消部分媒体平台的"内容库"入库门槛

第二步，设置营销计划，等待第二天生效。只要想在站外的媒体平台进行淘宝客推广，商家就必须设置营销计划。

第三步，查看入库是否成功。在淘宝客后台点击"账户—内容库管理"，然后输入商品的 ID，就可以查询商品是否已在"内容库"，如图 2.69 所示。

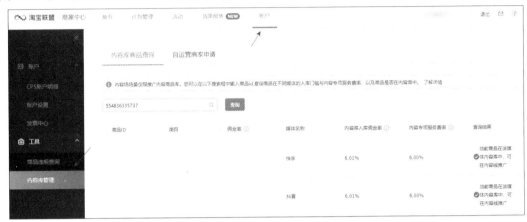

图 2.69 "内容库"入库商品查询

3．定向计划设置

定向计划是商家针对某类淘客设置的推广计划，很多人也把它称为"隐藏计划"，只有被邀请并审核通过的淘客才能参与推广。一般与 App、网站、达人、博主等进行合作时，我们常会用到定向计划。接下来，我们看看定向计划的具体设置步骤。

第一步，沟通平台或达人，确认合作。定向计划最重要的不是创建计划，而是如何找到优质的平台或达人，并与它们达成合作，这也是淘宝客推广中至关重要的一环。因此，定向计划基本上都是一对一招募的，双方谈好了合作佣金、合作时间等具体事项后，商家去淘宝客后台创建一个定向计划发送给对方，对方同意、商家审核过后就可以正式推广了。

第二步，创建定向计划。点击"计划管理—定向计划—新建计划"，我们会进入信息填写页面，如图 2.70 所示。

- 计划名称：自己能记住就可以了，比如你跟某某达人达成了直播合作，就可以写"某某达人直播"。

- 计划描述：简单描述一下方案的力度、时间、要求等信息就可以了。

- 推广设置：推广时间根据你与平台或达人谈好的时间来填写，一旦计划进入正式推广就无法修改计划的开始日期。特别需要注意的是锁佣设置，它分为类目和商品都锁佣、仅类目锁佣和仅商品锁佣三种情况，一旦手动开启了锁佣，那么计划名称、推广时间、锁佣对应的佣金率和寄样信息等都无法再修改，也无法清退淘客。锁佣的目的是向淘客保证合作期间不会修改佣金。

- 寄样设置：有些达人为了更好地展示和推广商品会要求商家寄样过去，如果数量不是很多，商家应该配合，如果数量太多，商家就要根据成本预算酌情考虑。

🛒 图 2.70　淘宝客新建定向计划

第三步，邀请淘客推广。计划创建完成以后，我们就要把该计划的链接发送给提前谈好的淘客，淘客在自己的淘宝联盟后台就能看到并申请计划。商家可以选择一个一个地手动审核通过，也可以提前填写那些指定合作淘客的 ID，系统会在淘客申请计划后自动通过，如图 2.71 所示。

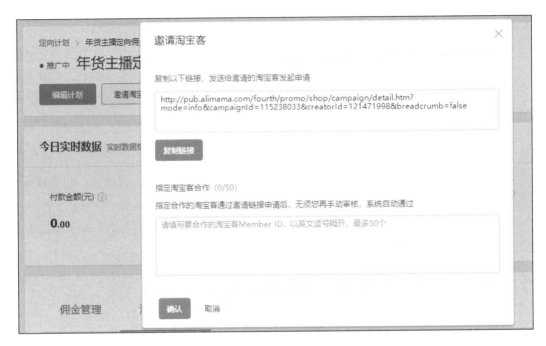

图 2.71　发送邀请链接给淘客

4. 自选计划设置

自选计划不需要商家自己去找淘客，也不需要商家发送推广链接，淘宝联盟平台会比较商家设置的通用计划、营销计划、自选计划的佣金比例，选择最高的佣金比例在平台进行透出，淘客可以在淘宝联盟平台里找到想要推广的宝贝并进行推广。

自选计划的设置非常简单，首先点击"计划管理—自选计划"，然后点击右上角的"已开启"，接着添加主推商品，设置好类目和主推商品的佣金比例，计划就算新建完成了，如图 2.72 所示。

自选计划有两个非常重要的作用：一是明确了淘客的推广能力，自选计划后台提供了淘客的推广能力指标，如近 30 天的流量能力、成交能力、推广单价；二是自主选择跟淘客的合作关系，对于推广效果好的淘客，商家可以把他拉到定向计划中建立长期稳定的合作关系，对于推广效果不好的淘客，商家可以暂停该淘客推广 30 天，如图 2.73 所示。

图 2.72　淘宝客自选计划设置

图 2.73　自选计划淘客管理

2.3.2　淘宝客三种主流玩法

新版淘宝客后台有很多不同形式的招商活动，比如普通招商、一淘招商、内容招商、私域招商等，很多商家每天不停地参加活动，但收效甚微。究其原因是没有弄清楚淘客的类型，以及与他们建立有针对性合作关系需要掌握的技巧。下面从淘客的类型入手，帮助大家厘清如何与他们打交道，以及哪些坑需要避免。

1. 淘客的类型

我们接触到的淘客一般可以分成四类，分别是官方淘客、活动淘客、达人淘客和媒体淘客。官方淘客包括我们设置的通用计划、一淘、如意投等，它通常以淘宝官方的形式去投放，不需要商家去找淘客；活动淘客既包括返利网、特卖网、大淘客、好单库等平台，也包括花生日记、蜜源、省钱日报、粉象、美逛等 App，还包括 QQ 群、微信群等社群，需要商家去沉淀属于自己的资源，广撒网、多沟通；达人淘客既包括直播、逛逛等站内达人，也包括抖音、快手、微博、B 站、小红书等站外达人，商家要主动去找适合自己店铺的达人；媒体淘客既包括 hao123、QQ 等网址导航浏览器，也包括华为、小米等手机软件安装市场，还包括 360、搜狗等杀毒软件和输入法等，这些淘客一般不需要商家去做什么，淘宝联盟会进行批量推广。接下来，我们重点讲述前三种淘客对应的主流玩法。

2. 官方淘客玩法

所谓官方淘客玩法，就是商家参加以淘宝官方为淘客的活动玩法，目前主要是一淘招商。一淘是阿里巴巴旗下官方营销平台，主要通过商家设置隐私佣金的模式进行返利，销量计入淘宝、天猫的搜索权重。参加一淘招商的商品将会直接展示在一淘的独立 App、支付宝小程序或官方微博上。一淘的活跃用户在 2020 年接近 2000 万，以二、三、四线城市的年轻人为主。

（1）一淘的活动类型

一淘主要有品牌活动、主题活动和限时抢购三种活动类型。品牌活动是以单个品牌维度参与的活动类型，商家可报名多款商品，在一淘首页单场活动区进行展示；主题活动是一淘发起，多商家、多品牌参与的活动类型，具有时效性；限时抢购是单品参与、分时段展示的抢购活动类型，在一淘 App 端限时抢购区进行展示。

（2）一淘的活动报名

商家只要点击淘宝客后台的"活动——一淘招商"就可以报名，如图 2.74 所示。不过，大家一定要多关注淘宝联盟官方千牛号，以及加入淘宝联盟各类目小二的官方钉钉群，这样可以随时查看一淘最新的活动信息，如图 2.75 所示。

图 2.74　一淘活动报名

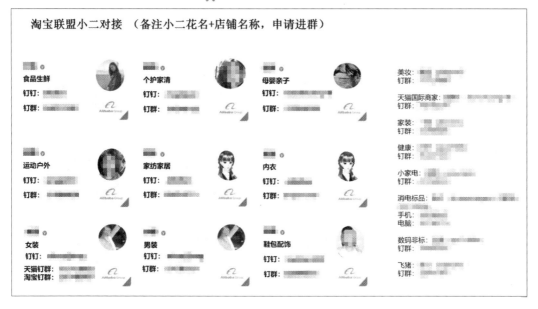

图 2.75　淘宝联盟小二钉钉联系方式

3. 活动淘客玩法

活动淘客玩法，顾名思义就是以活动推广为主的淘客玩法，核心是如何筛选出优质的团长并与之达成合作。团长相当于选品站，你也可以将其理解为淘客的"带头大哥"，单个团长招商，多个淘客推广，团长赚取服务费，淘客取赚佣金。

（1）团长活动报名的流程和技巧

我们以普通招商为例，大家点击进去以后可以看到很多团长发布的招商活动，如图2.76所示。商家筛选出适合自己的活动报名后，添加活动商品，设置推广时间、佣金率、服务费率及阿里妈妈渠道专用优惠券等，如图2.77所示。这里给大家介绍一些报名的技巧。

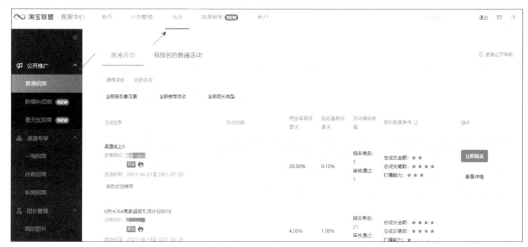

图2.76　团长活动报名举例

图2.77　团长活动报名商品设置

- 看数据。进入招商团长的介绍页面，可以看到该招商团长的各项数据，包括团长最近30天的推广情况、与我类目的匹配度等，如图2.78所示。

🛒 图 2.78　查看团长的各项数据

- 看时间。注意推广时间不要太久，尤其是刚合作的团长，可以先合作一个星期看看效果，因为活动一旦报名成功是不能中途退出的，还需要避免与聚划算等活动"撞车"。

- 多沟通。通过聊天，我们能够了解行业情况，更多地掌握主动权。可以给独家佣金，但团长承诺的销量不要轻信，先付费的一律不合作。同时要计算下自己的成本，看是否划算，毕竟活动淘客要求的佣金都不低。

- 定款式。中小商家最好选择店里的主推款去合作，没有销量的产品，团长一般很难推得动。大商家因为本身有一定的知名度，可以选择多个款式去报名。

- 定节奏。切忌错团报名和错款报名。错团报名是指一款产品不要同一时间与多个团长合作，不然影响后期合作；错款报名是指和一个团长不要反复合作一款产品，以免出现疲劳期。

（2）如何找到优质团长

虽然可报名的活动很多，但寻找优质团长才是商家工作的重中之重，这里介绍几种途径供大家参考。

- 在团长类型里选择 V 标团长。V 标团长是淘宝联盟官方根据团长近期表现给予的一种身份认证标识，它们往往拥有较强的推广能力，但 V 标团长对合作商家也比较挑剔。

- 通过淘宝联盟官方千牛号可以查看定期公示的优质团长名单，商家一定要结合自身需求，有选择性地进行合作，如图 2.79 所示。

图 2.79　淘宝联盟官方定期公示的优质团长名单

- 登录第三方工具服务商平台，比如大淘客、好单库等，查看它们选出来的团长榜单，如图 2.80 所示。

🛒 图 2.80　第三方工具服务商平台发布的优质团长榜单（篇幅有限，截图不全）

4．达人淘客玩法

在淘宝客运营中盛传着一句话，"低价走淘客，高价走达人"，也就是说，如果你卖的是低客单产品，那么就比较适合报名团长招商活动、一淘招商活动，甚至跟站外的一些平台合作；如果你卖的是高客单产品，则比较适合通过达人进行宣传或带货。常见的达人分为站内达人和站外达人，站内达人一般通过热浪引擎的 V 任务进行合作，而站外达人则通过淘客的方式进行合作。抖音、快手、B 站、微博、知乎、头条等站外平台，它们都跟淘宝联盟建立了合作关系，商家只需要创建营销计划，商品就会自动加入这些站外平台的"内容库"。商家如果想要跟这些站外平台上的达人进行合作，最关键的是要了解每个平台的定位，以及与不同达人合作需要掌握的技巧。也就是说，商家只要找到适合的达人，并为每个达人制定相应的推广方案，那么接下来只需通过淘宝客的定向计划与达人建立私密且稳固的合作关系就可以了。这里我以微博为例跟大家聊聊达人淘客玩法。

（1）微博达人分类及推广方式

微博上的达人可以分成明星、网红/KOL、大 V、素人、小 V 等类型，对于大多数商家来说，明星和网红的微博推广合作比较难，因为他们对产品往往比较挑剔，而且佣金要求比较高。而各垂直领域的达人，像美搭、美食、美妆、母婴博主等，他们宣传和带货的效果也非常不错。

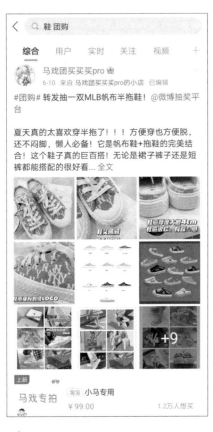

图 2.81　搜索寻找微博达人示例

目前，微博达人的推广方式主要有三种，分别是团购卖货、达人推荐和种草推荐。团购卖货的门槛相对比较低，沟通起来也容易，缺点是效果不太稳定；达人推荐一般比较挑产品，沟通合作慢，但效果不错；种草推荐创作难度较大，要有稳定的内容输出能力，短期内很难见到效果。

（2）如何寻找优质的微博达人

想要找到优质的微博达人，有两种比较实用的方法：一种方法是搜索，通过在微博里搜索"产品+团购""产品+安利""产品+领券"等关键词来寻找达人，如图 2.81 所示；另一种方法是裂变，通过搜索找到微博达人后，可以看看该达人关注了哪些账号，以及往期带货的效果，这样就能找到更多的达人，然后用表格把这些达人的粉丝量、聚焦领域、带货效果等数据都记录下来并持续跟进，方便后期洽谈合作。在与微博达人进行沟通时，不要让达人去选款，而是直接拿出有优势的主推款，突出产品的利益点，并给予一些额外的刺激，比如转发送一件、好评返邮费、晒图补钱等。

2.4　万相台

直通车、引力魔方都需要运营人员有一定的操作经验和技术，尤其对于中小商家来说，很难把两者的优势都发挥出来，于是在 2020 年下半年，淘宝推出了一款整合型的推广工具——万相台。

万相台从商家的营销诉求出发，围绕着消费者、货品、活动场，整合阿里妈妈搜索、推荐等资源位，算法智能跨渠道分配预算，实现人群在不同渠道流转承接，从提高广告效果与降低操作成本两方面满足用户最本质的投放需求。

说得形象点，万相台相当于"直通车+引力魔方"的综合体，这从万相台的展示资源位可见一斑，如图 2.82 所示。对于商家来说，万相台有以下几个好处：一是操作难度降低，万相台充分利用了淘宝在大数据方面的优势，基于人、货、场三个维度为商家提供了智能化的操作体验，商家只需要简单的五步就可以新建一个计划；二是跨平台协同，万相台打破了淘系内搜索、推荐等广告资源位之间的壁垒，商家只需要在万相台这个平台付费就可以实现跨平台投放；三是流量红利期，淘宝推出任何一个新的推广工具，都有它内在的逻辑和实际价值，并且在初期使用的商家相对比较少时，淘宝会给予大力的扶持，这时候谁先尝试谁就能享受流量红利。

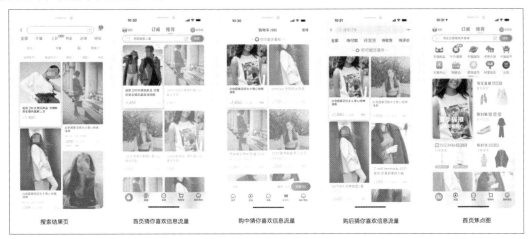

图 2.82　万相台资源位

万相台目前包含了四大营销场景，分别是消费者运营、货品运营、活动场景和内容场景，接下来分别介绍这四人场景的玩法。

2.4.1　万相台消费者运营玩法

消费者运营其实就是根据品牌或店铺与消费者的远近关系进行广告投放，它包含了拉新快、会员快、获客易三个一级场景，能够满足商家对于新客获取、老客运维的不同诉求。由于获客易主要针对的是轻电商行业，因此本书不做介绍。

1．拉新快

拉新快场景满足的是商家快速获取新客的需求，它的操作步骤及关键要点如下。

（1）新建推广计划

进入万相台后台，找到"营销场景"，然后选择"消费者运营—拉新快"，点击"新建推广计划"，如图2.83所示。

图2.83 拉新快新建推广计划

（2）人群设置

该模块下包含了"细化人群""屏蔽人群""侧重人群"，如图2.84所示。

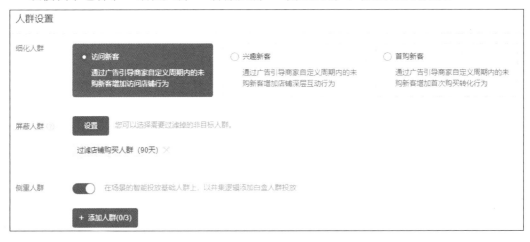

图2.84 拉新快人群设置

- 细化人群。系统提供了"访问新客""兴趣新客""首购新客"供商家进行选择，建议选择后面两项。

- 屏蔽人群。系统提供了过滤掉近 7 天、30 天、90 天、180 天、365 天店铺购买人群五种选择，商家可以根据自己店铺产品的复购周期对已购买人群进行过滤，如图 2.85 所示。

图 2.85　拉新快屏蔽人群设置

- 侧重人群。系统提供了"平台精选""新建人群""已保存人群"供商家进行选择。"平台精选"是系统从达摩盘里精选出来的人群包，商家可以根据自身需要进行选择。"新建人群"提供了用户性别、类目行为、渠道偏好、店铺行为等几个常用人群标签供商家组合使用，建议尽量选择两个标签进行组合。"已保存人群"是商家从达摩盘里同步过来的自建人群包，适合对人群运营有精细化需求的商家使用，如图 2.86 所示。

图 2.86　拉新快侧重人群设置

103

（3）投放主体和落地页

单个计划可添加的宝贝数量上限是 10 个，除非两个宝贝所针对的人群基本相同，否则建议一个宝贝对应一个计划比较好。如果商家想选择首单礼金的宝贝进行投放，在添加商品时可以首先点击"全部"，然后点击"全部分组"筛选标签，接着选择"首单礼金"的宝贝就可以了，如图 2.87 所示。首单礼金宝贝需要商家提前设置好，设置方法是首先在商家后台选择"品牌新享"，然后在"超级新客加速"下选择"转化加速"，接着通过"选择商品"报名即可，如图 2.88 所示。

图 2.87　拉新快选择首单礼金宝贝

图 2.88　品牌新享礼金商品报名

（4）预算和排期

在预算和排期模块下包含多个要点，如图 2.89 所示，接下来分别进行介绍。

🛒 图 2.89　拉新快预算和排期设置

- 推广方式。有"持续推广"和"套餐包"两种选择，如果产品是刚开始推广，建议选择前者；如果产品的推广效果已经过测试验证，建议选择后者。

当选择"套餐包"时，预算金额必须为 100 的倍数，最低 1000 元起投，最高 30 万元。由于计划一旦正式投放，除了投放时间可以修改，其他内容都是不可以修改的，也不支持在原计划中加投，因此要提前核算好多长时间花多少钱。对于重点推广的产品，建议套餐包金额保持在 5000 元以上。商家账户里如果有生效的红包或"阿里妈妈优惠券"，也可以用来抵扣套餐包的支付金额。当选择"持续推广"时，日预算最低 100 元起投。

- 优化目标。当细化人群选择的是"访问新客""兴趣新客""首购新客"时，系统默认的优化目标分别为"促进进店""促进收藏加购""促进成交"。

- 投放模式。如果推广方式选择的是"套餐包"，系统默认的投放模式是"最大化拿量"。在"最大化拿量"模式下，算法会优先保障商家在投放时间内尽可能快速地获取更多流量。如果推广方式选择的是"持续推广"，有两种投放模式供选择，分别是"最大化拿量"和"控成本投放"。在"控成本投放"模式下，算法会在获取流量的同时严格遵循商家设定的出价。预算充足的话，建议选择"最大化拿量"的投放模式；预算有限的话，建议选择"控成本投放"的投放模式。出价可以先按照系统建议出价的 80% 来出，后期再根据情况进行调整。

- 投放日期。如果推广方式选择的是"套餐包"，系统支持商家自定义投放周期，最少投放 3 天，最多不超过 90 天。建议刚开始投放时选择 7～15 天，因为算法需要一两天冷启动，时间太短的话可能看不到效果。

- 地域设置。该模块跟直通车的地域设置没什么区别，除非你的产品具有很强的地域性，否则有展现的地方都尽量开启。

（5）创意设置

商家可以选择"打底创意"和"自定义创意"。"打底创意"包含"智能创意优选，宝贝主图、副图择优透出"和"仅投放宝贝主图创意"，如果想获取更多的推荐流量建议选择前者，如果想获取更多的搜索流量建议选择后者，如图 2.90 所示。

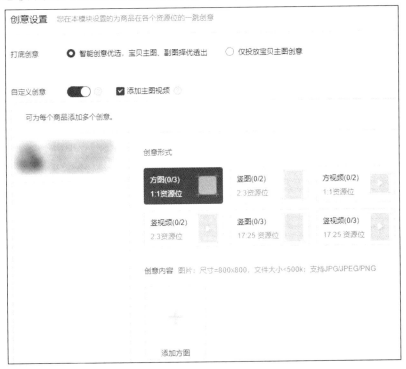

图 2.90　拉新快创意设置

对于有创意设计能力的商家来说，可以选择"自定义创意"，它包含六种创意形式，分别展示在不同的资源位。建议最好把所有的创意都铺满，给算法更多的选择空间。但同时需要注意有两个首页焦点图的创意，它们对应的是首页焦点图第二、第三帧的资源位，是按照展现曝光的方式来竞价的，其他资源位都是按照点击来竞价的。如果你发现这两个资源位的数据表现没有达到预期的效果，也可以选择把这两个创意删除。

2. 会员快

会员快的主要目的是对新会员进行转化，以及对老会员进行激活。由于计划的操作步骤都大同小异，接下来我只把需要注意的事项罗列出来供大家参考。

（1）选择计划类型

会员快有两种计划类型供商家进行选择，分别是"入会拉新"和"老会员激活"。关于入会拉新，算法优先曝光的是非会员人群，主要目的是吸引非会员入会，同时提升新客入会的比例；而老会员激活，算法优先曝光的是老会员人群，主要目的是促进老会员复购，同时对休眠会员进行唤醒，如图 2.91 所示。

图 2.91 会员快选择计划类型

（2）投放主体和落地页

在两种计划类型下，投放主体都是商品；但落地页方面，入会拉新的是商品详情页和淘积木专属落地页，老会员激活的只有商品详情页。在图 2.92 中，点击图片中右下角的"编辑淘积木页面"，就可以进入淘积木的编辑页面，不过在此之前需要商家设置好新会员的权益，接下来的内容会讲到。

🛒 图 2.92　入会拉新编辑淘积木页面

（3）预算和排期

在该模块下，入会拉新的优化目标只有一个，那就是"促进入会"；而老会员激活的优化目标则有两个，分别是"促进成交"和"促进收藏加购"，建议选择前者。

关于投放模式，在两种计划类型下，系统默认的投放模式都是"最大化拿量"，由系统帮助商家更快速地获取流量。

（4）会员权益

在入会拉新下，需要商家给新会员设置单独的权益，方法有两种：一种是点击图 2.93 中的"添加会员券"跳转到客户运营平台进行设置，另一种是登录客户运营平台，点击左侧栏的"会员权益"，然后点击"新会员礼包"下的"立即创建"，如图 2.94 所示。商家需要注意新会员礼包支持最多 3 张会员券和 1 个礼包，并且店铺会员券不会被计入最低价，而商品会员券则会被计入最低价。此外，请务必保证投放时间不要超过活动时间，如果活动时间小于投放周期，则会出现广告引流的消费者无法正常领券的情况。

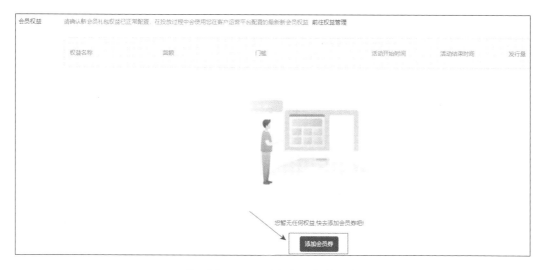

🛒 图 2.93　入会拉新添加会员券

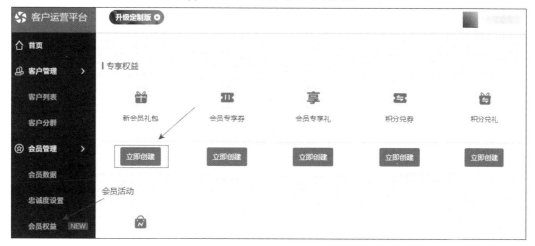

🛒 图 2.94　会员权益设置

2.4.2　万相台货品运营玩法

我们都知道对于处于不同生命周期的产品，所需采取的推广策略也是不一样的，由此万相台推出了货品运营场景，它包含三个一级场景，分别是测款快、上新快和货品加速。

1. 测款快

该场景能帮助商家快速识别市场潜力相对较大的新品款式，降低商家上新的风险，比较适合有批量新品同时上新的商家，如图 2.95 所示。接下来详细论述其操作要点。

图 2.95 测款快

（1）投放主体和落地页

同一个测款计划中只能添加 2、3、4、6 个宝贝，不支持 5 个，建议最好添加 1 个或 2 个宝贝，如图 2.96 所示。

图 2.96 测款快投放主体和落地页设置

（2）预算和排期

推广方式有"持续推广"和"套餐包"两种选择，当选择"持续推广"时，每个宝贝每日预算不能低于 50 元。如果你的店铺是新店，优化目标建议选择"促进进店"；如果你的店铺是老店，优化目标建议选择"促进收藏加购"或"促进成交"。投放日期建议选择 3～7 天，如图 2.97 所示。

预算和排期

推广方式 ⓘ
● 持续推广
基于广告投放实时扣费，支持投中编辑计划。

○ 套餐包
预扣套餐包金额，智能策略加持，不支持暂停、编辑计划。

日预算
50　　　　　　　　　　　　元

优化目标　　○ 促进进店　　● 促进收藏加购　　○ 促进成交

投放模式
● 最大化拿量
在预算范围内，系统根据优化目标智能出价，最大化拿量规模。

投放日期　　📅 2022-05-13 至 2022-05-20

地域设置　　○ 自定义　　● 使用模板　　常用地域（系统模板）

🛒 图 2.97　测款快预算和排期设置

（3）人群设置

由于系统会根据宝贝所在类目抓取加购意图高及成交人群，并触达在关联类目下的优质消费者，因此建议关闭侧重人群。

（4）创意设置

为了方便我们测出主图的点击率，建议选择"打底创意"下的"仅投放宝贝主图创意"，同时关闭"自定义创意"，如图 2.98 所示。

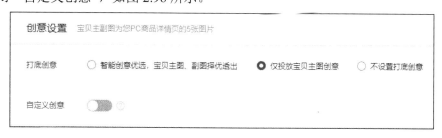

创意设置　宝贝主副图为您PC商品详情页的5张图片

打底创意　　○ 智能创意优选，宝贝主图、副图择优透出　　● 仅投放宝贝主图创意　　○ 不设置打底创意

自定义创意　　⊙ ⓘ

🛒 图 2.98　测款快创意设置

当得到 500～800 个点击量以后，我们就要对测试宝贝的投放数据进行分析，具体的分析方法跟直通车测款的一致，这里不再赘述。

2．上新快

该场景解决的是商家对于新品上架后快速破流和起量的问题，目前包含两种计划类型，分别是行业新品和小黑盒上新。符合以下三个条件的宝贝，才会被纳入上新快的选品池：一是距离首次上架时间在 30 天或 60 天内的宝贝，二是符合天猫行业新品规范的宝贝，三是处于未上架状态，且设定的上架时间距离当前时间不超过 7 天。上新快场景下的计划操作要点如下。

（1）选择计划类型

上新快有行业新品和小黑盒上新两种计划类型，如图 2.99 所示。行业新品是靠产品力来吸引消费者购买，有"当红爆款"打标和新品卡片的透出；小黑盒上新主要是商家新品通过小黑盒 IP 加持品牌形象、结合小黑盒新品频道页 showbox 橱窗展位和阿里妈妈全域优质资源去触达新品优质用户，实现品效合一，提升品牌的市场影响力，助力新品成长。

图 2.99　上新快选择计划类型

此外，为了扶持新品，万相台联合上新快团队、猜你喜欢团队、行业商品团队共同打造了一个新品孵化器——黑马计划，它针对不同效能的新品，分别给予流量探测和流量扶持，通过付费和免费流量的协同，帮助商家培育新品。对于高效的新品给予时间更久、力度更大的流量扶持；对于低效的新品，系统会自动缩短孵化周期和孵化力度。黑马计划不需要商家报名，类目小二会根据新品趋势进行选品，商家可以在"上新快"的商品列表或投放计划创建流程中的"添加商品"中看到新品不同的孵化状态，目前入围的新品有五种状态的标签透出，分别是已入围、冷启动、扶持中、剩余×天、冷启动完成。

（2）投放主体和落地页

当计划类型选择的是"行业新品"时，如果商家想选择新品直降的宝贝进行投放，在添加商品时可以首先点击"全部"，然后点击"全部分组"筛选标签，接着选择"新品直降"的宝贝就可以了，如图 2.100 所示。新品直降宝贝需要商家提前设置好，设置方法是首先在商家中心后台选择"品牌新享"，然后在"超级新品孵化"下选择"转化加速"，接着通过"添加商品"进行报名，如图 2.101 所示。

图 2.100　上新快选择新品直降宝贝

图 2.101　超级新品孵化商品报名

（3）预算和排期

当计划类型选择的是"行业新品"时，在优化目标上，建议选择"促进收藏加购"或"促进进店"，这样能为新品创造更多的流量和购买意向；而在投放模式上，如果推广方式选择的是"持续推广",建议选择"控成本投放",出价可以先按照系统建议出价的 80% 来出,后期再根据情况进行调整。

当计划类型选择的是"小黑盒上新"时,预算金额最低 1000 元起投,每日预算不能少于 200 元。优化目标建议选择"促进成交"。投放日期最短 3 天,最长 30 天,可选日期范围为每个售卖的自然月 30 天或 31 天,比如 9 月份的库存,商家可选择的日期范围为 9 月 1 日—9 月 30 日。此外,投放日期一旦选定,在投放过程中是不支持延期的,因此我们一定要提前规划好投放周期。当商家选择日期后,系统会对采买的流量进行预估,流量预估条会显示流量充足、流量紧张、流量不足三种状态,每次重新选择日期,系统会重新进行一次盘量,如图 2.102 所示。

图 2.102　小黑盒上新预算和排期设置

（4）创意设置

当计划类型选择的是"小黑盒上新"时，我们要上传符合小黑盒要求的图片素材，图片中只能出现商品或品牌 LOGO 的展示，不得出现其他营销文案，图片的背景为纯白色，如图 2.103 所示。

图 2.103　小黑盒上新创意设置

3．货品加速

该场景比较适合产品在以下两个阶段使用：一个是在产品的成长期，通过货品加速可以帮助商家解锁独特的流量资源，实现流量飙升和高效成交收割；另一个是在产品的衰退期，通过货品加速可以起到延缓衰退的作用。同样，加入货品加速场景推广的产品也会有"当红爆款"的打标推荐。货品加速场景下的计划操作要点如下。

（1）预算和排期

该模块下的优化目标有两个，分别是"促进成交"和"促进收藏加购"，建议选择前者。

（2）人群设置

在添加人群下面，有很多优质的人群标签，比如"高端货品专属高端人群"，该人群标签下有 2000 多万的人群规模，非常适合那些高品质、高客单的产品，如图 2.104 所示。当然，我们也可以根据自身情况去尝试其他人群标签，说不定能取得意想不到的效果。

图 2.104　货品加速人群设置

2.4.3　万相台活动场景玩法

活动场景满足的是商家在大促活动期间从预热蓄水到爆发收割两个阶段一站式投放的需求。当然，店铺的月促、店庆、节假日活动也可以选择活动场景，它能有效提升店铺的活动效果。目前，活动场景下只有活动加速一个一级场景，而活动加速场景的计划操作要点如下。

（1）投放主体和落地页

投放主体类型可以选择"商品"或"店铺"。当选择"店铺"作为投放主体时，商家又可以选择投放"店铺首页"或"自定义店铺页面"，一般适合有一定号召力的商家，如图 2.105 所示。

图 2.105　活动加速投放主体和落地页设置

（2）预算和排期

该模块最需要注意的是优化目标的选择。如果推广方式选择的是"套餐包"，优化目标为"固定目标"。在预热蓄水期，建议选择"促进收藏加购"或"促进进店"；在爆发收割期，建议选择"促进成交"。

如果推广方式选择的是"持续推广"，优化目标新增了"自动流转"，也就是说，商家可以根据活动节奏自定义设置不同活动时段的优化目标，系统实现优化目标的自动流转。这样做的好处是一个计划就能实现整个活动的投放节奏，不需要商家频繁地建计划，同时缩短了冷启动周期，提升了活动的投放效果，如图 2.106 所示。

图 2.106　活动加速优化目标设置

2.4.4　万相台内容场景玩法

内容场景满足的是商家对内容推广的需求，目前有超级直播、超级短视频两个一级场景。

1．超级直播

超级直播是一款专为淘宝主播和商家设计的在直播过程中快速提升观看量、增加互动，进而促进转化的一站式直播推广工具。在超级直播下有三种计划类型供商家选择，它们分别是管家版、专业版、加油包，如图 2.107 所示。

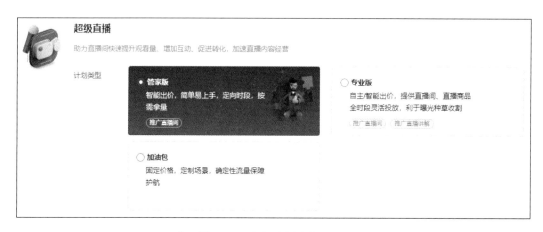

图 2.107　超级直播选择计划类型

（1）管家版

它是系统基于算法进行智能出价、智能圈选人群的一种直播推广形式，其核心价值在于：一是观看展现成本稳定，基本在 1 元以内；二是消耗均匀，订单最低支持 100 元起投，均匀消耗；三是无论是开播前还是开播后都可以创建投放订单。管家版的计划操作要点如下。

- 预算及期望曝光时长。在该模块下，订单类型分为"人气版"和"效果版"，如图 2.108 所示，两者的区别在于：一是适合的商家类型不同，"人气版"适合那些未做过商业化投放、直播间等级在 V1～V3 的商家，"效果版"适合有过一定商业化投放、直播间等级在 V3～V5 的商家；二是投放诉求不一样，选择"人气版"的商家更希望提升开播活跃度，而选择"效果版"的商家更希望提升粉丝观看量和引导成交；三是投放金额不一样，如果商家选择"人气版"，建议一次订单的投放金额在 100～200元，如果商家选择"效果版"，建议一次订单的投放金额在 300 元以上；四是适合的直播内容不同，"人气版"更适合投放的直播间内容为爆款、秒杀和抽奖，这样能最大化地增加粉丝的活跃度，"效果版"则更适合投放的直播间内容为产品讲解和粉丝互动，这样能最大化地提升粉丝的购买转化。

预算包的选择有四个档次，分别是 100 元、300 元、800 元和自定义投放金额，自定义投放的金额必须大于 100 元、小于 10000 元。另外，商家在投的订单数不能超过 10 个。

投放开始时间一定要跟直播间开播的时间保持一致，否则会投放失败。

图 2.108　管家版预算及期望曝光时长设置

- 人群设置。由于是托管模式，因此这里的"智能推荐人群"是必选且不能取消的，系统还开放了"平台精选人群"供商家选择，但不支持达摩盘自定义人群，如图 2.109 所示。如果商家设置了人群定向，那么算法优先曝光的是"平台精选人群"中选定的人群包，然后将"智能推荐人群"的曝光作为补充。

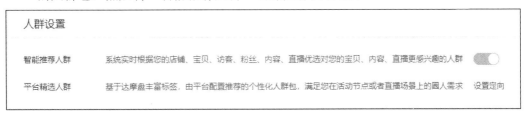

图 2.109　管家版人群设置

（2）专业版

随着越来越多的商家开始使用超级直播进行营销推广，商家对计划的灵活性和自主性有了更多的诉求，因此超级直播顺势推出了专业版。相比管家版，专业版不仅支持手动出价，还能够对人群进行更为精细化的管理。专业版的计划操作要点如下。

- 投放主体。专业版新增了"看点"作为投放主体，它也叫"直播讲解"或"直播看点"，如图 2.110 所示。主播在直播中讲解某款宝贝的时候，可以在中控台—宝贝列表或宝贝口袋点击该宝贝的"标记讲解"按钮，系统会在该时间节点生成一个讲解视频。看点还会在淘宝直播等公域渠道个性化分发，用户点击后直接引流到直播间，如图 2.111 所示。看点投放可以联动多渠道流量反哺直播间，为直播间提升流量的同时，增加播后的持续成交。

图 2.110　专业版投放主体设置

图 2.111　直播看点

- 基本信息。投放日期这里指的是计划的有效时间，在该日期跨度内，商家只需创建一次计划，即可覆盖每场直播的投放，省去了商家重复创建计划的烦琐过程。每日预算最低 300 元起投。优化目标建议优先选择"增加观看次数"或"增加粉丝关注量"，再考虑其他目标。投放方式建议选择"均匀投放"，直播间爆发时段可选择"尽快投放"。投放时段选择直播的时段，目前直播推广的流量高峰集中在 20:00—23:00，这段时间的投放商家较多，流量竞争激烈，建议大家错峰推广，选择流量成本较低的时间段，比如 10:30—11:30、12:30—16:30、23:00—01:00，如图 2.112 所示。

图 2.112　专业版基本信息设置

- 人群设置。相比管家版，专业版为商家提供了极为丰富的人群选择。商家不仅可以自主选择关闭或开启"智能推荐人群"，也就是我们常说的黑盒人群，还可以选择重点触达的侧重人群，也就是我们所说的白盒人群，包括"行业行为兴趣人群""主播

行为兴趣人群""账号粉丝人群""平台精选人群""达摩盘自定义人群",如图 2.113
所示。

图 2.113　专业版人群设置

新手商家建议选择"智能推荐人群"和侧重人群下的"行业行为兴趣人群""主播行为
兴趣人群""账号粉丝人群""平台精选人群"进行投放,这样能借助大数据算法更好地触
达目标人群。大商家本身具备一定的人群精细化运营能力,则可以选择侧重人群下的"达
摩盘自定义人群"进行投放,人群规模建议不低于 500 万。

在具体的人群选择上,建议尽可能地多测试。我们不妨创建多个投放计划,每个计划
匹配一两个核心人群,多计划进行投放,这样有助于我们客观地分析每个人群的拿量效率
及转化表现。

- 人群出价。在该模块下,我们可以对不同的人群进行手动出价。如果人群的精准度
  比较高,可以按照高于系统建议出价的 10%~20% 来出;如果人群的精准度没那么
  高,可以按照系统建议出价的 80% 来出。对于保守型出价的商家,或者大促期间竞
  价波动比较大的产品,可以开启"智能调价",最高调价上限+100%,从而更快速地
  拿量,如图 2.114 所示。
- 添加创意。有一定设计能力的商家,建议选择"自定义上传创意",这样点击率更高,
  如图 2.115 所示。在创意选择上分享几个心得:一是图片素材以突出人物形象为主,
  二是色彩饱和度高的图片更容易吸引客户注意力,三是创意标题尽量突出核心利益
  点,四是不同创意通过不同计划进行差异化投放。

图 2.114　专业版人群出价设置

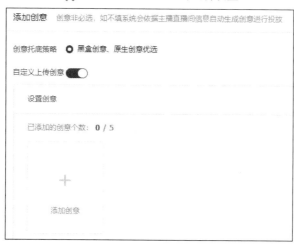

图 2.115　专业版创意设置

（3）加油包

它满足的是商家对于确定性流量的需求，对商家综合运营能力的要求比较高，需要注意的事项如下。

- 基本信息。在该模块下，营销活动有三种类型供商家选择，分别是"主播冲榜""品牌闪耀 cpc""品牌闪耀 cpm"，如图 2.116 所示。其中，"主播冲榜"追求的是综合的投放效果，它包含 5 万元、10 万元、20 万元三个级别的加油包。"品牌闪耀 cpc"追求的是互动和场均观看人次，目前有 5 万元、10 万元、20 万元三个级别的加油包。而"品牌闪耀 cpm"目前没有全量开通售卖，需单独报名定制发布。

图 2.116　加油包基本信息设置

投放日期和投放时段这里千万不能选错，因为投放当天订单无法取消和变更，并且需要在投放前一天完成订单创建，第二天生效。加油包投放结束后，若订单保量未完成，未完成部分预算将直接退款到商家账户余额。再次强调，在推广过程中需要注意创意及商品不可违规，违规会导致推广受限。此外，保量是在商家创建订单的推广时间段内整体保量，商家要严格遵守推广开播时间，不可延后开播或提前下播。

- 添加创意。一般商家在投放"品牌闪耀 cpm"时，系统会要求上传创意，可添加创意数量的上限为 12 个，商家一定要根据后台提示的尺寸和规范进行制作，以免导致创意审核无法通过。

2. 超级短视频

超级短视频满足的是商家对于短视频高效推广的需求，它目前只有视频加速这一个子场景，如图 2.117 所示。视频加速场景下的计划操作要点如下。

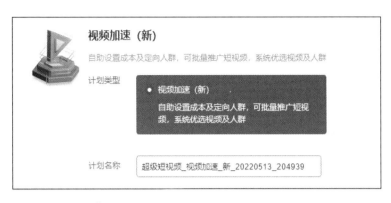

图 2.117　超级短视频选择计划类型

（1）投放主体

一个计划最多可以添加 20 个视频，建议推广视频数量不少于 10 个，这样容易出现高效率的视频，如图 2.118 所示。视频可以通过光合平台上传，发布或投稿到"猜你喜欢"，通过审核后，即可在超级短视频后台直接选择。

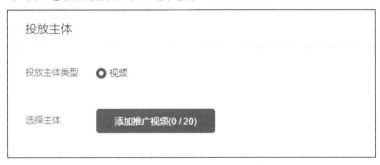

图 2.118　视频加速投放主体设置

（2）预算和排期

每日预算最低 300 元起投。优化目标有"促进点击量"和"促进观看量"两种供商家选择，前者是按照点击行为计费，即 CPA 计费方式，后者是按照视频播放计费，即 CPM 计费方式，商家可根据自身需求进行选择。目标出价按照系统建议的出价来出就可以了，如图 2.119 所示。

（3）视频组件设置

每个视频可以选择任意一种视频组件，组件包含"宝贝链接""订阅店铺""直播""加购"，如图 2.120 所示。

🛒 图 2.119　视频加速预算和排期设置

🛒 图 2.120　视频加速视频组件设置

第 3 章

达摩盘：精准人群运营神器

相信大家对于达摩盘应该不陌生，在前面直通车、引力魔方、万相台的内容中都有所提及。达摩盘作为阿里妈妈精细化消费者运营定向中台，为商家提供了海量标签，支持商家自由组合，帮助商家快速有效地圈定目标人群，同时提供精细化的人群画像功能，联动多渠道进行投放，并提供人群投放的后链路追踪，助力商家进行全链路消费者运营。可以说，达摩盘是一款功能非常强大的自定义圈人工具，但目前商家群体中使用达摩盘的人并不多。我们可以通过两种方式进入达摩盘后台：一种方式是打开阿里妈妈官网，在"工具"中找到达摩盘；另一种方式是在浏览器的网址栏中输入达摩盘的网址，如图 3.1 所示。

图 3.1　达摩盘后台

当然，开通达摩盘有一定的门槛，它需要商家近 30 天付费渠道的总消耗大于或等于 3 万元，且不包括淘客。另外，达摩盘有五种权益等级，分别是 S1、S2、S3、S4、S5，你的权益等级越高，能够具有的功能就越多。商家可以用达摩盘积分申请这些权益，而达摩盘积分的多少又是由你近 30 天付费渠道的消耗来决定的。总体来讲，如果你没有用达摩盘人群投放过付费渠道，你消耗 1 元等于 1 个积分；如果你用了达摩盘人群投放付费渠道，你消耗 1 元等于 5 个积分。达摩盘每个自然月会更新你的账户积分，然后根据积分的多寡来决定要不要给你提供新的功能。

3.1 快速上手达摩盘

接下来，我实际操作一遍达摩盘，以便大家能够快速上手。

第一步，登录达摩盘后台，查看标签市场

在达摩盘后台，点击"标签"就可以看到海量的标签市场，这些标签可以分为四类，分别是用户特征、品类特征、渠道特征和私域特征，如图 3.2 所示。用户特征可以理解为对用户的基础画像，它包含用户的基础特征、家庭特征、区域信息、社会特征、消费特征、长期兴趣；品类特征指的是不同品类下的人群特征，包括类目行为、行业特征、策略人群、特色货品、行业场景；渠道特征指的是不同渠道下的人群特征，包括搜索渠道、推荐渠道、活动渠道、内容渠道、天猫渠道、广告渠道、大促渠道、站外渠道、线下渠道；私域特征指的是店铺用户的人群特征，它包括店铺用户分层、店铺用户行为、店铺宝贝特征、店铺渠道特征。在以上列出来的这些基础维度上，达摩盘又延展出 1000 多个标签，比如基础特征下又包含用户星座、用户体重、用户身高、出生年代、用户性别、用户年龄、预测年龄段（网络年龄）等。如果遇到"6·18""双 11"等大型促销活动，达摩盘还会推出应景的人群标签，这里就不一一论述了，大家可以自行去达摩盘后台查看每个标签的详细定义，根据自身需求自定义组合。

🛒 图 3.2　达摩盘标签市场（篇幅有限，截图不全）

第二步，创建新人群

在达摩盘后台，先点击"人群运营中心"，再点击"自定义人群"，就进入了"自定义圈人"的工作界面。界面左侧是海量的人群标签，中间是自定义圈人的操作区域，右侧可以查看人群规模及不同渠道的日触达用户数，并且支持人群的放大和缩小，如图 3.3 所示。当我们需要组合人群标签时，可以首先把想要的人群标签拖曳到中间的操作区域，然后进行交集、并集、差集的组合。为了便于大家理解，我们用 A、B 两个标签来做示范，如图 3.4 所示。如果取两个标签的交集，得到的就是 A 和 B 两者重叠的公共部分，也就是图中的结果 1；如果取两个标签的并集，得到的就是 A 和 B 两者相加的总和，也就是图中的结果 2；如果取 A 标签中排除 B 标签的差集，得到的就是 A 减去 A 和 B 重叠的部分，也就是图中的结果 3。

举个简单的例子，我们想圈选最近 7 天搜索过连衣裙且近 15 天未购买的人群，首先我们要弄清楚到底有几个条件，然后考虑如何组合。第一个条件是近 7 天搜索过连衣裙，用"关键词圈人"标签就可以得出；第二个条件是近 15 天未购买，需要用到差集，也就是用近 15 天对连衣裙有过浏览、搜索、点击、收藏、加购、购买等行为的人群减去有过购买行为的人群。最后，把第一个条件和第二个条件得出的结果做并集就可以了。

图 3.3 用达摩盘创建新人群

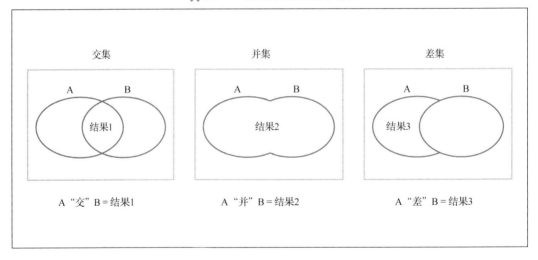

图 3.4 达摩盘标签组合原理示意图

第三步，同步投放渠道

人群组合完毕后，点击"创建人群"，填写人群名称、人群分组、有效期，选择需要同步的投放渠道，投放渠道主要有直通车、引力魔方和万相台，如图 3.5 所示。在人群列表中，我们可以查看人群的同步状态，同步成功后方可进行投放。

图 3.5　达摩盘同步投放渠道

第四步，进行投放，产生消耗

当人群包同步后，在直通车、引力魔方、万相台后台创建计划时，我们可以选择"自定义人群"中已经同步过来的达摩盘人群包进行投放。

第五步，查看报表

投放之后，我们可以在达摩盘后台的"人群报表"界面查看人群包的投放效果，并根据数据反馈调整营销决策，如图 3.6 所示。

图 3.6　达摩盘查看报表

3.2　达摩盘人群玩法

1. 客户分层

根据客户与品牌之间的远近关系，达摩盘将客户分为三类：潜客、新客和老客。潜客是指过去 15 天被店铺广告或内容渠道（包括有好货、必买清单、生活研究所、微淘、淘抢购）曝光过，或者店铺/单品浏览跳失的消费者，排除新客和老客；新客是指过去 15 天有过品牌意向搜索/微淘互动/聚划算曝光/进店浏览未跳失行为，或者过去 90 天有过商品收藏/加购/店铺收藏行为，或者过去 180 天有过下单未支付行为的消费者；而老客是指过去 365 天有过店铺成交行为的消费者。严格来说，除了这三类客户，应该还有两类客户：一类是跟店铺或类目没有任何接触的客户，也就是未知客户；另一类是过去 365 天有过两次及以上店铺成交行为的客户，也就是忠诚客户。

理解了客户分层，我们才能更好地去使用达摩盘。对于未知客户、潜客、新客、老客和忠诚客户，我们可以采取拉新策略和收割策略。拉新就是把未知客户、潜客、新客变成对我们产品有购买意向的客户，而收割就是让未知客户、潜客、新客下单，或者让老客、忠诚客户再次购买。在日常经营中，拉新和收割通常是同步进行的，这就好比一个水池，拉新是往水池里倒水，而收割是把水池里的水放出来。如果只做拉新的话，水池里的水很快就会溢出来，甚至同行还会来抢你的客户；而如果只做收割的话，水池里的水很快就会枯竭，这也是有的商家投放后没有流量的重要原因之一。接下来，我们分别聊聊达摩盘的人群拉新策略玩法和人群收割策略玩法。

2．达摩盘人群拉新策略玩法

由于达摩盘目前的标签有 1000 多个，并且还在不断扩充中，因此我很难列举所有的标签组合方式，只能抛砖引玉，希望大家能举一反三。另外，即便同一个人群包，放到不同的店铺里，效果也千差万别。具体哪些标签组合后的人群包的效果会更好，只有大家尝试之后才知道，这也是达摩盘的魅力所在。拉新策略有两大类，一类是系统智能拉新，另一类是自定义拉新。

（1）系统智能拉新

系统智能拉新是指基于系统分析和洞察对人群特征去做拓展拉新，它包括人群画像分析、单品洞察圈人、直播洞察圈人、超级用户洞察圈人，如图 3.7 所示。其中，直播洞察圈人与单品洞察圈人的方法大同小异，这里不再赘述。

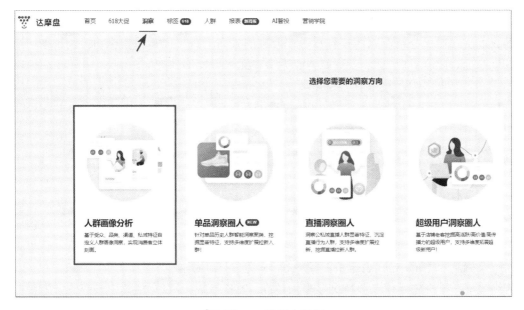

图 3.7 达摩盘洞察

- 人群画像分析。人群画像其实就是系统根据用户的人口统计学信息、社交关系、兴趣特征、购物偏好、历史行为等信息抽象出来的标签化画像。千人千面时代，精准的人群画像是基础，品牌定位、产品定位、价格制定、营销推广等，都有赖于对目标人群的精准画像。而达摩盘恰好提供了这样一种功能，它可以帮助商家基于受众、品类、渠道、私域特征自定义人群画像洞察，实现对消费者的立体刻画。这对于不知道该如何组合人群标签的新手来说，无疑是非常好用的一种功能。人群画像分析一共分为三步。

第一步，选取"分析人群"和"对比分析对象"进行对比。这是人群画像尤为关键的一步，目的不同，你所选取的"分析人群"和"对比分析对象"也不同。一种情况是给店铺或品牌的人群进行画像，可以选取老客、超级用户、品牌人群等作为"分析人群"，选取全网、一级类目或叶子类目等作为"对比分析对象"。通过对比分析，你就能弄清楚那些在店铺有过消费的人群或者品牌的粉丝，他们在性别、年龄、消费能力、购物偏好、浏览习惯等标签维度上都有哪些显著特征，根据这些特征就能判断店铺或品牌的定位是否精准。

另一种情况是为单个宝贝进行人群画像。假设你想开发一款新品，需要获得更加清晰的开发思路，或者宝贝上架已经有一段时间，销量却一直上不去，你想看看是不是宝贝的人群标签出了问题，这时候你就可以对比分析"分析人群"和"对比分析对象"。我选取的"分析人群"是近 7 天搜索过连衣裙且已购买的人群，而"对比分析对象"选择的是近 7 天搜索过连衣裙但未购买的人群，只有经过对比分析，我们对新品连衣裙接下来的开发方向才会更加清楚，如图 3.8 所示。当然，还可以把通过直通车进来的人群与通过自然搜索进来的人群进行对比分析，以便找到直通车改进的方向。总之，要根据你的目的选取"分析人群"和"对比分析对象"，否则就会像无头苍蝇一样找不到方向。

图 3.8　选取分析人群和对比分析对象示例

第二步，查看不同维度下的详细洞察特征。我们可以查看在"用户特征""品类特征""渠道特征""私域特征"等不同洞察维度下的特征显著性分布，如图 3.9 所示。这里需要厘清一个概念"TGI"，它代表分析对象相较于对比对象所选特征的显著性。系统提供了 TGI 显著性星级，星级越高代表该特征显著性越高。TGI 指数=（目标群体中具有某一特征的群体所占比例/对比群体中具有相同特征的群体所占比例）×100。例如，分析对象 A 人群中白领人群所占比例为 50%，对比对象 B 人群中白领人群所占比例为 30%，则 TGI 指数=（A 人群中白领人群占比 50% /B 人群中白领人群占比 30%）×100=166>100，因此 A 人群中白领特征较显著。该模块下还提供了"类目 CTR 指数"和"类目 PPC 指数"，建议参考就好，重点要关注的是"画像分布"，它展示了不同特征下的画像分布。你可以看到在"用户特征"维度下，居住城市、出生年代、用户年龄、用户性别等不同特征的人群占比及 TGI 值，柱状图代表占比，横线代表 TGI 值，如图 3.10 所示。

排名	标签名称	覆盖数/占比		TGI	类目CTR指数	类目PPC	操作
1	月均消费频次 - 20次以上	171,180	52.77%	★★★☆	16	1.2-1.4	添加标签
2	淘气值活跃度 - 超级会员	102,231	31.51%	★★★☆	17	1.2-1.4	添加标签
3	月均消费金额 - 消费3000至6000元	53,226	16.41%	★★★☆	18	1.4-1.6	添加标签
4	月均消费金额 - 消费6000元以上	48,834	15.05%	★★★	15	1.2-1.4	添加标签
5	特征兴趣 - 商家会	1,512	0.47%	★★★☆	13	1.2-1.4	添加标签

分析人群 326,474　VS　对比人群 4,950,626　　标签夹 (0)　保存洞察方案　洞察方案列表

概览　用户特征　品类特征　渠道特征　私域特征　　ctr/ppc设置

TOP5 标签排名榜单

排序　覆盖数/占比

图 3.9　不同维度下的洞察特征

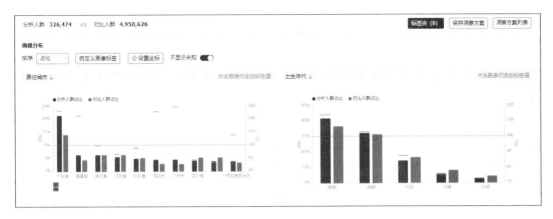

🛒 图 3.10 不同特征下的画像分布（篇幅有限，截图不全）

第三步，TGI 值计算与分析。建议大家先用表格把每个数据记录下来，再做更加细致的分析。通过表格我们能很直观地发现哪些标签的 TGI 值是显著的，如图 3.11 所示。这里分享一个小技巧，选取 TGI 值最大的那几个标签作为主标签，再跟其他辅助标签进行组合，从而圈出符合我们要求的人群包。拉新的话，优先选择"用户特征""品类特征""渠道特征"中的标签；而收割的话，优先选择"私域特征"中的标签。

时间	标签名	特征	TGI值	
2021/6/4	用户性别	女性用户		101
2021/6/4	用户性别	男性用户		95
2021/6/4	消费能力等级	购买力L1		59
2021/6/4	消费能力等级	购买力L2		79
2021/6/4	消费能力等级	购买力L3		104
2021/6/4	消费能力等级	购买力L4		131
2021/6/4	消费能力等级	购买力L5		189

🛒 图 3.11 TGI 值分析表格示例

- 单品洞察圈人。我们还可以通过达摩盘的单品洞察圈人功能进行拉新，这种功能目前只有 S4 权益等级及以上的用户才可以开通。它针对单品历史人群智能洞察聚类挖掘显著特征，支持商家多维度拓展拉新人群。

第一步，创建智能洞察任务。首先点击"单品洞察圈人"，选择你要洞察的宝贝，然后点击"创建智能洞察任务"，如图 3.12 所示。这里最多可以添加 10 个单品，建议一款宝贝创建一个分析任务，单品行为选择"购买"，时间可以选长一点，填写任务名称后，耐心等待分析结果，如图 3.13 所示。

图 3.12　创建智能洞察任务

图 3.13　填写单品洞察任务信息

第二步，查看智能聚类洞察结果。在单品洞察报告列表中可以找到已经运行成功的分析任务，点击查看聚类人群，我们可以看到系统基于单品历史行为人群特征分析，结合算法 AI 智能聚类能力，智能聚类出的核心价值子群，使子群内的用户在行为属性、兴趣偏好等方面具有相似分布，商家可以了解不同子群的分布占比，以及基于基础属性、行业偏好、单品偏好、渠道内容四个维度的特征构成，如图 3.14 所示。

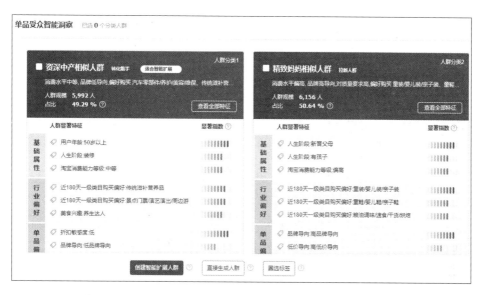

图 3.14　查看智能聚类洞察结果（篇幅有限，截图不全）

　　第三步，智能人群扩展圈选。选择不同的子群，点击"创建智能扩展人群"，系统会基于你选择的扩展方向提供对应可圈选的人群规模，商家可以自定义预期的人群规模。这里需要注意的是，系统提供了四个不同的人群扩展方向，分别是"相似宝贝活跃人群""叶子类目活跃人群""行业活跃人群""关联类目活跃人群"，它们呈现出来的特点是人群规模依次递增，但人群精准度依次递减。建议分别针对每个子群进行放大，并根据拉新规模选择不同的人群扩展方向，单独建立人群包，如图 3.15 所示。

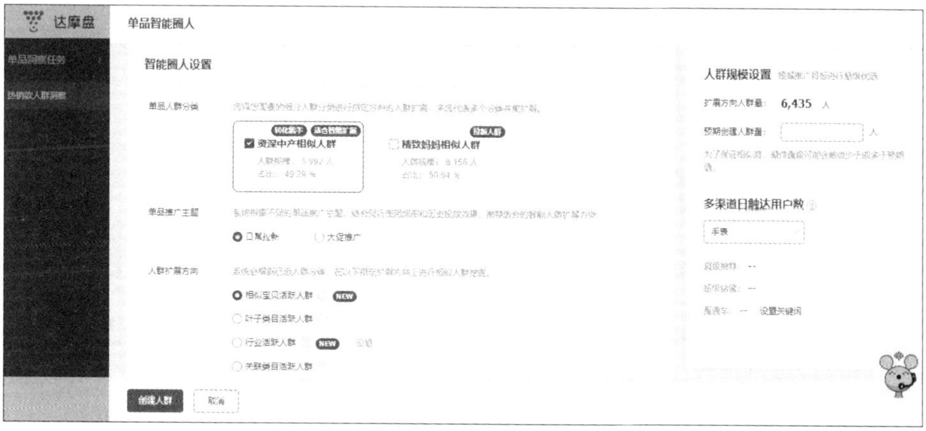

图 3.15　单品智能圈人设置

这里以两个应用场景为例。一个是爆款拉新。爆款一般都具有稳定的市场认知和销量，如果商家想要挖掘拉新机会，可以通过洞察爆款的历史购买人群，先分析核心子群的显著特征，再去选择那些收藏率、加购率、成交转化率比较高的子群进行智能扩展。另一个是新品上新。新品上新需要快速解决冷启动问题，即在短期内促使流量增长，锁定核心用户群体。这时候同样可以洞察分析店铺内同类型爆品的历史购买人群，选择同类型爆品的核心人群作为新品上新优先触达的人群。

- 超级用户洞察圈人。达摩盘对超级用户的定义是基于店铺老客挖掘出的具有高活跃、高价值、高传播力特征的用户，目前超级用户功能只有 S3 权益等级及以上的店铺才可以开通，并且超级用户数据需要店铺有成交一年以上的历史的用户才可以正常使用。如果你的店铺的数据累计时间比较短，可以通过人群画像分析，基于老客的人群标签去扩大拉新的规模，加快店铺用户累积的行为量级。

第一步，选择智能新用户拓展。首先点击"超级用户洞察圈人"，然后选择右下角的"智能新用户拓展"。我们可以看到，虽然超级用户的人数占比是最小的，但它给店铺贡献的金额是最大的，因此将超级用户作为种子人群去拓展拉新是行之有效的一种方法，如图 3.16 所示。

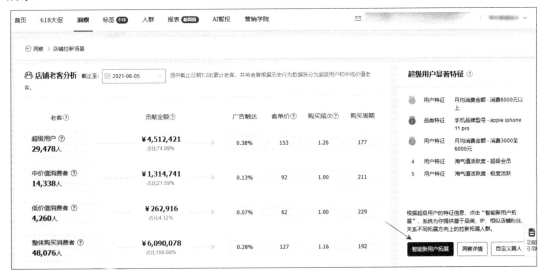

图 3.16　选择智能新用户拓展

第二步，选择人群扩展方向。系统提供了四个不同的人群扩展方向，分别是品类拉新、IP 拉新、粉丝拉新、关系拉新，如图 3.17 所示。其中，品类拉新使用得比较多。此外，还可以对扩展后的拉新人群进行性别、年龄、城市等级、消费能力等级、天猫会员等级方面的限制。

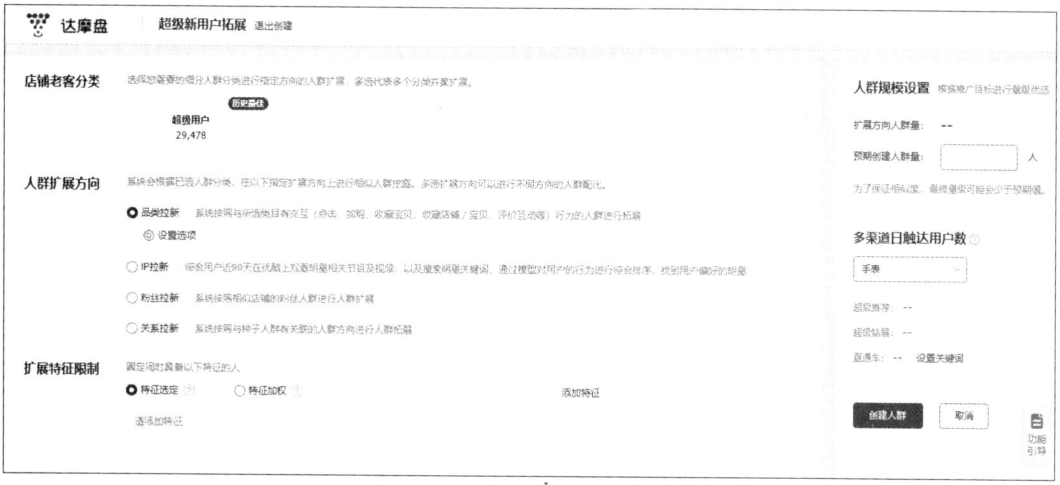

图 3.17　选择人群扩展方向

（2）自定义拉新

自定义拉新就是通过手动组合人群标签的方式拉新，一般分为两大类，分别是跨类目拉新和本类目拉新。由于达摩盘的标签种类繁多，这里通过举例的方式为大家介绍。

- 跨类目拉新。所谓跨类目拉新，就是到你所属的一级类目以外去寻找新客户。有的人会担心这样引进来的客户可能不精准，其实不然。例如，大家都听过将啤酒和尿片摆在一起促销能带来销量大幅增长的营销方法，男性顾客在购买婴儿尿片时，常常会顺便搭配几瓶啤酒来犒劳自己。同样，如果能对本类目以外的强关联客户提前进行宣传，也能提高后续的成交转化。

我们通过两个具体的场景来演示用达摩盘进行跨类目拉新的过程。第一个是很多人在装水电、刷油漆的阶段，就开始去网上选购家具了。此时，卖家具的商家就可以通过达摩盘把这部分人圈出来，然后用超级推荐或超级钻展进行投放。具体做法是，先去标签市场找到"装修阶段人群"这个标签，再把它跟"用户特征"里的某个与我们产品对应的标签进行交集组合，比如卖高档家具就可以选择跟"消费能力等级"标签进行交集组合，交集过后还可以与"人生阶段"等其他的人群标签进行交集组合，以便进一步缩小人群范围，如图 3.18 所示。

图 3.18　跨类目拉新案例展示

第二个是很多人在买儿童服饰的时候，通常会顺便去浏览一下儿童玩具，碰到心仪的玩具便会毫不犹豫地买下来，尤其在六一儿童节这样的时间节点。在达摩盘里有两种方法可以圈出这类人群：一种方法是首先用"童装类目行为人群"标签跟"宝贝年龄"标签做交集，然后跟"玩具类目行为人群"标签做差集，之所以加上差集，是因为要剔除已经在玩具类目有过互动行为的人群，只针对童装类目的行为人群做拉新，这样就能比较精准地判断跨类目拉新的投放效果；另一种方法是用"跨类目拉新可击穿人群"标签跟"宝贝年龄"标签做交集。需要注意的是，不是所有商品都适合做跨类目拉新，上述两个例子其实面对的是同一批消费者，毕竟我们拉新是以消费者的购买意向为基础的。

- 本类目拉新。与跨类目拉新相反，本类目拉新是指在店铺所属一级类目范围内进行拉新，按照客户与店铺是否发生过互动行为，又可以分为本类目拉新且与店铺无交集、本类目拉新且与店铺有交集两种情况。

首先讲第一种情况，本类目拉新且与店铺无交集。在这种情况下，客户已经对本类目产生兴趣，但对店铺还未形成认知，因此我们需要对这类人群进行拉新。这里以连衣裙为例，在达摩盘里，我们有三种方法可以将这类人群圈选出来：第一种方法是先用"连衣裙类目行为人群"标签跟"用户年龄"标签做交集，再跟"店铺行为圈人"标签做差集，如图 3.19 所示；第二种方法是先用"连衣裙类目行为人群"标签跟"关键词圈人"标签、"用户年龄"标签做交集，再跟"店铺行为圈人"标签做差集，它跟第一种方法的唯一差别是加入了"关键词圈人"标签，可以对人群做更加精准化的描述；第三种方法是用"私域特征"里的人群标签，比如"相似店铺人群"或"相似宝贝人群"标签，这两个人群标签都需要 S4 权益等级及以上才能开通。

图 3.19　本类目拉新且与店铺无交集案例展示

　　然后讲第二种情况，本类目拉新且与店铺有交集。在这种情况下，客户一般浏览过店铺却没有产生收藏、加购、购买等互动行为，所以直接选择"私域特征"里的人群标签即可，比如选择"店铺行为圈人"标签。如果人群规模量级不够的话，还可以用"智能拓展"来对人群规模进行放大，一般投放的人群规模不要超过 500 万，如图 3.20 所示。

🛒 图3.20　本类目拉新且与店铺有交集案例展示

3. 达摩盘人群收割策略玩法

相较于拉新针对的主要是店铺以外人群及搜索、浏览过店铺的人群，收割则没有太多的限制，对于未知客户、潜客、新客、老客、忠诚客户都可以进行收割，但收割效果比较好的是新客、老客和忠诚客户。

（1）新客收割

新客中有一部分人是过去90天有过商品收藏、加购或店铺收藏行为，或者过去180天有过下单未支付行为的消费者，这部分人的购买意向还是非常高的，因此可以作为主力收割人群。在达摩盘中，我们一般通过选择"私域特征"里的标签圈选出这部分人，比如我们可以选择"店铺行为圈人"标签，行为选择"收藏"和"加购"，时间周期最长可以选择"最近90天"，还可以根据自己店铺的转化周期来选择。此外，我们可以通过"店铺潜新老客""店铺品牌AIPL分层""店铺策略人群""下单未付款用户""店铺宝贝行为人群"等标签对新客进行收割。

（2）老客和忠诚客户收割

老客收割是对过去365天有过成交行为的消费者进行收割，而忠诚客户收割是指对过去365天有过两次及以上成交行为的消费者进行收割。在达摩盘中，通常我们通过"私域特征"里的标签圈选出老客和忠诚客户，比如前面说过的"店铺行为圈人"标签，把里面的行为改成"购买"即可。这里同样需要注意根据商品的复购周期和自身店铺的实际情况进行判断和选择，建议可以到达摩盘"洞察—超级用户洞察圈人"中查看自己店铺的复购周期。此外，"店铺粉丝结构""店铺超级用户""店铺会员人群""店铺潜新老客""店铺会员分层""店铺品牌 AIPL 分层""店铺策略人群""店铺品牌行为人群""店铺宝贝行为人群"等标签都可以用来对老客和忠诚客户进行收割。

第 4 章

数据化运营：知己知彼
方能百战百胜

如今在淘宝、天猫运营中，数据分析的重要性不言而喻，贯穿于运营工作的方方面面，我们可以用它进行选品、诊断店铺问题、超越竞争对手等。数据分析就像一张全景地图，不仅能帮助我们找到方向，还能指出问题所在，让运营工作事半功倍。

4.1 利用数据分析轻松选品

无论是新店还是老店，当上架一款产品时，我们都希望它能够深受消费者的欢迎，因此，在开始测款之前的选品就显得尤为重要，而正确的数据分析能大大提高选品的成功率。利用数据分析选品包含三个步骤，分别是判断市场容量与趋势、查看市场竞争度与集中度、判断哪些属性更受市场欢迎。

4.1.1 判断市场容量与趋势

判断市场容量其实就是判断市场这块"蛋糕"有多大：市场容量越大，商家进入后成为大商家的可能性就越大，相应的竞争通常来讲也更激烈；而市场容量小，如果你能成为这个小类目的老大，也是非常不错的选择。但不管怎样，作为商家，我们至少要心中有数，对市场的容量有一个清晰的判断，有的放矢。

如果你购买了"生意参谋专业版"的话，就可以在"生意参谋—市场—市场大盘"中查看各子类目的市场交易数据，如图 4.1 所示。这里的交易数据是以指数的形式展示的，我们可以自己换算一下或者通过第三方工具进行转换。以女装类目为例，我们可以看到连衣裙的市场容量是最大的，如图 4.2 所示。如果你想成为顶级大商家，那么连衣裙这个市场是首选。

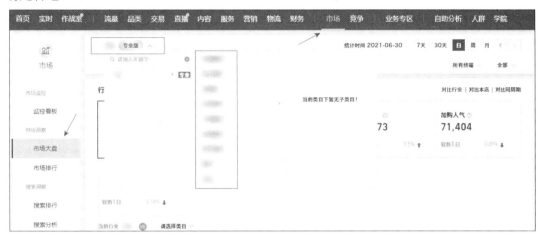

图 4.1 通过"生意参谋"查看各子类目的市场交易数据

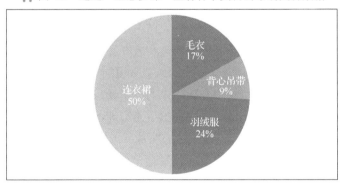

图 4.2 女装各子类目的市场容量占比示例图

除了要清楚地知道一个市场的容量及其子类目构成，商家还需要知道每个子类目的市场发展趋势，它可以帮助我们准确地判断进入市场的最佳时机。图 4.3 所示为我通过提取"生意参谋—市场—市场大盘"中的交易数据制成的女装各子类目的市场销售趋势图，通过这张图我们发现，连衣裙市场具有明显的淡季和旺季，2 月份是市场的最低点，随后连衣裙市场销量便开始攀升，在 6 月份迎来高峰，接着市场销量又开始下降，直到 11 月份出现一个小高峰，随后下降。看懂了这个趋势，商家就可以在 2 月份之前做好新品开发，在三四月份开始推广，这样才能在五六月份迎来爆发。

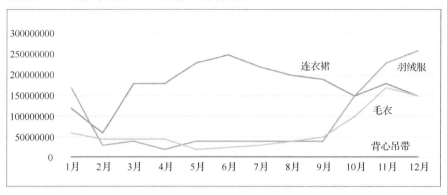

图 4.3 女装各子类目的市场销售趋势图

4.1.2 查看市场竞争度与集中度

1. 市场竞争度

市场竞争度表明一个市场的竞争激烈程度，它可以用公式"市场竞争度=市场交易总量/有交易卖家数"计算得出，数值越大说明市场竞争度越低。在"生意参谋—市场—市场大盘"中，商家可以得到"市场交易总量"和"有交易卖家数"两个数据指标。

市场竞争度还需要结合市场容量来做判断，一般存在四种比较常见的情况。第一种情况是市场容量大、市场竞争度较低，也就是我们通常所说的"蓝海市场"。这种市场可遇不可求，通常是在一个容量比较大的市场中分化出来的一个新兴的细分市场，比如燕窝行业，之前一直是传统品牌的天下，直到小仙炖品牌提出了"鲜炖燕窝"的概念，创造了一个全新的细分品类、一个绝对的"蓝海市场"。第二种情况是市场容量大、市场竞争度较高，比如我们前面谈到的连衣裙类目，这种市场一般适合具有一定实力的商家进入。第三种情况是市场容量小、市场竞争度较低，这种情况一般出现在新兴的类目，比如这两年比较火的汉服，虽然它的市场容量没法跟连衣裙比，但新兴市场需求非常强劲，同时参与竞争的商家不多，这时候谁的洞察力强谁就能抓住机会。第四种情况是市场容量小、市场竞争度较高，这种情况一般指的是快要淘汰的产品，比如录音笔类目，这种市场一般不建议商家进入。

2. 市场集中度

除了市场竞争度，还有一个常常被忽略的指标——市场集中度，这个指标也值得商家重视，它判断的是一个市场的垄断程度。我曾接触过一家进军化妆品市场的公司，公司在短短不到一年时间就花了上百万元，结果连个泡都没冒。经过数据分析，我发现这个公司所进入市场的 TOP100 商家的市场份额占到了整个市场的 70% 以上，TOP500 商家占到了 90% 以上的市场份额，而整个市场有销售的其他商家占比连 10% 都不到，这种市场的垄断性可想而知。

　　一般这几种类目很容易出现集中度高的情况：第一种是市场容量小的类目，这种类目本身市场就不大，先进入的商家往往很容易快速抢占大量的市场份额成为"山大王"；第二种是标品类目，像 3C 数码、汽车用品等，它们的属性较少，产品的同质化严重，竞争的关键词就几个，消费者购物决策基本上以销量为导向，最终结果就是流量和销量过于集中在少数几个商家手里；第三种是高门槛类目，像医药、手机、大家电等产品，它们对资源、技术的要求相当高，这种市场基本上只有大品牌或具有一定技术实力的商家才敢进入。

　　我们该如何判断一个市场的集中度呢？这里我教大家一种简单的判断方法，那就是首先在"生意参谋—市场—市场排行"中统计出 TOP100 和 TOP500 商家的交易指数（小类目也可以统计 TOP50 和 TOP100 商家的交易指数），如图 4.4 所示。然后，结合我们前面所谈到的市场容量，看看 TOP100 和 TOP500 商家的交易额占整个类目交易额的比例是多少，比如类目总的交易额是 10 亿元，TOP100 商家的交易额是 6 亿元，TOP500 商家的交易额是 8 亿元，那么 TOP100 商家的占比就是 60%，TOP500 商家的占比就是 80%。最后，我们看看整个类目的商家有多少，基本上就能判断这个市场的集中度是高还是低了。如果市场的集中度太高，而你的产品和资金又没有太大优势，那么还是不要进入为好。

图 4.4　通过"生意参谋"查看市场排行

4.1.3 判断哪些属性更受市场欢迎

商家要想选出来的产品受消费者欢迎，除了要判断市场的容量与趋势、市场的竞争度与集中度，还需要弄清楚子类目下的产品属性。例如，你准备开发一款连衣裙，你总得先判断是复古风的还是日韩风的、是长袖的还是短袖的等。每种产品的受众人群是不一样的，商家只有提前对产品属性做全盘分析，才能最大限度地确保产品推向市场后的成功率。具体方法是在"生意参谋—市场—属性洞察"中选择"属性分析"，在这里商家可以看到不同属性的交易指数、支付子订单数、支付件数、支付买家数等，还可以在下方查看热销的店铺和产品榜单，如图 4.5 所示。

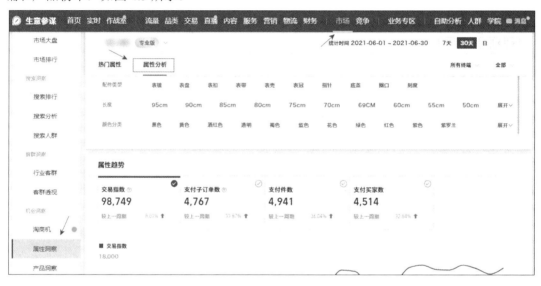

图 4.5 通过"生意参谋"分析产品属性

4.2 利用数据分析诊断店铺问题

掌握正确的数据分析方法和思路对于运营人员来讲格外重要。归根结底，影响一家店铺业绩的主要因素有三个：流量、转化率和客单价。弄清楚了这几个因素就相当于掌握了主动权，接下来只要顺藤摸瓜就能找到问题所在。

1．流量诊断

通常来讲，店铺业绩下滑时，流量一定跟着产生波动，因此我们要分析流量变化的情况，分析方法可以分为三步。

第一步，分析店铺各渠道流量来源的变化情况。如果把流量比作一条河流，那么各个渠道的流量来源就像是河流的支流，当河流的水量有所变化时，自然要去查清楚哪个支流出了问题。目前，淘宝的流量总体上可以分为免费流量和付费流量两大类。在"生意参谋—流量—店铺来源"中，商家可以把店铺各渠道的流量来源数据都下载下来并制作成表格以方便查看，具体的时间根据业绩发生下滑的时间来定，比如最近 7 天或最近 30 天，如图 4.6 所示。

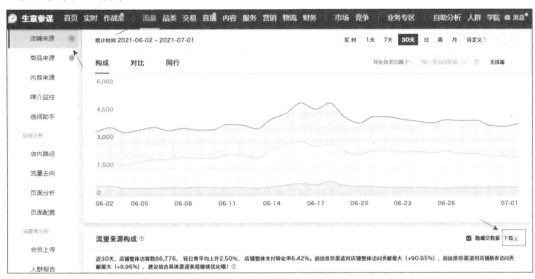

🛒 图 4.6　通过"生意参谋"查看店铺流量来源

第二步，分析具体是哪些产品带来渠道流量的下滑。比如手淘搜索流量下滑了，那我们就得看看是哪些产品引起的。在"生意参谋—流量—店铺来源"中选择手淘搜索下的"来源效果"，就可以查看每款产品的手淘搜索流量变化趋势，一旦哪款产品的手淘搜索流量下滑了，点击"详情"，就可以把具体的关键词数据下载下来，然后进行详细分析，如图 4.7 所示。

第三步，把各个渠道的流量来源关联起来进行分析。如果只分析一个渠道的流量情况，往往很难找到问题的根源，因为淘宝各个渠道的流量是相互作用、相互影响的，手淘搜索流量下滑了，有可能是直通车流量下滑造成的，也有可能是淘宝客流量不精准造成的。尤其是那些同一时间都下滑的流量来源，更要放在一起进行详细的对比研究。这里我把手淘搜索流量来源的具体关键词和直通车的放在一起进行对比研究，如图4.8所示。当然，最好把竞店的流量来源也放在一起进行对比研究。

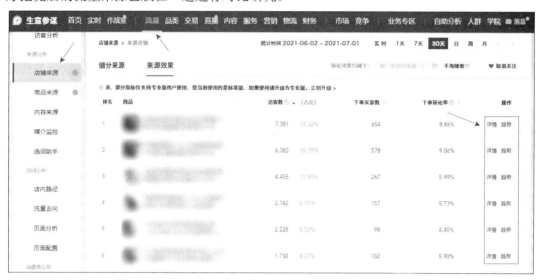

图 4.7 通过"生意参谋"查看某个流量来源的产品效果

来源名称	手淘搜索访客数	直通车访客数	手淘搜索支付买家数	直通车支付买家数	手淘搜索支付转化率	直通车支付转化率
浪琴表带	1413	2201	152	58	10.76%	2.64%
浪琴手表带	531	1332	61	53	11.49%	3.98%
浪琴名匠表带	524	183	63	8	12.02%	4.37%
浪琴表带真皮	460	840	56	27	12.17%	3.21%
浪琴表带男真皮	231	315	32	19	13.85%	6.03%
表带真皮	208	187	10	7	4.81%	3.74%
表带	200	754	9	14	4.50%	1.86%
浪琴皮表带	148	419	9	8	6.08%	1.91%
其他	119	12	2	1	1.68%	8.33%
表带男真皮	106	272	4	4	3.77%	1.47%
浪琴表带原装	88	520	7	16	7.95%	3.08%
手表带男款	71	1	1	0	1.41%	0
浪琴表带官方旗舰店	64	67	7	5	10.94%	7.46%
皮表带男真皮	58	106	4	5	6.90%	4.72%
浪琴名匠皮表带	56	23	7	2	12.50%	8.70%
真皮表带	56	33	0	0	0	0
手表带	55	54	1	0	1.82%	0
浪琴手表带男	54	132	4	16	7.41%	12.12%
浪琴表带真皮原装	53	53	4	2	7.55%	3.77%
浪琴康卡斯表带	49	109	1	1	2.04%	0.92%
浪琴原装表带	47	15	5	0	10.64%	0
手表表带	43	119	2	3	4.65%	2.52%
浪琴名匠表带原装	41	8	1	0	2.44%	0
浪琴表带男	41	2	3	0	7.32%	0

图 4.8 不同流量来源详情的对比研究示例

2．转化率诊断

店铺任何一个数据的变动，往往是多个因素综合作用的结果。假设转化率数据下降了，造成这个结果的原因有可能是外部因素，比如竞争对手打价格战或平台推出大规模促销活动等；也有可能是内部因素，比如流量来源不精准、卖点阐述不准确、客服缺乏销售技巧、销量和评价太少或价格没有竞争力等。此时可以将转化率结合跳失率、停留时长、收藏率、加购率一起来看：如果跳失率偏高或停留时长过短，那就要从关键词、人群精准度、产品等方面着手；如果收藏率、加购率偏低，则要从竞争环境和产品两方面着手。

3．客单价诊断

客单价的诊断相对而言没有那么复杂，影响客单价的因素主要有两个：一个是产品的售价，另一个是人均支付件数。产品的售价是由产品成本、外部竞争、消费者偏好等客观因素共同决定的，因此我将分析的重点放在人均支付件数这个指标上。当人均支付件数下降时，我们可以从关联销售、活动促销、客服推荐等方面去做更详细的分析。

4.3　利用数据分析超越竞品

在运营过程中，我们不仅要做好店铺工作，眼睛还要盯着外部竞争，这样才能做到知己知彼。但很多人在做竞品分析时往往没有章法，要么好高骛远，选择的目标不切实际，要么"眉毛胡子一把抓"，找不出问题的根源。在我看来，竞品分析主要分为三步：第一步，正确选择竞品；第二步，收集和分析竞品数据；第三步，超越竞品。

4.3.1　正确选择竞品

我们做竞品分析，首先要选择正确的目标。真正能够成为竞品的是那些在价格区间、功能、人群、款式等方面相同或相近的产品。此外，我们还要考虑竞品的流量结构，它是以免费流量为主的，还是以付费流量为主的？付费流量是偏重直通车、引力魔方、万相台，还是淘宝客？如果我们的流量来源主要是手淘搜索，而对方靠的是淘宝客流量，那么这个商家的产品就不该被列入我们竞品的名单。

我们该去哪里筛选竞品呢？这里我教大家几种方法：第一种是去淘宝搜索框里搜索相关关键词，然后按销量排序，找到那些销量差距不是很大，但在价格区间、功能、人群、款式等方面相同或相近的产品作为我们的竞品；第二种是在"生意参谋—市场—属性洞察—属性分析"中，我们可以找到热销产品的榜单，如图4.9所示；第三种是在"生意参谋—竞争—竞品识别"中，我们可以看到产品的流失情况，其中"顾客流失竞品推荐"中列出的是已经在流失的竞品，而"搜索流失竞品推荐"中列出的是潜在流失的竞品，如图4.10所示。

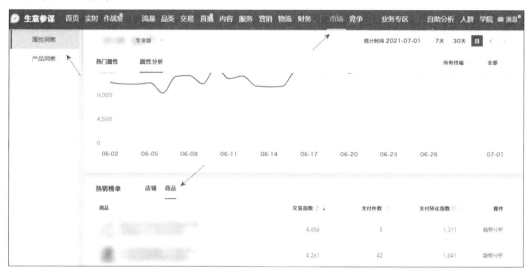

图4.9　通过"属性洞察"查看热销榜单

图4.10　通过"竞品识别"挖掘竞品

4.3.2　收集和分析竞品数据

前面我们讲了如何确定竞品，确定好竞品以后，我们就要对竞品的各项数据进行收集和分析，建议大家至少选定两三款竞品。接下来，我就为大家介绍收集和分析竞品数据的思路。

1. 记录竞品每日核心数据

在"生意参谋—竞争—竞品分析"中，我们一次可以选择两款竞品进行对比分析，因为"生意参谋专业版"目前只提供竞品最近 90 天的数据，所以建议大家最好每天对竞品的数据进行记录，如图 4.11 所示。这里主要记录竞品三个方面的数据：一是竞品每日总的访客数、交易金额、转化率、支付人数、UV 价值、收藏率、加购率等；二是竞品每日搜索入店的引流关键词和成交关键词的访客数、转化率、交易金额、UV 价值等；三是竞品各流量来源的访客数、转化率、支付人数、交易金额等。这些数据最终被整理成表格。

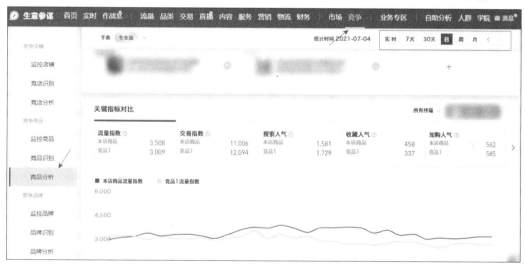

图 4.11　通过"竞品分析"收集竞品每日数据

2. 分析竞品前期是怎么操作起来的

我们分析竞品主要有两个目的：一个目的是分析竞品在前期是如何从零操作起来的，另一个目的是分析竞品操作起来后平时是如何维护的。关于第一个目的，我们首先把每日收集的竞品数据表格打开，如图 4.12 所示。接着选中所有的数据，并插入一个数据透视表，如图 4.13 所示。

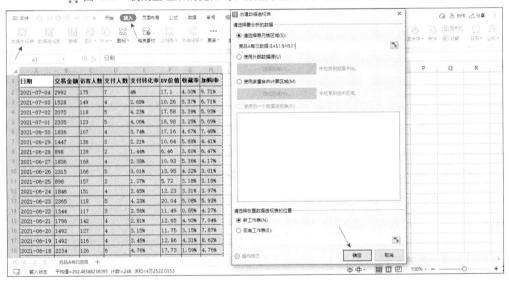

图 4.12 收集整理后的竞品每日数据表格示例（篇幅有限，截图不全）

图 4.13 插入数据透视表示例

　　插入数据透视表后，把日期、访客人数拖曳至数据透视图区域，并以求和的形式统计，然后点击数据透视表中的任意一个数据，并插入一个折线图，如图 4.14 所示。通过这张图我们能更直观地看出竞品爆发的时间节点，以及在爆发之前每天的访客人数。当然，我们还可以把访客人数换成交易金额、支付人数、支付转化率、UV 价值等其他数据指标。

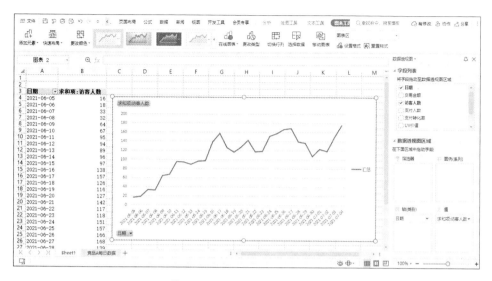

🛒 图 4.14　插入折线图示例

只看这张表还不够，我们还要看竞品在爆发之前各渠道的流量来源情况。把每日收集的竞品流量来源数据表格打开，跟前面的步骤一样，先插入一个数据透视表，再插入一个饼图。为了看起来更直观，我们把饼图的数据标签设置成通过百分比的形式展示，同时用"分析—插入切片器"控制时间，如图 4.15 所示。通过这张饼图我们就可以很直观地看出竞品在爆发之前流量来源的变化情况。

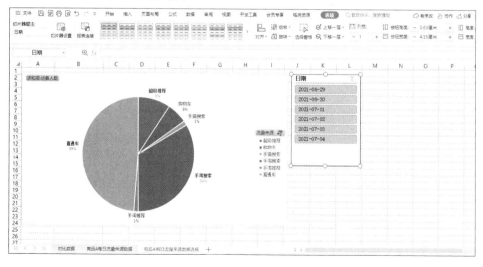

🛒 图 4.15　插入饼图和切片器示例

3．分析竞品平时是怎么维护数据的

关于第二个目的，我们不仅要用到前面提到的几张表格，还要观察竞品每日入店搜索词的数据变化情况，它对于研究竞品的手淘搜索流量大有帮助，如图4.16所示。

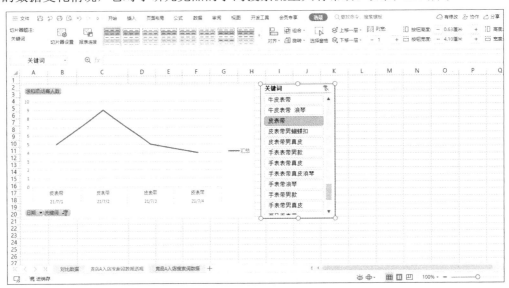

图4.16　竞品每日入店搜索词数据透视示例

4.3.3　超越竞品

我们分析竞品的最终目的是超越竞品，关于如何超越竞品，主要可以参考三个方面，分别是数据量、趋势和增长幅度。数据量是指在数据的量级上超越竞品，比如竞品的坑产是1万元/天，那我们的坑产就要大于1万元/天。趋势是指竞品数据的走势是上升的还是下降的，或者呈现出的周期性和波动性。由于产品本身会经历起步、发展、巅峰、衰退的生命周期，再加上激烈的市场竞争，一款产品能保持平稳的发展态势实属不易，因此只要我们能保证自身产品的数据比竞品的更加稳定，那超越竞品就是迟早的事，而最忌讳的是数据出现"过山车"式的波动。关于增长幅度，如果我们的产品能保持一个持续上升的增长幅度，或者增长幅度比竞品的更大，那么淘宝系统就会认为我们的产品比竞品优质。只要从以上三个方面入手，超越竞品其实并不难，但难的是如何一直保持优势地位。你能学习对方的操作手法，对方也能学习你的操作手法，尤其在数据如此透明的当下，因此只有通过不断学习来增强自身的核心竞争力，才能不被超越。

第 5 章

视觉优化：让视觉成为超级推销员

如果把线下实体店跟线上店铺做一个类比的话，线下实体店的货柜陈列、店铺招牌、海报宣传等元素就像线上店铺的首页、宝贝分类页、主图、详情页等的视觉设计，而线下实体店的导购员就像线上店铺的客服人员。所不同的是，线上店铺的视觉设计扮演着更为重要的角色，由于体验感的缺失，它不仅要传递品牌的美感，还要成为一位超级推销员，把产品推销出去。此外，视频化将成为未来店铺视觉设计发展的重中之重。本章主要介绍主图、详情页和主图视频三个重要方面的内容。

5.1 四步打造超高点击率主图

目前，一款宝贝可以上传 5 张主图，第一张主图尤为重要，它负责把人们吸引进来，其余 4 张主图负责把吸引进来的人转化为客户。在淘宝推出微详情后，5 张主图和主图视频体现出取代详情页的趋势，因此打造一张高点击率主图成为运营人员孜孜以求的目标。

5.1.1 点击率为什么重要

首先，从搜索的角度来看，点击率是影响搜索流量非常重要的一个权重因子，点击率越高代表对宝贝感兴趣的人越多。

其次，从直通车的角度来看，点击率是影响宝贝质量得分的一个重要因素，而质量得分又会影响宝贝最终的点击单价。

最后，从竞争的角度来看，点击率是拉开自己和竞争对手销量差距的关键因素之一。同样的展现，谁的点击率更高，谁的访客数就更多，而访客数最终影响一款宝贝的销量。

5.1.2　如何打造超高点击率主图

很多运营人员没有形成一套系统的方法去打造主图，要么喜欢拿来主义，直接抄袭竞品的创意，要么靠灵感，对各种创意不停地进行尝试，结果点击率还是上不去。接下来，我教大家一套简单、易操作的打造超高点击率主图的方法。

1．分析需求，找出痛点

虽然构成一张图片的要素有很多，比如产品、背景、文案等，但归根结底，这些要素只有反映人们的需求，才能吸引人们去点击图片。说得直白一点，一张图片到底好不好，不是商家说了算，而是客户说了算。因此，挖掘客户的需求，找出需求背后隐藏的痛点，就成为设计一张好图片首先要考虑的问题。从自身店铺出发，我认为分析需求、找出痛点主要有以下几种途径。

（1）产品评价

对于已经有客户评价的产品来说，分析"产品评价"是挖掘客户需求非常有效的一种方法。另外，还可以分析竞品的客户评价，找出客户真正在意的地方，以及我们或竞品做得还不够好的地方。图 5.1 所示为一款车载手机支架的客户评价，从中我们可以看出客户最在意的是产品的稳定性，产品没有噪音、可以调整角度等也是客户比较关心的地方。

图 5.1　通过"产品评价"挖掘客户需求和痛点

（2）问大家

除了"产品评价"，"问大家"是一个搜集客户需求和痛点非常不错的地方，这里集中了大家普遍关心的问题，尤其对于那些还没购买产品的新客户来说，"问大家"具有十分重要的参考价值。图 5.2 所示为一款车载手机支架的"问大家"的内容，从中我们可以看出，适配车型、适配手机、是否会掉等是新客户比较关心的地方。

图 5.2　通过"问大家"挖掘客户需求和痛点

（3）客户回访

我曾经拜访过一家年销售额过亿元的高端家具品牌，该品牌的工作人员每年都要做一次客户回访，通过这种形式不仅增进了品牌与客户之间的感情，还收集了大量客户的真实意见，这些意见对于产品改进、挖掘客户需求和痛点起到了非常重要的作用。

（4）客服沟通

很多客户反馈的问题不一定都会在"产品评价"里展示出来，而跟客户接触最多的是客服人员，因此运营人员跟客服人员沟通就显得尤为重要。通过与客服人员沟通，运营人员能够掌握更多客户反馈问题的细节，从中挖掘出客户的需求和痛点。

（5）亲身体验

有人曾经做过一个实验，让一个正常人体验一天坐轮椅的生活，这样体验者才真切地感受到这个城市的无障碍设施有多么缺乏。同样，如果不从客户的角度亲身体验自家的产品，运营人员很难真正感受到客户的痛点。

2．多看竞品，找出共性

我不提倡纯粹模仿竞品的创意，即便你的创意跟竞品的一模一样，你也很难超越竞品的点击率。但我们可以通过研究竞品的创意做出一张高点击率的主图，尤其是那些销量比较靠前的竞品，它们的主图往往都经过了市场的检验，我们找出其中的共同点，比如产品的展示角度、文案、促销等，这样就能少走弯路。有两种方法可以收集竞品的主图或直通车推广图，一种方法是首先在"生意参谋—市场—市场排行"中选择你的子类目，然后点击"商品"，最后选择"商品排行"中的"高流量"。这里列出了子类目下获取流量比较强的商品排行，如图 5.3 所示。

🛒 图 5.3　通过"市场排行"挖掘优质竞品主图

另一种方法是打开"淘宝精选"的网址，在搜索框里输入相关搜索词，分别在上午 10点、下午 5点、晚上 8点、晚上 10点这几个时间点收集在第一页出现的所有宝贝推广图，然后把里面重复出现次数较多的推广图筛选出来，这些就是我们要参考的高点击率推广图，如图 5.4 所示。

图 5.4　通过"淘宝精选"挖掘优质竞品推广图

接着我们要对这些收集的竞品图片进行拆解和分析，找出其中的共性供我们参考。图 5.5 所示为我常用的一张表格，里面对竞品主图的各种元素进行了详细拆解，包括产品展示角度、背景、构图、文案、促销、模特等，只有做到尽可能详细，在设计的时候才能心中有数。

产品主图	产品链接	无模特								有模特		
		展示角度	背景	构图	文案	促销	是否多角度展示	是否多产品展示	是否是细节图展示	中模还是外模	模特性别年龄	拍摄风格
		45度角	黑色条纹	上产品下文案	主卖点：柔软、防水、不掉皮 次卖点：精选头层牛皮、真皮保障	聚划算 ¥42	否	否	否	—	—	—

图 5.5　通过表格记录和分析竞品主图和推广图

3．两相结合，差异展示

我们要把找出来的客户需求、痛点与优质竞品图片的共性结合起来，设计一张差异化的主图。为什么一定要强调差异化呢？因为只有差异化，产品才能脱颖而出，哪怕是标品，也一定存在有差异的地方。例如，别人强调优惠力度，我就强调赠品；别人强调品质，我就强调服务；别人用纯背景图，我就用模特等。总结起来，比较常见的差异化有以下几种。

（1）展示形式差异化

仔细观察竞品图片的展示形式，如果大部分都是用实物展示的，那么我们就可以尝试引入人物或场景，这样差异化就体现出来了。图 5.6 所示为搜索"洗脸毛巾"一词时出现的几张不同的创意主图，从中我们可以发现，即便是差异化很小的毛巾，也可以从产品摆放角度、背景、模特等方面体现出差异化。

🛒 图 5.6　展示形式差异化示例

（2）色彩差异化

人对色彩的敏感度是很高的，因此在设计主图时，我们可以尝试根据产品自身的颜色，选择对比度强烈的对比色作为背景，或者选择不同的标签和边框颜色实现色彩差异化。图 5.7 所示为利用不同的产品颜色和背景色来营造强烈的视觉冲击效果。

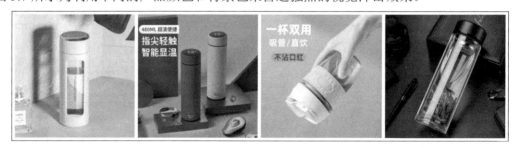

🛒 图 5.7　色彩差异化示例

（3）构图差异化

在设计主图的时候，我们常常碰到产品展示角度受限的情况，这时候我们就要从构图上下功夫。例如，竞品用的是文案在左、产品在右的构图形式，我们就可以反过来把产品放在左边、文案放在右边。此外，比较常见的构图形式还有左右下结构、上下结构、对角线结构等，如图 5.8 所示。

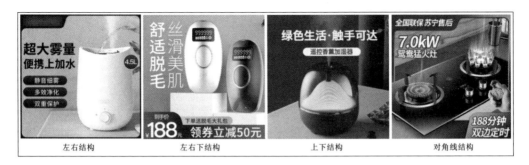

图 5.8　构图差异化示例

（4）卖点差异化

除了以上几种展现形式上的差异化，还有一种非常重要的差异化就是卖点上的差异化。由于每个人的消费心理不同，同样的产品可能触发不一样的消费选择。就拿电动牙刷来说，有的人在意的是销量，有的人在意的是颜值，还有的人在意的是功能等，如图 5.9 所示。因此，我们在展示卖点的时候，一定要有所侧重，不能"眉毛胡子一把抓"，什么卖点都罗列出来，这样反而容易让人们无所适从。

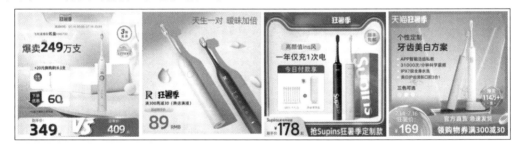

图 5.9　卖点差异化示例

4．测试反馈，优化迭代

一张图片到底好不好，不能靠主观判断，而是应该拿到直通车、引力魔方或万相台等推广工具中去测试才行。此外，一张高点击率图片往往不是一次就成形的，而是在不断迭代中去掉低点击率的影响因子，然后加入高点击率的影响因子，一步步地塑造完成的。关于如何优化迭代，至少有以下三步。

（1）确立目标

在优化迭代之前，对于点击率要达成什么样的目标我们应该做到心里有数。同时，我们应该合理设置目标，有的运营人员为了追求过高的点击率，常常会使用一些"小手段"，比如惊悚的文案、与产品不符的图片、虚假宣传等，这样做虽然点击率上去了，但是转化率极低，最终得不偿失。一张图片的点击率目标定在行业均值的 1.5～2 倍是合理的。我们打开直通车，选择"工具—流量解析"，输入与宝贝相关的关键词，然后点击"流量透视"，就可以看到行业平均的点击率数值，如图 5.10 所示。

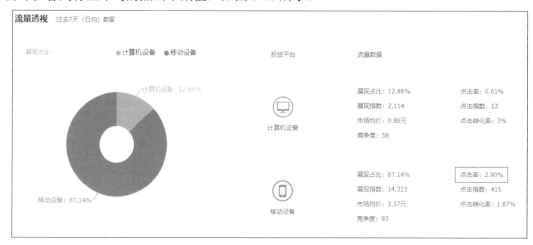

图 5.10　查看行业平均点击率

（2）尝试不同的方向

在做测试的时候，我们尽量去尝试不同的方向，包括产品造型、背景颜色、构图方式、产品卖点等。在预算充足的情况下，我们可以对每个方向分别进行测试。假如你是卖女包的，产品造型可以测试带模特和不带模特，背景颜色可以尝试纯色和对比色，构图方式可以尝试左右、上下，产品卖点可以尝试从皮料、颜值、功能等不同维度入手。需要注意的是，每测试一个方向的时候，尽量确保其他元素相同，这样才能尽可能地排除干扰。如果预算有限的话，每个方向选择一张图片去测试即可。其实，只要做好竞品分析，可以省去很多不必要的测试。

（3）优化组合，不断迭代

当每个方向都测试完成以后，我们就得到了每个方向上的最优解，但我们不可能把这些最优解都放到一张图片上，于是就需要选择性地进行组合，并根据不同组合的数据反馈进行局部调整。我们至少要确保手里有几张高点击率主图，以便被竞争对手抄袭后，可以随时替换。

5.2　掌握高转化详情页的逻辑

前面我们探讨了如何做出一张高点击率的主图，但只有高点击率还不够，我们还需要把引进来的流量进行转化才能真正地提高业绩。有很多运营人员信奉"流量为王"，认为只要流量够了，销量就不成问题。这种观点也不算错误，只是如今获取流量的成本越来越高，我们更应该考虑如何最大限度地利用好流量，这才是可持续发展之道。

谈到转化，现在大家张口闭口都是主图、主图视频和微详情，详情页好像越来越不受重视了。不可否认，随着 5G 时代的到来，视频的重要性正在逐步提升，在 5.3 节中我们会专门探讨主图视频这个话题。但我们仍然需要看到中国三、四线城市及农村地区广阔的下沉市场和巨大的潜在需求，很多地方甚至连 4G 都没有普及，因此在未来很长一段时间，作为普适性最高、应用最广泛的图文，仍将具有不可替代的作用。而以转化为主要目的的详情页，将图文作为主要表达形式，它不仅可以成为更为丰富的信息载体，还可以与主图、主图视频、微详情三者形成互补，从而能够加速转化流量。接下来，我将为大家讲述高转化详情页背后的逻辑，一共分为五个步骤。

5.2.1　挖掘客户痛点

很多运营人员容易把卖点和痛点混淆，认为产品卖点就是客户痛点。其实不然，卖点是商家为了把产品销售出去而设计的利益点，而痛点是客户真正在意的核心需求点，后者往往比前者要重要得多，因为最终买单的是客户。

关于如何挖掘客户的痛点，除了前文讲到的产品评价、问大家、客户回访、客服沟通、亲身体验等，我们还可以多看看竞品的详情页，尤其要把客户体验不好的地方记录下来，因为这些地方极有可能就是客户的痛点所在。

5.2.2　提炼产品卖点

虽然挖掘客户痛点很重要，但提炼产品卖点同样重要，因为满足客户痛点的方式可以无限多，比如为了满足客户除甲醛这个痛点，商家既可以用炭吸附技术，也可以用光触媒技术，还可以用缓释分解技术等。

在提炼产品卖点时，建议分为三步：第一步，头脑风暴，集合产品研发、文案策划、运营、设计、客服等各个岗位的同事，讨论分析产品的卖点可能有哪些，尽可能地打开思路；第二步，分清主次，卖点罗列出来以后，我们要将卖点按照重要程度进行排序，分清楚哪些是主卖点、哪些是次卖点，这对于接下来的详情页策划有非常大的帮助；第三步，对比整理，把前面挖掘出来的客户痛点与罗列出来的产品卖点放在一起进行对比，发现其中的差异之处，为策划详情页时取舍卖点提供参考。图 5.11 所示为某商家在策划一款 LED 灯的详情页时整理的产品卖点和客户痛点。

LED灯	想让客户看到的	1. 原创设计 7. 包安装、包送货 2. 色温可调 8. 售后服务保障 3. 大品牌 9. 光源类型 4. 质量好 10. 优惠活动 5. 安全系数高 11. 颜值 6. 节能环保
	客户想知道的	1. 够不够亮 6. 有没有优惠 2. 售后如何 7. 光源类型 3. 包不包安装 8. 比别人贵在哪儿 4. 瓦数多少 9. 适用范围 5. 选什么尺寸

图 5.11　产品卖点与客户痛点对比示例

5.2.3　策划详情页内容

策划详情页内容相当于设计一栋建筑的主体框架，以及确定每个部分的具体内容，这一步是打造高转化详情页的重中之重。我总结了两种策划高转化详情页内容的方法，供大家参考。

1. 从转化的角度出发

所谓从转化的角度出发，其实就是拆解影响客户转化的过程，这就好比你去逛一家卖服装的实体店，一般都会经历询问需求、推荐产品、讲解卖点、产生兴趣、利益刺激、下单购买、服务保障等过程。同样，客户在线上浏览详情页时也会经历类似的过程，大致可以拆解为五个部分，分别是满足需求、获得信任、优于竞品、服务保障和利益驱动。

（1）满足需求

满足客户需求的过程，实际上就是通过产品卖点去触达客户痛点的过程，但很多商家往往只会简单地罗列产品卖点，结果把详情页变成了冷冰冰的产品说明书。图 5.12 所示的文案描述跟同行比起来没有任何亮点，自然很难吸引客户。如果想要激发客户的购买兴趣，就需要在产品卖点与客户痛点之间搭建一座桥，让客户真正感知到产品给他带来的好处。

我把这个过程分为三步，分别是简化理解、借用认知和利益链接。

🛒 图 5.12　罗列产品卖点示例

- 简化理解。所谓简化理解，就是要用感性而非理性的语言对产品进行描述，因为人在理性的情况下很难产生共鸣，而感性的语言往往能触发人的本能欲望，让人对产品产生好感。比较常用的方法就是从人的视觉、听觉、触觉、味觉、嗅觉五个维度对文案进行转化。比如一款羊毛围巾，它的卖点可能是"柔软亲肤、舒适保暖、时尚配色、潮流百搭"，如果我们用感性的语言进行转换，就可以改成"暖暖的，能感觉到小山羊绒的体温"，经过这么一转换，相信人们对产品的理解就会更容易，而且会更深刻。

- 借用认知。所谓借用认知，就是把产品的卖点跟人们熟悉的事物进行关联。比如你想突出一款挂钩的承重性好，那么不妨尝试把一桶水悬挂在挂钩上，这样人们立马就能感知到挂钩的承重性能。

- 利益链接。无论你的产品多么优秀，你都必须回答一个问题，那就是它对客户而言有什么好处。这就需要我们把卖点往客户痛点上引导，比如能给客户省时间、省钱，产品更好用等。以一款不锈钢水杯来为例，有的人可能会用"304 不锈钢内胆"这样的文案进行描述，但如果转换成"没锈迹、好清洗、干净省事"这样的文案，大家的感觉立马就不一样了，前者只是对卖点的简单陈述，而后者让客户真切感受到了产品能给他带来的好处，高下立判。

（2）获得信任

满足客户需求只是策划高转化详情页内容的基本功，而想让客户真正掏钱买单，就必须建立产品与客户之间的信任感，这是至关重要的一步，也是最难的一步。我们时常能看到几万元的包包、几十万元的美容仪，甚至几百万元、上千万元的房子都能在淘宝上成交，原因就是产品和交易取得了客户的信任。当然，获得客户信任的方法有很多，这里我简单总结几种供大家参考。

- 背书法。产品为什么需要背书呢？或者说，为什么有背书的产品比没有背书的产品更受人们欢迎呢？原因就在于人的内心缺乏安全感，害怕承担风险，包括金钱风险、功能风险、人身风险、社交风险等，而背书就是要打消人们的这些顾虑。比较常用的背书方法有借助权威、借助有影响力的个人或品牌、借助从众心理、借助数据、借助企业实力等。图 5.13 所示为利用从众心理进行背书。

- "恐吓"法。相比追求快乐，人往往更倾向于逃避痛苦。有人做过一个实验，如果投入 100 元，有一半的机会能赚 200 元，但同时有一半的可能亏损 100 元，最后很多人都选择了不投入，原因就在于人想逃避损失所带来的痛苦这种本能。"恐吓"法就是把人们心里想要逃避的痛苦展现出来，比如害怕生病、麻烦、上当等，接着提出解决方案，这样人们对产品的信任感就会立马提升。图 5.14 所示为一款按摩枕的详情页内容截图。

图 5.13　背书法示例

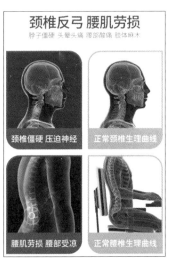

图 5.14　"恐吓"法示例

- 自我说服法。很多时候人会产生"有没有必要买"的疑虑，尤其是面对一些可替代性比较强的产品，这种怀疑的心态会更严重。前面我们讲过人们厌恶损失的心理，我们要从他人兜里掏钱，那人自然是抗拒的，这时候我们就需要说服他，告诉他买这个产品不是为了消费，而是为了投资，不是为了自己享受，而是为了帮助别人脱离某种状态。图 5.15 所示为一款燕窝的详情页截图，这张图表明吃燕窝不是为了自己享受，而是为了宝宝更聪明、为了孩子成长发育、为了投资健康、为了父母精力充沛。

- 稀缺法。俗话说物以稀为贵，越是稀缺的东西，越有人抢着买，价格也就越高。尤其是那些以原产地体现差异性的产品，塑造产品稀缺性这种方法可谓是屡试不爽。图 5.16 所示为一款茶叶的详情页截图，图中的限购声明很好地利用了稀缺性来营造抢购的氛围。

 图 5.15　自我说服法示例

图 5.16　稀缺法示例

- 效果对比法。一款产品好不好，有时候只需要一个简单的对比就能表现得淋漓尽致，比如使用前后的对比、和竞品的对比、升级后的对比等。图 5.17 所示为一款红豆薏米粉的详情页截图，图中的内容很好地展现了产品使用后的减重效果。

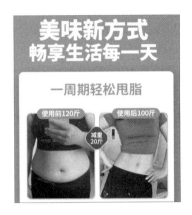

🛒 图 5.17 效果对比法示例

（3）优于竞品

在线上商品同质化日益严重的当下，出现了很多主打精选的电商平台，比如网易严选，它的做法就是严控 SKU（库存量单位），每种类型的商品只提供少数几种选择，帮助人们节省时间和精力。同样，在淘宝的生态环境下，作为商家，如果我们想要在大量同质化的商品中脱颖而出，就必须告诉人们一件事，那就是我们的产品到底比竞品好在哪儿，这也是在帮助人们节省时间。

我认为有两种策略。一种策略是强调"人无我有"，别人没有的，恰好就是我要强调的。图 5.18 所示为一款新上架的冰箱空气净化器，在设计之初，运营人员就想好了要做出竞品没有的功能，加上了一个内置风扇，其实成本增加并不多，但最终取得的效果非常不错。另一种策略是强调"人有我优"。有的行业竞争已经进入白热化阶段，功能方面彼此差异不大，这时候只能告诉人们，我的解决方案比竞品的更优秀。图 5.19 所示为一款除甲醛产品的详情页截图，它要传递的信息就是"我的产品除甲醛效果比活性炭快 100 倍"。在做对比的时候，切记不可以指名道姓，否则会触犯《中华人民共和国广告法》，那就得不偿失了。

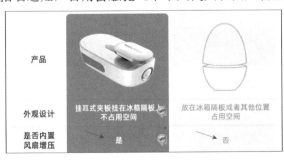

🛒 图 5.18 "人无我有"示例

🛒 图 5.19　"人有我优"示例

（4）服务保障

很多服装店都提供免费改裤脚、无条件退换等售后服务，这其实就是在打消客户购买后的顾虑。同样，在淘宝上为客户提供相应的服务保障也是十分重要的。对有些类目来说，服务保障可能成为一个相当重要的卖点，比如家具家装类目，如果商家不能提供送货上门和安装服务，那么人们压根不会考虑购买。除此以外，服务保障也是拉开自己产品与竞品之间差距的一个撒手锏。如果同一类产品，大部分商家只能提供 7 天无理由退换货服务，而你能提供 30 天无理由退换货服务，那么人们选择你的产品的概率就会更大。图 5.20 所示为一款冰箱空气净化器的服务保障承诺，这个承诺很好地打消了第一次接触这类产品的客户购买后的顾虑。

（5）利益驱动

大家有没有想过，为什么你的产品比竞品好，但转化率就是比人家的低，其中很可能就是你没有做好利益驱动。为什么大主播们很喜欢在直播间里发红包，甚至发的金额还不少，他们其实是在利用人的互惠心理。你还没买东西，我就给你发红包，如果你恰好也有需求，是不是就买了？因此，即使再好的东西，如果不懂得利益驱动，也很难卖得好。图 5.21 所示为一款脱毛仪的详情页截图，这张图放在详情页顶端比较显眼的位置，让人一开始就有占便宜的感觉，这样人们才会往下看。

🛒 图 5.20　服务保障示例　　　　🛒 图 5.21　利益驱动示例

2．从竞品的角度出发

前面讲了策划详情页内容可以从转化的角度出发，除此之外，我们还可以从竞品的角度出发，尤其对于新手或人员配置不全的商家来说，模仿是超越的开始。做得出色的商家的详情页，往往都经过了大量的策划和测试，也经过了市场的验证，转化率在行业内属于比较靠前的位置，这时候如果我们懂得借鉴的话，无疑可以省去很多不必要的尝试、节省不少成本。

首先，找到你的产品所属子类目下销量最好的 5～10 款产品，然后按综合排序找到跟你的产品价格相似的 5～10 款竞品；接着，把这些产品的详情页图片按照手机浏览习惯一屏一屏地截图下来；最后用表格进行整理。通过这份表格我们首先可以分析提炼出每款竞品详情页的内在逻辑，以及每张图片的展现手法；然后，我们要对收集的所有图片进行取舍，弄清楚哪些能为我所用、哪些需要舍弃；最后，根据产品自身的特点形成完整的详情页内容，如图 5.22 所示。

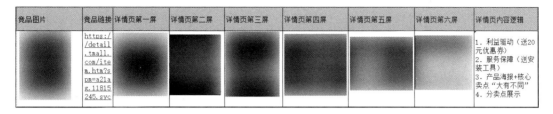

竞品图片	竞品链接	详情页第一屏	详情页第二屏	详情页第三屏	详情页第四屏	详情页第五屏	详情页第六屏	详情页内容逻辑
	https://detail.tmall.com/item.htm?spm=a21ag.11815245.svc							1. 利益驱动（送20元优惠券） 2. 服务保障（送安装工具） 3. 产品海报+核心卖点"大有不同" 4. 分卖点展示

🛒 图 5.22　竞品详情页内容收集示例

5.2.4　理顺详情页排序

无论是从转化的角度出发还是从竞品的角度出发，策划详情页的内容，我们都需要对已经策划好的内容进行取舍，毕竟人们的注意力是有限的，如果详情页的内容太长，可能很多人还没有看完就流失掉了。那么，取舍的标准是什么呢？我认为大体的原则是留下人们关注、对转化有帮助、可以区分竞品的内容，而要舍弃那些重复、已经是人们共识、对转化帮助不大的内容。具体应该如何理顺详情页排序呢？我们可以尝试按照标品、非标品和新品进行操作。

标品是那些有着统一的市场标准、很难做出个性化的商品，如手机钢化膜、空气净化器、充电宝等都属于标品。标品可以考虑直接用淘宝提供的行业模板进行详情页排序，因为这些模板都是淘宝经过大数据分析后总结提炼出来的，商家直接套用可以省时省力，如图 5.23 所示。

🛒 图 5.23　按照行业模板进行详情页排序

非标品和标品正好相反，它是非常个性化的一类商品，女装、女鞋等都属于非标品。非标品的详情页建议按照客户的关注度进行降序排序。很多人可能问：我怎么知道客户到底关注什么、不关注什么呢？这就要回到我们前面说过的，从产品评价、问大家、客户反馈、客服沟通中去找到客户真正关注的地方。需要注意的是，收集的数据量一定要足够大，才不会以偏概全。

之所以要把新品单独拎出来说，是因为新品还没有收到客户的反馈，我们很难按照前文的逻辑进行详情页排序，这时候 AIDMA 法则就派上用场了。AIDMA 法则是消费者行为学领域很成熟的理论之一，该理论认为消费者从接触信息到最终购买会经历五个环节，分别是 A（Attention，引起注意）、I（Interest，引起兴趣）、D（Desire，唤起欲望）、M（Memory，留下记忆）、A（Action，购买行动）。

常用的引起消费者注意的有活动信息、商品卖点、消费者痛点、商品的差异化优势等，常用的引起消费者兴趣的有商品基本信息、商品测试、商品特点、竞品对比等，常用的唤起消费者欲望的有商家承诺、专业度体现、消费者评价等，常用的强化消费者记忆的有品牌内容、企业实力、荣誉证书、人物代言等，而常用的促使消费者采取购买行动的有服务保障、利益驱动、促销活动、营造紧迫感等，如图 5.24 所示。

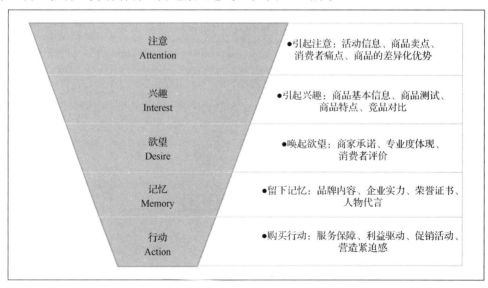

图 5.24　AIDMA 法则示意图

5.2.5　优化详情页呈现

我们还需要对详情页的视觉呈现做进一步规范，为人们营造一个良好的视觉体验。详情页的视觉呈现虽然是美工应该做的工作，但运营人员也要略知一二，否则就很难做到与美工同频。

首先，我们要明确一点，那就是你的详情页是给谁看的。这一点非常重要，因为不同的客户，他偏好的风格、场景、模特等都是不一样的。假如你是卖儿童玩具的，那么你的页面风格就要设计得偏卡通一点，孩子才会喜欢；假如你是卖水果的，那么拍一些真实的果园图片，再配上感人的故事，就能极大地提高产品的转化率，如图 5.25 所示。

🛒 图 5.25　详情页视觉呈现示例

其次，我们要对设计语言进行规范，这里的规范主要包含以下三个方面。一是字体的使用规范，要明确规定和统一中文、英文、数字所使用的字体。为了保证页面的整体感强，页面所使用的字体最好不要超过 3 种，还有对主标题、副标题、正文的字号、字间距、行间距等也要做相应的规定。二是色彩的使用规范，要明确主色调、对比色、辅助色、强调色的 RGB 码，不可随意使用色彩。重点内容与背景图颜色的对比度要高，这样才能突出重点，还要符合品牌设计或品牌理念。三是逻辑表现的使用规范。在呈现详情页内容的时候，用序列号明确前后关系，这样能很好地引导人们往下浏览。

最后，详情页的视觉呈现需要在做的过程中不断地归纳和总结，同时要随着你的消费群体的偏好不断地进化。打个比方，假设一家女装店铺 10 年前走的是可爱路线，大部分业绩靠的是回头客，10 年后这帮用户中的很多人可能都结婚生子了，这时候如果店铺风格包括产品不做一些调整的话，就很难留住这些老客户。

5.3 卖货主图视频的规划思路

按说，主图视频应该放到内容模块去讲，但它被放在第一张主图的前面，是将它作为人们浏览主图和详情页之前的第一道关口，它对人们的购买转化至关重要。另外，主图视频还是获取淘宝公域流量的一个重要窗口，在手淘首页的"猜你喜欢"模块里已经渗透了很多商品的主图视频，Wi-Fi 环境下商品的主图视频可自动播放（无声音）。经过数据验证，单个商品有主图视频的点击率比单纯图片的点击率要高出约 3%。如果把优质的主图视频投放到淘宝的其他内容渠道，还可以获取更多的公域流量。

作为运营人员，即使你没有亲自去拍摄与制作视频，但起码要有清晰的主图视频规划思路。在我看来，主图视频除了可以很好地展示商品，它更重要的一个作用就是提升人们的购物欲望，促使人们下单购买。那么到底该如何规划一个能卖货的主图视频呢？我认为至少要包含以下三个方面的内容。

5.3.1 主图视频的基本要求

在规划主图视频之前，对于主图视频有哪些基本要求，我们一定要心里有数，这样才能少走弯路。

① 主图视频的比例采用 1：1、16：9 或 3：4 都可以，建议采用 3：4 的竖版视频，这样客户的观看体验更好，这也是淘宝官方极力推荐的视频比例。

② 主图视频的时长要控制在 60 秒以内。根据大数据反馈，30～35 秒的主图视频效果最佳。

③ 主图视频的分辨率要在 720P 以上，推荐使用 720px×960px 的分辨率，这样既能保证视频的清晰度，又能让视频看起来流畅。

④ 主图视频的格式不限，但 mp4 的视频格式更方便上传和后台转码。

⑤ 有的商家为了省事，主图视频采用电子相册的展示方式，建议最好采用真正的视频展示方式，毕竟视频给人们带来的信息量和冲击力是图片无法比拟的。

5.3.2　主图视频的策划构思

对主图视频进行策划构思，就好比在构思一栋建筑的蓝图，它让我们不至于迷失方向。主图视频的策划构思可以从两个方向入手。一个是从目标的维度出发，转化客户是主图视频非常重要的一个目标。针对精准客户，主图视频要通过展示卖点、价值、附加值、差异化竞争力等，提升客户的购买转化；针对潜在客户，主图视频要善于挖掘他们的隐性需求。另一个是从数据的维度出发，我们可以将提高主图视频的观看数据作为策划方向，可以查看它的人均观看时长，在"生意参谋—内容—头图视频"中选择"单条效果"，然后点击一个主图视频的"详情"进行查看，就可以看到它的各项数据，包括播放人数、播放次数、人均观看时长，以及商品的转化效果，如图 5.26、图 5.27 所示。

图 5.26　生意参谋—内容—头图视频—单条效果—详情

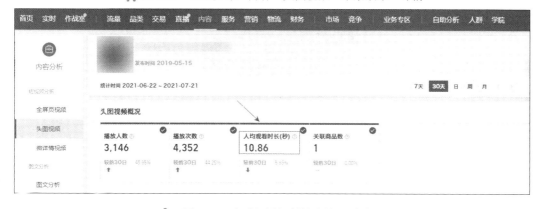

图 5.27　查看主图视频的人均观看时长

5.3.3　主图视频的内容规划

方向有了，但对于不同的产品类型，主图视频的内容规划有所不同。针对标品，主图视频的内容规划要达到四个目的。一是提升客户的欲望，通过全方位呈现商品的功能、材质、工艺、细节、外观等，让客户迅速对商品有一个立体直观的了解。二是挖掘客户的需求，客户的需求往往有显性需求和隐性需求之分，比如一件羽绒服，客户的显性需求是保暖，但他的隐性需求可能是时尚、显瘦等，因此我们要通过视频把客户的隐性需求挖掘出来。三是获得客户的认同，这跟我们在详情页里讲的有关获得客户信任的内容有相似之处，要想获得客户的认同，我们必须把客户真正关心的内容用他们听得懂的语言或场景表达出来。图5.28所示为一款烤箱的主图视频截图，它通过一幕幕让人垂涎欲滴的美食场景，让客户产生了立马想拥有的冲动。四是打消客户的顾虑，这一步也被看成是影响最终转化的"临门一脚"。很多时候客户觉得产品不错，但就是不下单，原因可能就在于他们对商品有所顾虑，这种顾虑可能是商品的售后保障，也可能是商品的保值、增值等，我们一定要仔细分析和揣摩。

🛒　图5.28　主图视频获得客户认同示例

针对非标品，主图视频的内容规划除了要达到以上四个目的，还可以灵活添加商品评测、安装使用说明、消费体验等内容，这样才能让人们对商品有一个全面的了解，从而打消他们的顾虑，最终促使他们购买。

第6章

玩转营销：好酒也怕巷子深

优秀的运营人员不仅要懂得怎么做好店铺工作，还要懂得如何通过营销把好的产品推介给大家。营销就好像是一个放大镜，它能把店铺的内在能力无限放大。在过去十几年间，淘宝的营销玩法大致经历了以下几个阶段。

第一个阶段以活动营销为主，时间大概是 2013 年以前，那个时候除了"6·18""双11"等平台级的大促活动，还有聚划算、淘抢购、天天特价等渠道促销活动，商家只要能参加这些活动，再加上一定的优惠折扣，基本上就能让产品销量上一个台阶。

第二个阶段，内容营销开始崭露头角。2013 年淘宝推出了微淘，微淘其实就是商家自运营的一个内容社区，但微淘一直发展得不温不火。后来淘宝又推出了淘宝直播、淘宝头条、有好货、必买清单、每日好店等形式的内容版块，其中只有淘宝直播脱颖而出，成为商家非常重要的一个流量收割渠道。

第三个阶段，内容营销被提到相当高的战略位置。随着抖音、快手、小红书等社交媒体进军网购领域，谁能抢占用户更多的时间，谁就能拥有更大的成交机会，因此内容成了淘宝抢占市场份额的重要赛道。从 2020 年下半年开始，淘宝对内容版块进行了一次大刀阔斧的升级，把"猜你喜欢"移到了手淘 App 首页的第一屏，"微淘"升级成了"订阅"，"洋淘"买家秀社区升级成了"逛逛"。这次升级绝不是换个"马甲"这么简单，而是从底层逻辑上理顺了商家未来内容营销的方法，"订阅"将成为商家运营私域流量的重要平台，"逛逛"将成为商家内容宣传的重要平台，"淘宝直播"将成为商家收割流量的平台，而"热浪引擎的 V 任务"将成为商家对接达人的平台。

对于商家来说，无论是活动营销还是内容营销，它们都是商家必须掌握和发力的地方，因为两者的最终目标都是转化，只不过一个是直接转化，一个是间接转化。

6.1　内容营销

目前，淘宝提供的内容产品的形态有很多，同时这些内容产品也在不断地更新和淘汰，比如之前被寄予厚望的淘宝头条、必买清单等内容版块已经下线，但下面几个内容版块不仅没有被取代，反而越来越受重视。

6.1.1　订阅（原微淘）

2020 年 11 月 30 日，"微淘"升级为"订阅"。大家都知道，微淘是商家运营私域流量的地方。以前，很多商家可能只是发些上新、买家秀等，对微淘的流量并不重视，而升级后的订阅，它跟手淘首页的"推荐"版块是放在一起的，可见订阅的战略定位是相当高的，如图 6.1 所示。未来随着淘宝流量达到天花板，商家只有将自己的"一亩三分地"运营好，才能不被淘汰出局。

图 6.1　订阅在手淘 App 的展现位置

1．订阅给商家带来哪些价值

既然订阅被提升到如此重要的位置，那么它能给商家带来哪些价值呢？我认为主要有以下三点。

（1）提升粉丝或会员的触达和转化能力

首先，积累粉丝后，商家可以在订阅中通过以下三个主要地方触达粉丝或会员，即"我的淘宝—订阅店铺""订阅—常访问的店铺""订阅—最新动态"，如图 6.2 所示。

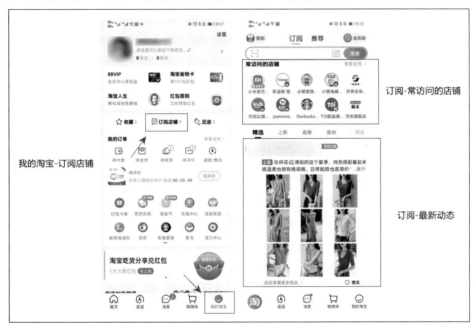

图 6.2　订阅触达粉丝或会员的三个主要地方

其次，升级后的订阅会根据客户与店铺活跃度进行粉丝分层，这里的店铺活跃度行为包括搜索店铺、访问店铺、商品浏览/加购/收藏/购买、订阅店铺动态、观看店铺直播、阅读店铺消息、领取店铺粉丝/会员权益等。客户在浏览订阅时，可以在动态卡片的右上角看到他与店铺之间的关系，比如"亲密粉""会员""星标订阅"等，通过这样精细化的粉丝分层，商家的优质客户关系在订阅中会获得更强触达，带来的是更高的进店效率，如图 6.3 所示。

最后，通过订阅商家可以给粉丝或会员推送专享优惠券，从而提升投产比，如图 6.4 所示。

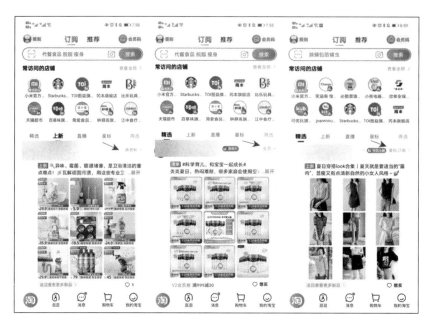

图 6.3　粉丝与店铺的关系示例

图 6.4　粉丝或会员专享优惠券

（2）提升商家的自运营效能

既然订阅是商家运营粉丝、会员的主阵地，目前为商家提供了以下四种玩法，分别是货品动态、导购内容、互动玩法、人群权益，如图 6.5 所示。打开千牛工作台，选择"内容运营中心"，商家就可以进入订阅的发布端后台，如图 6.6 所示。

图 6.5　订阅的几种主要玩法

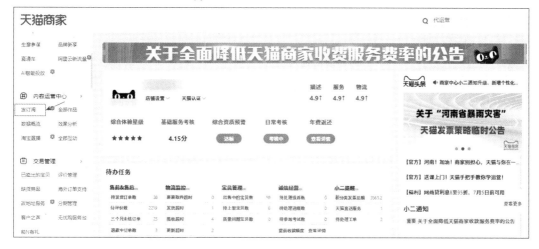

图 6.6　订阅发布端后台入口

（3）沉淀粉丝关系和内容资产

商家通过运营订阅，除了可以提升粉丝或会员的触达和转化能力，还可以帮助商家沉淀粉丝关系和内容资产。在店铺端，以前的"微淘动态"升级为"店铺动态"，人们在这里不仅可以看到店铺的上新、活动、资讯等内容，还可以领取专属的优惠券，如图6.7所示。

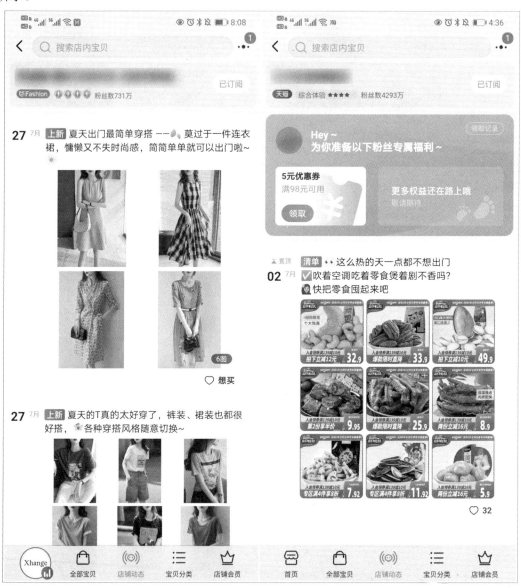

图 6.7　店铺动态

2．订阅的几种主要玩法

前面已经提到订阅目前主要有四种玩法，分别是货品动态、导购内容、互动玩法、人群权益，接下来一一介绍。

（1）货品动态

货品动态包含多品上新、多品预上新、新品买赠、新品首发、清单、爆品买赠，如图 6.8 所示。当你想要推广多款新品时，可以选择多品上新。当你需要进行新品预告时，可以选择多品预上新。新品买赠是一种特殊玩法，尤其适合美妆类目。如果你想要发布年度重量级新品，那么不妨选择新品首发。当你想要以主题形式发布多款商品时，可以选择清单。当你想要针对店铺某个爆款进行促销时，可以选择爆品买赠。这里需要注意多品上新和新品买赠中所说的新品是指最近 15 天已经上架并开售的宝贝，而多品预上新和新品首发中的新品是指最近 15 天已经上架但即将开售的宝贝，需要商家手动选择开售日期。

图 6.8　货品动态

（2）导购内容

导购内容包含图文搭配、视频搭配、买家秀、直播预告，如图 6.9 所示。图文搭配和视频搭配比较适合服饰、家装等类目的商家使用，能够帮助粉丝建立对货品的认知。买家秀其实是商家将优质的买家进行二次推广的一种内容形式，通过买家秀的内容，可以让粉丝对商品有一个更加真实的了解。直播预告是订阅与直播联动的核心玩法之一，当我们直播时，可以将直播时间、主题、宝贝利益点等信息在订阅中推送，引导粉丝进入直播间观看。

🛒 图6.9 导购内容

（3）互动玩法

目前，互动玩法包含店铺派样和活动清单，如图6.10所示，其他像盖楼、抽签等互动玩法正在接入中。店铺派样尤其适合食品、美妆等类目的商家使用，可以起到聚集人气和活跃粉丝的作用。活动清单支持商家将一批活动商品聚集起来进行展示，并且支持二次编辑价格、总结活动商家利益点和宝贝主图修改。

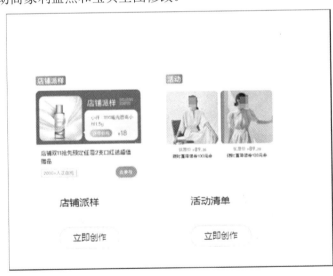

🛒 图6.10 互动玩法

（4）人群权益

人群权益包含会员大额券、会员优先购、会员专享礼、会员买赠、会员专享券、粉丝入会礼、粉丝专享券，如图 6.11 所示。会员大额券是周三会员日的核心权益，属于店铺优惠券。会员优先购是面向店铺会员提供的专属商品提前购或限定购买的功能，比较适合服装、美妆等类目。会员专享礼是面向店铺会员提供的专享货品的一分钱购买权益，比较适合美妆、洗护等类目。会员买赠是面向店铺会员提供的针对自选商品加送赠品的功能，比较适合美妆、洗护、母婴等类目。会员专享券在订阅中只对会员进行展示，会员专享券的玩法主要有两种，一种是在每周或每月的固定时间发放一定数量的优惠券，促进会员周期性回访，另一种是针对不同等级的会员配置不同的会员权益，提升会员主动升级的意愿。粉丝入会礼是商家招募会员时给予的入会礼包。粉丝专享券支持商家对粉丝进行精细化投放，可选人群包含全部粉丝、新粉、亲密粉、活跃粉、沉默粉。

图 6.11　人群权益

每种玩法具体如何操作，在订阅发布端后台都有详细的示例。

6.1.2　逛逛（原买家秀社区）

如果说订阅是商家运营粉丝、会员的私域平台，那么由买家秀社区升级而来的逛逛就是未来商家吸引公域流量进行内容宣传的新阵地。图 6.12 所示为逛逛的展示入口。

图 6.12　逛逛展示入口

在我看来，逛逛有三个升级的地方：一是回归内容价值，从以前追求购物金额到如今追求内容的消费时长；二是强化用户心智，之前的微淘既有商家自运营的内容又有达人或机构宣传的内容，让人感觉十分混乱，而这次将订阅和逛逛分开，订阅专注私域运营，逛逛则注重内容宣传，明确了用户心智，强化了粉丝价值；三是遵循内容人性，改变过去以商品为核心的导购效率，更注重以人为核心的内容效率。

我们可以把升级后的逛逛看成是"小红书+抖音+淘宝"的集合体。在这里，无论是商家、达人，还是客户，都可以成为内容的发布者，更多地建立基于人的信任关系，帮助客户选择最适合自己的生活方式和潮流趋势。

1. 商家参与逛逛的三种方式

目前，商家参与逛逛的方式主要有以下三种。

（1）商家自营创作内容发逛逛

跟之前微淘不同，现在逛逛的展现和推荐机制以内容论高低，谁的内容更受欢迎，谁就能获得新的流量和机遇。因此，对于本身具备一定内容生产能力的商家来说，要好好利用在逛逛自营创作内容的优势。

目前，商家发布逛逛内容主要有两个入口：一个入口是手机端发布，商家用店铺主账号登录手淘 App，首先点击逛逛，然后点击相机，即可发布内容，如图 6.13 所示；另一个入口是 PC 端，逛逛的 PC 端发布入口已从原来的"创作者平台"迁移至"光合平台"，如图 6.14 所示，商家登录后，选择"创作者服务"，点击"发布作品"，选择视频或图文入口，可直接发布逛逛内容，通过审核即可在逛逛推荐流透出。

图 6.13 手机端发布逛逛内容

🛒 图 6.14　PC 端发布逛逛内容

如果商家想在发布的内容中添加自家宝贝链接，那么就需要开通高级发布权限。登录光合平台，点击左侧栏的"账号管理—权限开通"，选择开通"店铺橱窗/宝贝推广"就可以了，如图 6.15 所示。目前需要满足店铺关注粉丝数≥1000、精选内容≥10 篇。

🛒 图 6.15　开通商品推广权限

（2）商家运营用户发逛逛

目前，用户在淘宝逛逛上发布内容，可以附上已购商品的链接，发布路径主要有三种：第一种是直接在逛逛频道发布，如图 6.16 所示；第二种是在"我的淘宝—待评价"中，选择已购商品，发布逛逛，如图 6.17 所示；第三种是商家使用"逛逛商家话题"工具自建话题，宣导买家参与话题，在逛逛发布买家秀内容。操作方法是在千牛后台搜索"买家秀"，进入买家秀后台，选择"逛逛商家话题"，点击"创建活动"，接着按照要求填写活动信息即可，如图 6.18 所示。

🛒 图 6.16　用户在逛逛频道发布内容

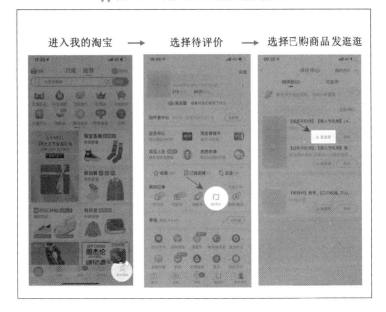

🛒 图 6.17　用户在评价中心发逛逛

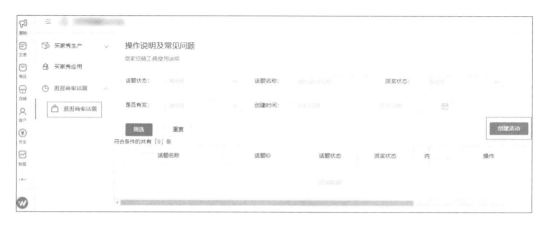

图 6.18　商家自建话题

（3）商家合作达人发逛逛

商家还可以选择跟内容达人合作运营逛逛，毕竟术业有专攻，目前有两种方式。一种是商家购买达人内容，商家既可以通过热浪引擎平台选择达人进行合作，也可以通过光合平台选择达人进行合作。后者的操作方法是商家首先在光合平台选择"商家内容营销"，然后点击"达人合作"，进入"逛逛创作者广场"以后，根据自身需求选择达人进行合作即可，如图 6.19 所示。另一种是达人主动找商家合作，逻辑跟淘客一样，商家只需在淘宝客后台的"营销计划"中设置好佣金即可。逛逛有一个精选商品池，通过系统自动圈选商品，人工无法干预，凡是进入精品池的商品，达人都可以选择推广。具体步骤是达人在光合平台选择"商家内容营销—商品推广"，接下来就可以看到精品池的规则模型圈选，如图 6.20所示。

图 6.19　商家在光合平台选择达人进行合作

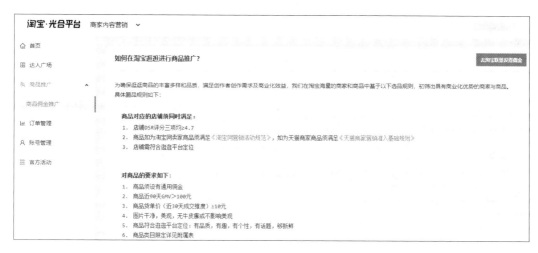

图 6.20　逛逛商品推广精品池的规则模型圈选

2. 逛逛内容的审核标准

我将从内容定位、审核基础原则、审核流程三个维度讲解逛逛内容的审核标准。

（1）内容定位

逛逛的初衷是希望内容创作者能够分享真实的购买体验、有用的生活经验、有趣的生活方式、新奇潮流的好物或体验，引导用户进行内容消费，从而满足用户随便逛逛、决策、感受美好生活等需求，因此内容就要有用、有趣、新奇潮流。

（2）审核基础原则

逛逛对内容的审核基础原则，可以概括为几个关键词，那就是美好（好看）、靠谱实用（有用）、真实原创（人格化），详细内容如图 6.21 所示。

维度	定义	细则
原创	鼓励个人原创内容	
真实正向	鼓励真人出境或讲解，鼓励账号保持统一，提倡记录美好生活，表达真实的自己	1. 账号出境人物/人声/家居场景/宠物等主体，保持为统一主体； 2. 发布内容为真实生活场景
优质	文案丰富度、拍摄美观度/完整度、内容价值、风格等层面的优质程度	1. 画质清晰美观、构图合理、完整度高； 2. 鼓励内容信息量丰富、有用有价值； 3. 鼓励有个人风格、有特点、有趣的内容； 4. 鼓励时效性强、有观点、有主题的内容； 5. 建议减少拼接网络图片/商家图片、粗劣特效、无实质性内容的作品
视频特征规则	视频类内容特别"鼓励"特征	1. 画质清晰不抖动、构图合理、丰富度高（鼓励15s以上）； 2. 有明确主题，有特色的内容，内容丰富度较高，实用性强，包含但不限于微录、评测分享、好物分享、烹饪过程、经验教程等

图 6.21　逛逛内容审核基础原则

（3）审核流程

目前，逛逛内容在正式发布前一般会经过三次机器审核：一审，去劣，也就是去掉违规、劣质的内容；二审，择优，也就是选择基本符合平台调性的内容；三审，定调，也就是将符合平台定位的内容收录进逛逛的特色内容池。

现实中很多商家连一审都通过不了，原因就在于没有掌握逛逛的审核机制和标准。在这里特别强调逛逛不等于微淘，请商家一定要分享自己真实的生活和感悟，而不要冷冰冰地卖货、上新、剧透，更不要把直播的切片直接发出来，可以把逛逛当成红人或店主的小红书、朋友圈去运营，具体细则请参见图 6.22 和图 6.23 中的内容。

维度	细则	举例
安全规则	以集团安全规则为准	
广告规则	账号信息 1. 头像包含二维码、店铺名、联系方式； 2. 昵称包含联系方式，如手机号/微信号等，包含店铺信息，如淘宝店铺名、微信店名等； 3. 个人简介包含联系方式，如手机号/微信号等	1. 头像为"×××家居店"logo； 2. "娜娜 13559678716" "美妆+v12356"； 3. "宅家居旗舰店" "咘咘手工店"； 4. 品牌logo可以，如NIKE的logo
	内容 1. 不可出现联系方式、微信号、二维码、链接、地址等元素，或引导主页、评论等查看联系方式的相关话语； 2. 不可出现优惠券红包、站外平台导流等招揽信息； 3. 不可以抽奖、送红包等形式引导用户点赞、关注等； 4. 可植入性提及品牌，一般为知名品牌，不能为虚假广告； 5. 不可出现第三方平台水印（手机/时间水印可以）	1. "购买可加v13215"； 2. 风格女装、可走咸、+联系方式等； 3. "需要私我" "懂得来"； 4. "240克棉彩明信片×4豆本折页×1，149mm×149mm 44p 数码印刷 封面120g 内页115g"
无意义规则	文案 1. 文案为乱码或表达混乱无主题的无意义内容（好评模板，广告型文案）； 2. 文案与图片不符/视频不符； 3. 文案与商品不符 图片 1. 图片为表情包、网图等无意义图片； ——表情包情况分类 1）用户发布的内容都是表情包——判断无意义 2）用户发布≥2张图片，只有1张是表情包（非封面），其他质量都很好，表情包甚至还点题——可过 3）用户发布≥2张图片，只有1张是表情包（表情包是封面） ——判断无意义 2. 图片与商品不符 视频 1. 全黑/白屏/完全看不清楚； 2. 视频不足5s； 3. 视频与商品不相符	1. "wefwe wfwe wef" "赛后怕我饿抚平我后" "这是一个好评模板，好评好评好评，点开截图保存，微信识别扫一扫，试试吧，不多了哦，iu同款 咸鱼出"； 2. 黑图、表情包、明星图、购物车截图、网图、商家图、广告图、咸鱼转手图等内容类型

🛒 图 6.22　不符合要求的内容细则一

维度	细则
评价感	带有评价特有语言，比如"评价、买家秀、好评、物流、客服、差评、商家、服务、快递、送货、店铺"
非原创	不可搬运、盗用站内外他人内容（包括明显网图、商家图、他人内容）
虚假	不可对商品、产品或服务等进行效果的夸张、夸大虚假营销
图片基础审美	1. 不允许展示的内容，比如恶心、低俗不雅等； 2. 不允许妆容怪异、畸形修图、骇人伤痕，长相要符合大众审美，长相正常，情绪正常； 3. 马赛克与马赛克挡脸（有马赛克，马赛克涂得六亲不认，整体不美观，马赛克涂得没有一点点防备，突然的一坨，都不过）； 4. 背景杂乱，背景难看； 5. 构图不合理，包括主体不突出，歪斜严重，倒图； 6. 贴纸，贴纸过分挡脸（无不和谐挡脸贴纸，可以有装饰性贴纸）； 7. 光线昏暗（夜景情况特殊对待）； 8. 清晰度不好，模糊，看不清； 9. 边框超出1/2，分不清主体
视频基础审美	1. 首帧黑屏、白屏且非特别制作的黑屏大字主体内容； 2. 出镜人物妆容怪异、畸形修图、骇人伤痕，长相要符合大众审美； 3. 抖动剧烈，看了头晕； 4. 视频背景非常凌乱，脏乱； 5. 背景音嘈杂，甚至刺耳； 6. 不和谐的贴纸挡脸； 7. 像素很差、很糊； 8. 光线昏暗； 9. 边框超出内容1/2，使用的很不恰当； 10. 直播切片不要

图 6.23　不符合要求的内容细则二

3．逛逛内容的创作方向

接下来，我将从账号定位和内容创作两方面阐述逛逛内容的创作方向。

（1）账号定位

首先，定位专一，垂直领域深耕。

- 账号定位要专一，找准自己擅长的领域，通过内容分享向用户传递价值，越垂直越有心智，领域跨度不要太大，切忌杂而全。
- 粉丝不是越多越好，而是越精准越好，精准的粉丝要靠垂直的优质内容吸引、转化。
- 内容范畴可以在本领域外有一些延伸，比如家居博主也可以分享美食、旅行、穿搭等，但必须控制好比例，建议占比不超过 30%。

其次，风格统一，个性鲜明。

- 内容形式要相对固定，明确是主打短视频还是图文，设计好主打内容的占比和更新频率。

- 内容结构和版式要统一，让人第一眼就有记忆点，统一的首图/首帧能不断地加深记忆。另外，可以通过一致的语言或构图在视频的开篇和结尾统一风格，也可以通过视频的拍摄手法（一镜到底或多镜头剪辑、真人出镜或旁白录制）确定风格。

- 表现方式要体现个性，可以通过图片/画面色调、语言风格、文案风格等突出个性。图片色调可以是冷色调也可以是暖色调，凸显高冷或可爱；文案/视频语言风格可以是叙事风也可以是搞怪风，但一定要有内容的调性和不同于他人的个性，风格一旦确定就不要轻易改变。

最后，人设要真实，最好以第一人称视角分享。

通过博主真人出镜或画外音解说的方式，以博主本人的第一视角和粉丝进行真实、生活化的分享。成功的人设塑造能够让内容的表现力更上一个台阶，同时易于拉近与粉丝的距离，增强互动。而人设的塑造，最关键的是要突出展示不同领域博主自身的优势，举例如下。

- 颜值：美妆、时尚穿搭类博主。

- 身材气质：家居、运动类博主。

- 技能才艺：适合所有领域。

- 镜头表现力：美食、3C 数码类博主。

（2）内容创作

首先，确定选题和主题设计。

确定了垂直领域和表现风格后，需要找到合适的选题切入，并围绕选题展开多样化的主题设计。一条选题主线+围绕这条主线展开的多条主题设计的分支，这样就能保证内容垂直但不单调、丰富但不杂乱。

- 选题主线内容必须有绝对的占比（超过 60%），是长期固定的项目，可以穿插副线，但要控制好比例和频次，不要喧宾夺主。

- 围绕主线进行多样化的主题设计，可以根据节日、热点话题等设计主题，也可以围绕单个主题做成系列合辑。

其次，有价值的内容分享，言之有物。

逛逛平台鼓励创作者发布有价值的内容，这里所谓的"价值"，可以是有用的干货知识，也可以是能引起情感共鸣的某种生活方式、态度或见解，传递正能量和美感，总之要言之有物，拒绝空洞无意义的内容。

- 知识/经验分享，如装修指南、旅行攻略、数码/电器评测等。
- 过程/效果展示，如美食教程、美妆教程、搭配教程等。
- 体验式分享，有代入感，如旅行路途分享、各种项目/产品亲身试用体验。
- 故事性内容，描述和展现真实的生活场景、故事情节和片段。
- 分享生活方式，传递美感，如摄影作品、旅途见闻等。

最后，关注热点和话题，吸引互动。

热点分为可预见的和机动爆发的，对于可预见的节日型热点要提前做好内容规划，对于机动爆发的热点事件、社会话题，要做到有选择的、及时的内容关联创作。

- 策划全年节日主题内容和话题，以季度为单位，提前做好规划，关键节点提前发布超强干货内容，匹配用户刚需（比如国庆旅行特辑，整理你熟悉的城市旅行攻略）。
- 关注社会热点事件、热门话题，做相应的内容关联创作，但一定要有选择性，要有正能量的热点。
- 积极参与官方话题活动。

6.1.3　淘宝直播

2016 年，淘宝直播正式上线，网购全面进入直播购物的时代。数据显示，2019 年"双11"淘宝直播带货近 200 亿元，而 2020 年淘宝直播年货节期间，每天就有近 10 万场直播，到了 2021 年，作为淘系内容战略中的一环，淘宝直播更是被提升到前所未有的重要地位，同时是市面上各种直播平台中获取公域流量最多和转化效率最高的。对于商家来说，淘宝直播带来的不仅是销量的提升，还拉近了商家与用户之间的距离。由于淘宝直播所涉及的内容十分庞杂，再加上其功能也在不断地更新和升级，因此我从直播引导成交这个万能公式入手，带大家快速理解和掌握影响直播业绩的相关内容。

$$直播引导成交=观看人数\times进店率\times转化率\times客单价$$

通过这个公式可以看出，一场直播最终的业绩是由观看人数、进店率、转化率和客单价四个关键因素决定的，所以我们只需要针对这四个因素去做提升就可以了。

1．提升观看人数

一场直播的效果好不好和观看人数有很大关系，观看人数的多少决定了成交量的多少。接下来，我从私域和公域两个维度出发，介绍几种常见的引流方法。

（1）私域冷启动拉新

所谓私域冷启动拉新，其实就是针对商家已有的粉丝或会员进行拉新，它又可以分为站外拉新和站内拉新。

- 站外拉新，针对站外有私域流量池的商家。在开播前，商家可以将直播预告分享到微博、微信、QQ 群、抖音等站外渠道进行拉新。

- 站内拉新，商家可以在自己店铺的首页、商品详情页上添加直播预告图，或者通过订阅、淘宝群、客服自动回复设置进行直播预告，如图 6.24 所示。

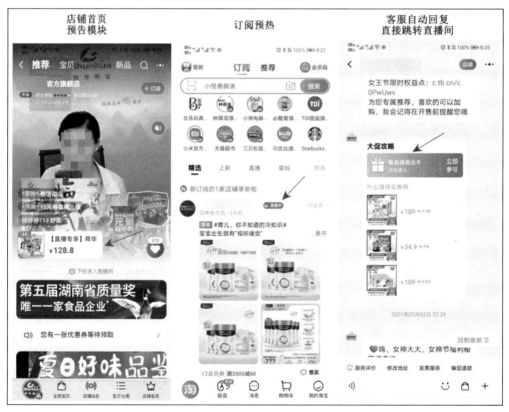

图 6.24　淘宝直播站内拉新示例

（2）快速获取公域流量

公域流量是指商家自有粉丝池以外的流量，目前商家获取公域流量主要有以下三种方法。

- 直播讲解。它的前身是"直播看点"，直播讲解可以准确定位到主播讲解的某款宝贝，能够帮助观看者准确了解感兴趣的宝贝详情。直播商品"标记讲解"成功将获得更多的公域流量曝光机会，将有机会在主搜、频道、猜你喜欢、营销会场、商品详情页等模块分发，如图 6.25 所示。操作方法是首先打开 PC 端的中控台或登录淘宝主播 App，并确保当前的直播状态是开播中，然后确保当前要讲解的宝贝已发布到宝贝口袋，接着点击对应宝贝的"标记讲解"按钮，讲解录制开始，完毕后它会变成"结束讲解"，讲解录制成功，如图 6.26 所示。这里提醒各位商家，要标记直播讲解的宝贝，一定要确保宝贝主图中至少有一张白底素材图，否则无法在公域渠道个性化透出。

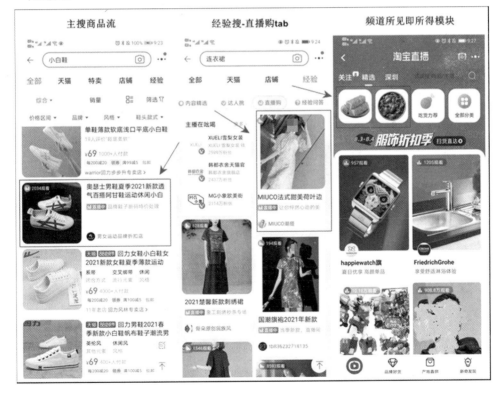

图 6.25　直播讲解公域场景透出示例

🛒 图 6.26　直播讲解 PC 端操作示例

- 付费推广。除了免费流量，商家还可以通过超级直播推广获取公域流量，图 6.27 所示为超级直播推广的几个主要资源位。超级直播推广的入口包括淘宝直播 App、PC 中控台、万相台、千牛小程序，如图 6.28 所示。

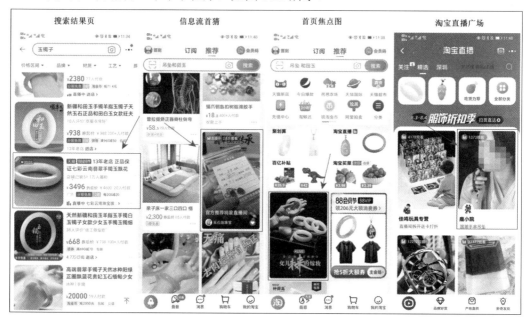

🛒 图 6.27　超级直播推广资源位示例

　图 6.28　超级直播推广 PC 端入口

- 直播裂变优惠券。它是通过大额优惠券吸引用户分享直播进而获得该优惠券的玩法，裂变优惠券可以帮助商家和主播通过权益吸引更多用户进入直播间。具体操作可以分为两步。

第一步，创建裂变优惠券。首先打开千牛商家后台，然后选择"营销工具中心"，进来之后在工具列表中找到裂变优惠券，点击"立即创建"，接着进入信息填写页面，如图 6.29 所示。在基本信息中，名称可以按照"某某直播间专属"填写，推广渠道建议选择"自主推广"，这样方便我们后续进行数据分析。在分享者优惠券中，券类型建议选择"店铺券"，优惠金额建议高出同时期普通店铺券力度的 50%及以上，或者保证 20 元权益差。发行量建议不少于 2000 张，分享人数建议设置两人券以保证分享率。在被分享者优惠券中，券类型同样选择"店铺券"，优惠金额可以比分享者优惠券的力度稍微小一些，但要高于同时期普通店铺优惠券，这样能吸引更多人进入直播间。

第二步，配置到直播间后台。以 PC 端入口为例，进入直播中控台，选择裂变优惠券设置入口，进来之后选择"店铺配置入口"，接着选择提前设置好的裂变优惠券即可。

配置完成以后，用户在直播间就能看到相关的裂变券信息，建议主播在直播间进行口播引导，这样效果会更好。比如，"宝宝们，今天直播间做活动，前所未有，超大力度优惠券。点击右上角××元分享券，分享给×个好友就能领取。还可以跟红包、津贴、品类券叠加使用。数量有限，宝宝们快去抢吧！"

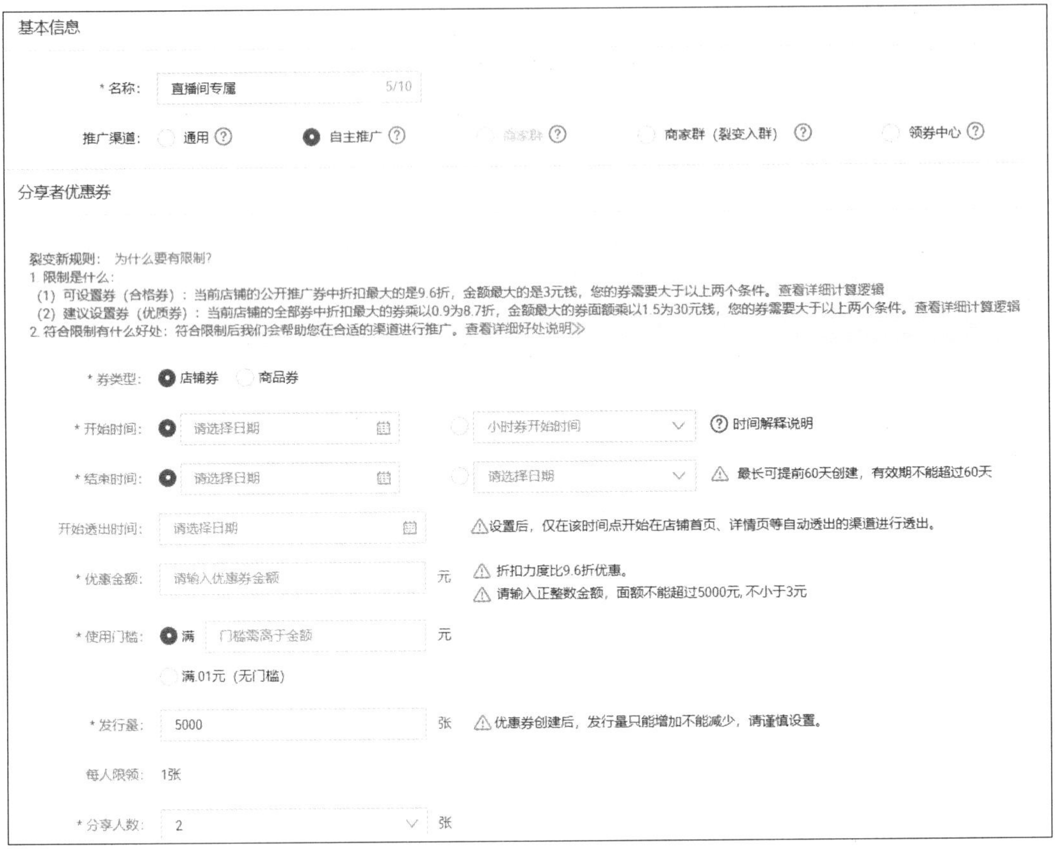

图 6.29　直播裂变优惠券信息填写（篇幅有限，截图不全）

2. 提升进店率、转化率和客单价

流量引进来了，接下来就要提升直播间的进店率、转化率和客单价，让客户对我们的产品从感兴趣到有意向再到决定购买，最后购买多件，为此可以从以下几点入手。

（1）货品组合布局

为了最大化地提升客户的购买转化和客单价，我们应该采取不同的货品组合布局。例如，爆款比较适合用来引流，而新颖奇特的产品（像跨界、联名、小众等），代表精致生活的产品（像趋势品类、潜力品类等），以及轻奢品质的产品（像定制礼盒、秀场好货等），它们则比较适合用来活跃直播间的气氛；对于一些客单价较高的产品，则可以考虑开发一些样品来降低客户购买的门槛；要想让客户买得更多，则可以推出一些组合套装。

（2）利益点的设计

不同类型的客户在意的东西是不一样的，比如老客户更在意身份和归属感，而新客户更在意优惠和折扣力度，那么在利益点的设计上，我们应该有所区分。针对老客户，我们可以通过新品抢先试用对新品进行冷启动或促进老客户重复购买，通过专属限量礼盒增加老客户的活跃度，通过分层抽奖引导老客户提升等级，通过提供买家权益带动老客户分享等，其实老客户对于活跃直播间气氛具有相当大的帮助。而针对新客户，则可以通过裂变拉新的方式，只要客户分享给好友就能获得更高的权益，还可以通过设置秒杀券、专属券的方式刺激新客户购买等。

（3）直播脚本的设计

一场效果好的直播，绝对不是靠主播个人的自由发挥，而是提前设计好了直播脚本。一个好的直播脚本，要具备以下几点。

- 开场互动。好的开场互动能够迅速提升直播间的活跃度，因此在这个环节，主播可以简单介绍下活动背景和优惠力度，让观众对接下来的环节充满期待。发红包是一种比较常用的方法，可以用来活跃直播间的气氛，比如主播拿手机截图直播间，一轮抽 6 个中奖粉丝，每人发 30 元，通过支付宝打款。发红包结束后，客服一定要确认中奖粉丝的 ID 与截屏的 ID 是匹配的，还要确认粉丝的联系方式，以及告知粉丝打款信息及到账时间。

- 产品讲解。产品讲解是整个直播脚本设计中最重要的一环，一般至少包含四个方面。一是抓痛点，通过提出痛点引发观众的兴趣，比如有些观众最近一直在喝胖大海，虽然它对治疗嗓子十分有效，但是味道不太好，而你恰好推出了一款加了菊花茶的胖大海，它能兼顾疗效和味道，那么这时候观众的胃口就会被你吊起来。二是融场景，一款产品只有结合场景才能让观众有很强的代入感。就拿茶叶来说，如果在办公室里喝，你就要突出它的方便快捷；如果用来招待客人，你就要强调它的品位、档次等。三是找人群，同样的产品，针对不同人群，需要突出的优势、侧重点不同。比如同样一款茶，如果女性来喝，你就要突出它的颜值和口感；如果男性来喝，你就要突出它的功能和价值。此外，主播还要用目标人群听得懂的语言对产品进行描述，只有通俗易懂才能最大限度地激发观众的认同感。假如你卖的是针对"00 后"的潮流玩具，那么你就得用"00 后"常用的语言讲解产品，否则很难与他们打成一片。四是专业性，对于产品的规格、成分、材质、触感、工艺等，主播一定要做到烂熟于心，才能提升观众的信任度与好感度。

- 价格优惠。观众看直播，很多时候是冲着优惠来的，但怎么给优惠是有技巧的，建议采取阶梯优惠的方式，也就是买的人越多优惠力度越大。比如一件衣服，原价是800元，平时促销价是499元，今天直播间只要满500人购买，价格是399元，满1000人购买，价格是299元。如果直播间有主持主播和导购主播的话，两人可以互动砍价，经过几轮砍价确定最终优惠，这样能让观众感觉机不可失，不买就亏了。

- 观众答疑。价格优惠给出以后，主播要通知中控台助理上架宝贝，然后跟观众演示拍付的路径。针对观众的留言和疑问，主播要提前做好方案，把存在的疑问点、观众可能问到的问题都罗列出来，并准备好相应的答案，用专业性去赢得观众的信任。

- 重复强调优惠。所有产品都介绍完了之后，主播要对已经给出的优惠做一个全面的回顾，一方面加强观众对优惠力度的感知，另一方面快速抓住新进来的观众的注意力。

- 催付下单。到了直播结束前的半小时，主播要反复跟观众强调优惠只限今天直播间，同时可以设计一些冲单技巧，比如已下单观众抽奖送红包等，让观众有一种紧迫感。

- 下场预告。一场直播结束了，还可以对下一场直播活动进行预告，为下一场直播积攒人气。

（4）主播需要具备的能力

同样的产品和脚本，不同主播带货，效果可能天差地别，原因就在于主播能力的高低。一般来说，一名优秀的主播至少应该具备以下几种能力。

- 较强的心理素质。主播要向形形色色的观众推销产品，所以心理素质要好。主播有时会碰到一些观众莫名其妙对其进行语言攻击，有时会碰到一些突发状况，如果主播不能够冷静地分析问题，并及时地给出解决方案，那么直播间就很容易陷入混乱或冷场，还会引发观众的不信任感。

- 较强的沟通能力。沟通能力是主播最基础的一种能力，它包含了倾听、洞察、反馈、表达等各个方面。直播脚本是死的，可主播是活的，一名优秀的主播，绝不能一个人在那里说，他得实时观察直播间的氛围和观众的需求，以便适时地对讲述内容进行调整。

- 较强的可塑造性。主播要贴合店铺的目标人群，如果店铺的粉丝画像大部分是学生，你却用一个宝妈的人设去直播，就会影响直播间的转化和转粉。因此，一名优秀的主播应该具备较强的可塑造性，能根据店铺的目标人群调整自己的人设，并且一直强化这个人设，最终形成自己独特的风格。

6.1.4　热浪引擎（原阿里 V 任务）

2021 年 9 月，阿里 V 任务平台正式升级为热浪引擎平台，在阿里 V 任务平台原有功能不变的情况下，升级后的热浪引擎平台将具有主播合作、商品推广、流量采买等系列营销能力，真正提供内容一站式服务。热浪引擎通过人、货品、数据、流量四大核心能力的重装上阵，更好地使商家进行内容营销，并赋能达人实现内容创业。热浪引擎包含 V 任务、热浪联盟、流量推广和生态服务四个模块，我们重点讲解 V 任务模块，它包含寻找达人、鉴别达人、与达人沟通。

1. 寻找达人

热浪引擎平台上有大量的达人，由于每个人擅长的领域各不相同，所以提供的服务也不相同，这里提供几种寻找达人的方法供大家参考。

（1）通过"淘榜单"寻找

商家进入热浪引擎后台，选择"V 任务"，然后在左侧栏选择"淘榜单"，它以周为单位列出了头部的达人名单，这些达人比较适合与头部的商家进行合作，如图 6.30 所示。

🛒 图 6.30　通过"淘榜单"寻找达人

（2）通过"主播广场"寻找

商家进入热浪引擎后台，选择"V 任务"，然后在左侧栏选择"主播广场"，进入之后找到合适的达人进行合作即可，如图 6.31 所示。

图 6.31　通过"主播广场"寻找达人

（3）通过"达人合作"寻找

如果商家想找图文或短视频领域的达人进行合作，可以进入热浪引擎后台，选择"V任务"，然后在左侧栏选择"图文&短视频推广"中的"达人合作"，进入之后可以看到逛逛、有好货、极有家等不同领域的达人，商家根据自身需求选择即可，如图 6.32 所示。

图 6.32　通过"达人合作"寻找图文或短视频达人

（4）通过"官方活动"寻找

商家进入热浪引擎后台，选择"V 任务"，在左侧栏选择"官方活动"，进入之后就可以看到官方发起的达人合作，比如淘宝直播、逛逛、有好货等，如图 6.33 所示。

图 6.33　通过"官方活动"寻找达人

2．鉴别达人

前面讲了寻找达人的几种方法，接下来就要对达人的能力进行鉴别，从而找出那些与品牌或店铺相吻合的达人，鉴别的步骤如下。

（1）查看达人的基本数据

以直播达人为例，点击达人头像进入"达人主页"之后，下拉页面找到"数据纵览"，里面展示了该主播近 30 天的服务效果数据，通过这些数据我们可以对主播的人气、带货价位段、服务能力等有一个大概了解，如图 6.34 所示。

（2）查看达人的粉丝画像

以直播达人为例，在"达人主页"，我们还可以查看该达人的活跃粉丝画像，通过分析粉丝的男女比例、年龄比例、地域分布、九大人群占比，我们基本可以判断该达人与产品是否匹配，如图 6.35 所示。

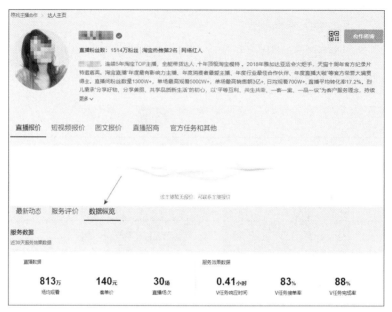

🛒 图 6.34　查看达人的基本数据

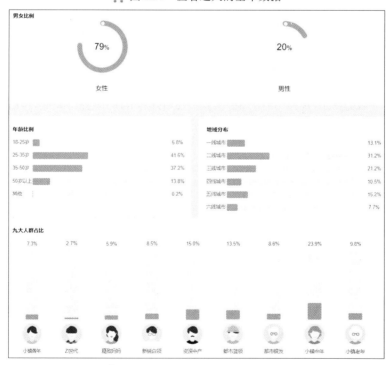

🛒 图 6.35　查看达人的粉丝画像

（3）查看达人的历史作品及数据

以逛逛达人为例，"达人主页"还展示了该达人过往的作品及数据，通过分析我们可以判断该达人的强项是图文还是短视频，并且可以点击查看每篇图文或每条短视频的详情，如图 6.36 所示。

🛒 图 6.36　查看达人的历史作品及数据

（4）查看其他商家的评价

以直播达人为例，点击达人头像进入"达人主页"之后，下拉页面找到"累计评价"，里面展示了商家对该达人的评价，我们重点关注该达人是否有职业道德方面的问题，以及带货的效果如何，如图 6.37 所示。

累计评价

评价星级：	不限	五星	四星	三星	二星	一星

客户名称	服务类型	服务金额	星级	评价时间	评价内容
al***an	直播	¥****	★★★★★	2021.08.09	数据非常惊喜，长期合作！
al***an	直播	¥****	★★★★★	2021.08.09	King哥讲解很棒，非常满意
顺顺***舰店	直播	¥****	★	2021.08.06	效果不行，坑一个，坑位费几千元就卖了2000多元
tb***11	直播	¥****	★★★★★	2021.07.27	直播很认真，很详细介绍产品，已经合作很多次了，赞！！！！

🛒 图 6.37　查看其他商家的评价

3．与达人沟通

当找到合适的达人以后，先不要急着去下单，而要就合作细节与达人进行沟通，沟通的内容应该包含合作产品、合作渠道、合作方案等，比如可以参考模板"你好，×××产品，想寻求直播合作，1000 元出场费+20%佣金，你是否考虑？"，不要说一大堆不重要的话，这样会显得你不够专业。图 6.38 所示为达人沟通界面，热浪引擎鼓励用钉钉进行沟通，商家要记得去设置里更新联系方式。

图 6.38　达人沟通界面

6.2　活动营销

俗话说"好酒也怕巷子深"，客户不会平白地大量涌入店铺，这时候需要"一只手"把客户拉进来，而"这只手"就是活动。对于店铺来说，一场好的活动不仅能给店铺带来大量客户，还可以让每个岗位的人员都得到历练。活动就是试金石，只有通过一场场活动的成功策划，才能让团队的业绩和能力不断提升。

6.2.1　活动的规划与报名

面对各式各样的活动，很多运营人员往往不知道该如何规划，有的不懂得报名的技巧，导致活动老报不上，浪费了大量的时间和精力；有的不管什么活动都去报名，却收效甚微；有的不分主次，结果该爆发的没爆发，不该爆发的又投入了过多的资源。

1. 活动的规划

活动规划是做好营销的行军图，没有这张行军图，相关人员就会漫无目的地横冲直撞，最终无法走到目的地。在我看来，店铺可以从以下三个方面规划活动。

（1）按照淘宝官方活动规划

淘宝官方活动是日常运营中商家参与最多的一种活动类型，它包括官方大促活动、各行业活动和平台类活动。

- 官方大促活动。淘宝一年有许多官方大促活动，每个月至少有一场，比如 1 月的年货节、2 月的各行业活动、3 月的女王节、4 月的出行季、5 月的五五盛典、6 月的"6·18"年中大促、7 月的造物节、8 月的阿里 88 会员节、9 月的 99 划算节、10 月的国庆大惠战、11 月的"双 11"、12 月的"双 12"等。每个店铺可以根据淘宝全年的活动时间轴确定自己年度、半年度、季度的活动规划。

- 各行业活动。除了官方大促活动，每个行业都会有专属的促销活动。就拿 5 月举例，跟女性有关的行业可以参加母亲节（每年 5 月的第二个星期日）、茶叶行业可以参加春茶节、服装行业可以参加天猫 T 恤节等。

- 平台类活动。淘宝内一些平台类营销活动也有相当大的势能，比如聚划算、淘抢购、天天特价等。商家在参加"6·18"年中大促时，预热阶段就可以通过淘抢购或聚划算聚集人气，从而提升正式活动时的爆发力。

图 6.39 所示为某类目商家全年的活动规划，其中标明了活动的级别、类型、时间、主题、形式及预估业绩等，让人一目了然。

月份	活动级别	活动类型	活动时间	活动主题	预估业绩(万元)	活动形式
1月	B类 品牌团	平台类活动	1.8-1.11	日常团	300	品牌团
	A类 阿里年货节	官方大促活动	1.17-1.21	囤年货	600	天猫专题
	C类 单品展	平台类活动	1.27-1.28	单品聚	20	聚划算
2月	B类 春上新	平台类活动	2.18-2.19	春上新	215	品牌团
	C类 单品聚	平台类活动	2.25-2.26	单品聚	20	单品聚
	C类 春节不打烊	官方大促活动	2.11-2.24	春节不打烊	50	春节不打烊
3月	A类 手淘生活节	平台类活动	3.8	手淘	500	品牌团
	C类 淘抢购	平台类活动	3.18	春清仓	10	春清仓
	A类 天猫新风尚	平台类活动	3.23	新风尚	1200	品牌团
4月	C类 淘抢购	平台类活动	4.1	品牌日	10	淘抢购
	A类 单品聚	平台类活动	4.10	单品聚	1800	单品聚
	A类 周年庆	平台类活动	4.21-4.23	周年庆	1800	品牌团
5月	C类 单品聚	平台类活动	5.5	单品聚	20	单品聚
	A类 日常品牌团	平台类活动	5.5-5.6	品牌团	500	品牌团
6月	B类 66大聚惠	平台类活动	6.6	年中狂欢	400	品牌团
	A类 年中大促	官方大促活动	6.1-6.3 6.16-6.18	年中大促	800	年中大促
7月	B类 超级大牌日	平台类活动	7.7-7.8	聚清仓	400	品牌团
8月	A类 天猫新风尚	官方大促活动	8.24-8.26	新风尚	550	新风尚
9月	A类 99划算节	官方大促活动	9.9	99划算节	1900	99划算节
10月	B类 日常品牌团	平台类活动	10.21	双11提前购	360	品牌团
11月	A类 双11	官方大促活动	11.11	双11大促	5000	双11大促
12月	A类 双12	官方大促活动	12.12	双12大促	2000	双12大促

图 6.39　某店铺全年活动规划

（2）按照产品生命周期规划

所谓生命周期是指一款产品从投入市场到更新换代退出市场所经历的过程。通常产品的生命周期包括导入期、成长期、成熟期和衰退期。

- 导入期。这时候产品处于刚上架状态，我们可以给产品引入适当的流量，观察产品的收藏、加购、转化数据，看其是否具备打造爆款的潜力。

- 成长期。产品上架已经有一段时间，如果数据表现不错的话，可以考虑加大推广力度，为接下来打造爆款奠定基础。

- 成熟期。产品完全具备冲刺爆款的实力，这时候要通过尽可能多地参加活动引爆销量。

- 衰退期。产品的成交量开始明显下滑，这时候要减少产品的推广投入，同时做好关联销售，挖掘新的爆款产品。

以连衣裙为例，我们应该在 1—2 月（导入期）准备好产品，在 3—4 月（成长期）加大推广力度，在 5—8 月（成熟期）通过活动引爆销量，在 9—12 月（衰退期）进行清仓。

（3）按照店铺不同阶段规划

店铺在不同阶段，适合参加的活动类型也不相同。

- 新店期。在这个阶段，由于店铺销量几乎为零，绝大多数官方活动都很难报上，这时候商家可以自行策划一些店铺活动，虽然没有官方流量的加持，但胜在能自由创造一些新的玩法。此外，商家还可以利用淘系外的各类平台给店铺积累人气和销量。总之，在新店期，商家要利用一切可以利用的方法突破零销量，为接下来的发展打下良好的基础。

- 店铺初期。在这个阶段，商家除了策划店铺活动，还可以参加一些中小型的官方促销活动，比如天天特价、淘金币等，或者报名淘客活动。总之，活动的形式可以多种多样，目的就是为接下来参加大型活动积累经验。

- 店铺上升期。在这个阶段，店铺已经积累了一定经验，销量也有了大幅度提升，店铺开始进入上升期，这时候可以考虑参加一些大型活动，比如聚划算、"6·18"、"双11"、"双12"等，还可以多进行一些内容营销，比如直播、短视频等，目的就是最大化地提升店铺销量。

2．活动的报名

商家熟悉了不同活动该如何规划，接下来就要进入报名环节。以参加淘宝官方活动为例，商家首先进入商家后台，然后选择左侧栏的"营销活动中心"，接着选择"活动报名"，就能看到所有淘宝官方活动的报名入口，如图 6.40 所示。

图 6.40　淘宝官方活动报名入口

关于如何提高活动报名的成功率，其实没有太多技巧，一般活动报名通过不了，要么是店铺不符合活动的基本要求，要么是店铺的综合竞争力不够。

针对第一种情况，运营人员需要做好以下几件事。一是维护好店铺的DSR。通常情况下，大部分活动对店铺DSR三项评分的要求都要高于4.6。二是不售假，这是所有活动的红线。如果店铺存在售假行为，不仅活动报名通过不了，店铺还有可能被取缔。三是不虚假交易。淘宝规定报名活动的商家最近90天内没有因为虚假交易被处罚过。四是把控好近30天的纠纷退款率。如果店铺近30天的纠纷退款率超过行业均值5倍，而且纠纷退款笔数大于或等于3笔，基本上活动报名也很难通过。五是无违规行为节点记录，也就是说店铺近90天内不得有一般违规行为节点记录或近365天内不得有严重违规行为节点记录。具体哪些行为属于违规，大家可以去查看"淘宝规则"。

针对第二种情况，运营人员需要提升产品各维度的数据表现，比如销量，很多活动对产品都有最低销量要求，还有好评率、收藏率、加购率、动销率、退款率等也是很重要的参照指标。

6.2.2　成功策划一场活动的四个关键步骤

同样参加一场活动，有的运营人员能达成甚至超出预期目标，而有的运营人员却抱怨活动没有效果，之所以出现这么大的差别，原因就在于运营人员的活动策划能力。在我看来，运营人员成功策划一场活动至少要把握好以下四个关键步骤。

1. 抓节奏

每场活动都有它的节奏，如果节奏没有抓对，活动就会显得混乱不堪。比如"6·18"年中大促，它的整体节奏就分为第一波开门红和第二波狂欢日，第一波开门红的预热期在5月29日到5月31日，正式活动期在6月1日到6月3日，第二波狂欢日的预热期在6月13日到6月15日，正式活动期在6月16日到6月20日。只有抓住了"6·18"活动的节奏，我们才能确定店铺的节奏。图6.41所示为某店铺为"6·18"活动设计的内容营销的整体节奏，包含了宣导、热身、预售、开门红、行业品类日、明星日、预热、冲刺波等，有了这个节奏，店铺就知道在每个阶段该做哪些事情，从而不会手忙脚乱。

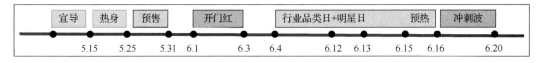

图6.41　某店铺"6·18"大促内容营销节奏示意图

再比如全年力度最大的"双 11"活动，它的整体节奏一般八九月是筹备期，10 月 1 日到 10 月 20 日是蓄水期，10 月 21 日到 10 月 31 日是预售期，11 月 1 日到 11 月 3 日是第一波爆发期，11 月 4 日到 11 月 10 日是预热期，11 月 11 日是第二波爆发期，11 月 12 日到 11 月 20 日是返场期。

而一些小活动，比如针对自己店铺策划的活动，虽然战线不像"6·18""双 11"拉得那么长，但蓄水期、预热期、爆发期等基本要素都是可以借鉴的。无论如何，运营人员抓好活动节奏是成功策划一场活动的开始，它起到了提纲挈领的作用。

2．定目标

确定活动节奏后，运营人员还要十分清楚活动要达成的目标是什么，这样大家的劲儿才能往一处使。很多运营人员在目标制定上往往比较粗糙，要么喊口号，要么指标单一，最终导致活动的效果大打折扣。而一个明确的活动目标，至少要具备以下几个特点。

（1）可量化

将活动目标量化成具体的指标，才能更好地落地执行，比如提升品牌知名度可以量化为粉丝增加 2000 个，提升店铺类目排名可以量化为参加一次聚划算活动且销售额达到 100 万元等。在活动结束后，我们还可以对目标进行检视和复盘，找出其中的问题并加以改进。

（2）合理性

运营人员制定的目标还要具备合理性，不合理的目标不仅会让团队失去驱动力，还有可能给店铺造成重大损失。那要怎么判断活动的目标是否合理呢？我们不妨问自己几个问题。第一个问题，目标的具体数据是什么？第二个问题，目标会不会给店铺带来损失？之前有个卖水果的天猫店，负责人听说家乡某县的菠萝滞销，于是发起了一场没有利润的助农活动，这场活动因为有各大媒体的宣传，一天时间就卖了 30 万千克，但没想到果农坐地起价，并且发货的时候把好的和坏的菠萝掺在一起，结果导致店铺亏损了将近 50 万元，最终个得个关店。虽然这家店铺负责人的出发点是好的，但由于没有做好全面的风险预估，才导致好心办了坏事。第三个问题，目标制定的数据依据是什么？目标制定得过高或过低，对团队来说都是不可取的。因此，我们要根据过往的历史数据及店铺目前的状况，综合推导出一个合适的目标，而不是凭空想象。

（3）分解到部门

当确定合理的活动目标以后，我们还要将其分解到每个部门，让每个部门都清楚在活动中应该做什么，以及量化的数据标准是什么。例如，对于运营部来讲，销售额和费用是最重要的两个量化目标，运营人员必须把这两个目标分解到每款产品上；对于推广部来讲，流量是最重要的量化目标，推广人员要把流量目标分解到每个流量渠道及每款产品上；对于视觉部来讲，静默转化是最核心的量化目标，同时要关注跳失率、人均浏览量、平均停留时长、DSR 描述相符、连带率等指标；对于客服部来讲，询单转化率是最核心的量化目标，同时要关注活动前的预测总接待人数、客服平均接待人数、培训考核平均分、VIP 客户数，以及活动中和活动后的旺旺回复率、平均响应时间、售后服务满意度等指标；对于物流部来讲，发货时间是最核心的量化目标，同时应该关注发货误差率、退货率、打包速度、物流投诉率、库存周转率、物流费用控制等指标。图 6.42 所示为某店铺参加“双 11”活动时几个部门的目标分解情况，大家可以做个参考。

“双11”运营部目标分解

时间/阶段		蓄水期	第一波预热期	第一波爆发期	第二波预热期	第二波爆发期	返场
		10.21-10.27	10.28-10.31	11.1-11.3	11.4-11.10	11.11	11.12-11.13
预估销售额	产品A						
	产品B						
	产品C						
	产品D						
	产品E						
	产品F						
	产品G						
预估推广费用	产品A						
	产品B						
	产品C						
	产品D						
	产品E						
	产品F						
	产品G						

“双11”客服部第二波爆发期目标分解

预测总接待人数	客服平均接待人数	培训考核平均分	VIP客户数
询单率	询单转化率	询单销售额及占比	人均销售额
DSR服务态度	旺旺回复率	平均响应时间	售后服务满意度

“双11”推广部第一波预热期流量目标分解

指标		访客数	支付转化率	加购人数	交易金额	推广费用	推广费用占比	UV价值
手淘搜索	产品A							
	产品B							
	产品C							
	产品D							
	产品E							
	产品F							
	产品G							
手淘推荐	产品B							
	产品C							
	产品D							
	产品E							
直通车	产品A							
	产品B							
	产品C							
超级推荐	产品B							
	产品C							
	产品D							
淘宝客	产品C							
	产品D							
	产品E							
	产品G							

“双11”视觉部第一波爆发期目标分解

店铺整体转化率	静默转化率	静默销售额及占比	平均停留时长
人均浏览量	跳失率	DSR描述相符	连带率

图 6.42　某店铺“双 11”目标分解示例

3. 控执行

很多运营人员对于活动的节奏和目标都十分清楚，但最终的效果差强人意，问题的关键出在执行上。任正非曾说过：“没有执行力，一切都是空谈。”执行力的关键是对人、货、流量和营销方案的提前准备。

（1）人的准备

一场活动的成功离不开团队成员的配合及努力，团队成员包括但不限于：运营人员，他们的职责包括根据过往公司和行业的增长率制定本场活动的销售目标，以及统筹和协调各个岗位达成活动目标；设计人员，他们的职责包括对活动、推广、主图、详情页等的视觉素材准备；内容人员，他们的职责包括对图文、短视频、直播等内容渠道的规划和布局；推广人员，他们的职责包括通过站内和站外各种推广方法引入精准流量，以及对于推广费用的控制；客服人员，可以划分为售前和售后两类，售前客服人员的主要职责是引导客户成交，而售后客服人员的主要职责是解决客户反馈的各种问题；商品供应人员，他们的职责是根据店铺目标规划产品及补货计划；仓储物流人员，他们的职责包括打包、发货，以及仓储物流的管理。

（2）货的准备

货的准备是指我们应该筛选哪些产品参加活动，毕竟好的产品决定了一场活动的成败。我们想要筛选出好的产品，不妨从以下两个角度出发。一是看行业数据。我们可以根据过往的行业数据确定参加活动的产品，而不是依靠个人的主观判断。方法是在"生意参谋"中选择"市场—市场大盘"，时间选择月份，然后按照"交易指数"从高到低进行排序，这样我们就可以看出在不同月份中哪些子类目的市场表现更好，如图 6.43 所示。

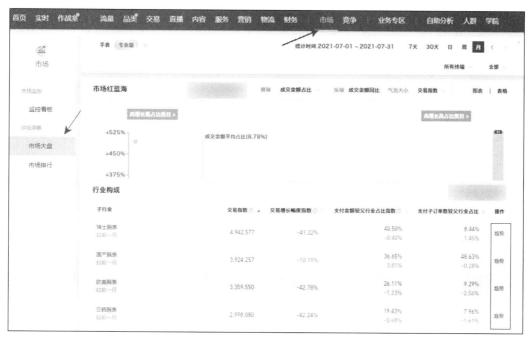

图 6.43 查看各子行业构成与趋势

二是看产品数据。除了行业数据，我们还要结合店铺内产品的数据表现，才能筛选出真正有竞争力的活动产品。产品数据主要看访客数和转化率两个指标。方法是在"生意参谋"中选择"品类—商品排行",然后按照"商品访客数"从高到低进行排序,这样我们就可以找出访客数较多的产品,接着按照同样的方法找出转化率较高的产品,如图 6.44 所示。对于流量高且转化好的产品,在参加活动时可以报名现货;对于流量高但转化略低的产品,也可以报名现货,有利于借助活动提升该产品的转化;对于流量低但转化好的产品,可以考虑报名预售,借助活动进一步提升产品的销量基础;而对于流量低且转化低的产品,建议在店内开展秒杀、搭配促销等活动,以提升产品的动销率。

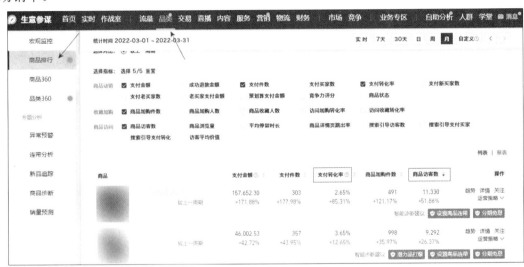

图 6.44　查看店铺内产品的数据表现

（3）流量的准备

一场活动要想销售好,流量规划是重中之重,流量规划一般有两种方法。一种方法是根据历史数据规划引流渠道,在"生意参谋"中选择"流量—流量看板",下拉页面我们可以看到各流量来源的详细情况,如图 6.45 所示。在图 6.45 中,直通车的转化率要明显高于超级推荐,同时手淘推荐流量的增长势头和转化率也十分不错,因此在活动期间我们要以直通车流量为主,同时适当增加超级推荐的流量。

另一种方法是根据活动的不同阶段规划引流的重心。在预热期,引流主要以新客拉新和老客召回为主,这个阶段无论是付费推广还是内容营销都要加大引流和宣传的力度,以便为活动当天的爆发蓄积能量。在爆发期,由于前期已经积累了不少意向客户,这个时候除了加大引流力度，我们还可以通过购物车营销、短信营销等方法对潜在客户进行唤醒，只有这样才能让活动的效果最大化。在活动后期，虽然店铺流量会大幅度下滑，但依然有不少未购买客户有消费需求，因此我们引流主要以触达未购买客户为主，这个时候我们可以通过设置返场活动延续活动的热度。

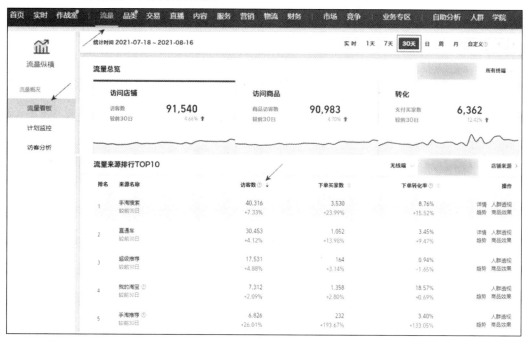

图 6.45　查看店铺内各渠道流量来源

（4）营销方案的准备

人、货、流量都准备好了，再加上好的营销方案，活动效果就能成倍地放大。一个好的营销方案主要由营销主题和促销方法两方面构成。先说营销主题，之所以要确定营销主题，其实就是给消费者一个尽情购物的理由。如果我们参加的是官方活动，那么活动主题一般跟着官方的来定，比如新风尚、造物节、"双 11"、"双 12" 等；如果我们参加的是自己店铺的活动，那么活动主题就可以自由发挥，比如节假日、店铺特殊纪念日、新闻热点、上新、清仓等。除此以外，营销主题还应该包含优惠力度和活动时间，如图 6.46 所示。

图 6.46　营销主题示例

再说促销方法，促销方法就像是诱饵，诱饵只有足够吸引人，消费者才会心甘情愿地掏钱。常见的促销方法主要有以下几类。

第一类以提升客单价为主要目的，比如满赠、满减、满返、搭配立减、N 元任选等，这些促销方法本质上都是希望消费者买得更多。在实际操作中，我们需要注意两点。一是门槛不能定得太高，比如你店铺的客单价才 100 元，如果第一级门槛定的是"满 300 元减 20 元"，可能很多消费者达不到这个要求，这样就失去了促销的意义。二是要巧妙设计促销的形式，以便加强消费者对促销的感知。促销的目的不是让你赔本赚吆喝，而是通过合理的手段让消费者感觉占了大便宜，比如"满 200 元打九折"和"满 200 元减 20 元"，其实两者的优惠力度差不多，但后者在消费者的感知中就要更划算一些。

第二类以提升购买转化为主要目的，比如秒杀、前××小时五折、前××名送礼品等，这些促销方法往往能够营造很好的抢购氛围，但需要注意不能经常将秒杀作为限制性促销方法，否则会对老客户造成很大的伤害。

第三类以拉新裂变为主要目的，比如分享朋友圈立减××元、推荐××人购买免费拿等，拼多多前期就是利用了这类促销方法才发展得如此迅猛，但需要注意设置的门槛不能太高，否则消费者很容易失去参与的热情。

4．常复盘

运营圈常说一句话："没有复盘的活动通常是不完整的。"的确，活动给我们带来的不仅是销量的提升，更重要的是通过活动使团队得到了历练。从活动复盘中，我们既可以发现进步和亮点，也可以总结经验和教训。一次好的复盘至少应该包含以下几个方面。

（1）数据复盘

数据复盘就是先把各项数据指标的目标值、实际达成值和达成率都列出来，再根据达成率分析活动的效果。通常量化目标的达成率上下浮动不应该超过 20%，也就是一个量化目标如果达成率在 80%～120%浮动，证明该目标对执行具有指导意义；假设达成率只有 40%或完成了 180%，则说明资源分配出了问题。

（2）重要节点复盘

一场活动最终能不能达到预期效果，要看重要节点是否保质保量地完成。以"双 11"活动为例，它的重要节点包括蓄水期、预热期、第一波爆发期、第二波预热期、第二波爆发期、余热期。这几个重要节点的完成情况几乎决定了"双 11"活动的成败，而我们要做的就是在活动过程中对这些重要节点及时地进行复盘，并根据复盘的结果实时调整，而不是等到活动结束后再来复盘。

（3）任务分解复盘

前面我们讲过要把量化目标分解到每个部门，而每个部门又要把目标分解到每个小组和每个岗位，相当于在一场活动中，每个人都应该清楚自己的工作任务，以及要达成的目标。在复盘的时候，我们要对分解的目标进行回顾和检查，看是否把正确的工作分配给了合适的人，并且是否在规定的时间内产出了符合要求的内容。如果复盘只是为了得到一个结论，那就只有达成和没有达成两种情况，而一场活动真正的意义是让我们看清了自己的进步与不足，这些经验和教训会内化为团队的核心竞争力，并有利于下一场活动的成功。

第 7 章

新品运营：如何从 0 到 1 快速引爆

新品在店铺运营中起着十分重要的作用，它一方面能刺激新客户的需求，另一方面能提升老客户的黏性。尤其自 2019 年以来，"新品、新店、新客"成为天猫的三大重要战略，新品成为品牌拉动新客与生意的重要方面。天猫发布的数据显示，天猫新品带动成交达到 36%，新品销售占比也从 2017 年的 24%提升到 2019 年的 35%。

但"无销量、无评价、无排名"也是所有新品面临的一大劣势，相关数据显示，新品上市后的成功率连 10%都不到。因此，如何让新品在短时间内脱颖而出并成为爆款，成为所有运营人员都要学习的技巧，接下来我们聊聊这个话题。

7.1 上架一个受欢迎的新品

我们要思考一个问题，为什么有的新品能够脱颖而出，而有的新品却石沉大海呢？原因就在于新品是否能够被淘宝系统认可和推荐。你想想，每天上架的新品那么多，如果没有一个合理的筛选机制，消费者想要找到自己心仪的产品，无异于大海捞针。因此，淘宝系统会优先展现那些它认为表现不错的新品，而将那些表现差的新品靠后展现甚至不展现。影响淘宝系统展现量的权重因子有很多，大致可以归纳为标签权重、数据权重和新品标权重。

7.1.1　标签权重

在第 1 章中，我们了解了在千人千面机制下淘宝是根据产品的标签来精准匹配目标人群的，而产品的标签由初始标签和用户反馈标签组成。初始标签是关于产品的一些基础信息，比如类目、价格、标题、属性等，也可以理解为静态标签；用户反馈标签是指系统根据用户进店后的点击、收藏、加购、转化、跳失、评价等行为给产品打上的标签，也可以理解为动态标签。

商家想要给产品打上精准的人群标签，一方面要准确填写产品的基础信息，因为它是产品的出生证明，一旦填写错误，后期要花费很大精力进行弥补；另一方面在一开始就要想好店铺的定位，这决定了产品的定位。建议一家店铺只针对一个细分人群，比如店铺只卖可爱风的连衣裙，这样不仅淘宝系统非常容易识别店铺的目标人群并进行流量推荐，同时目标人群更容易对店铺产生信任感和黏性。这其实是一个互相加强的过程，产品的标签越精准，淘宝系统推荐的人群就越精准，而人群越精准，淘宝系统收到的用户反馈就越精准，从而给产品反哺更多的精准流量。

7.1.2　数据权重

想要让淘宝系统判定我们的新品很优秀，只有精准的标签还不够，还要做好数据权重，因为数据代表了用户的偏好。判断一个新品是否优秀的数据指标主要有三类，分别是人气值、产值和增长值。人气值指的是新品的人气得分，它包含了新品的展现量、点击量、点击率、收藏人数、加购人数、收藏率、加购率、转化率等；产值指的是新品在一个周期内的销售额或 UV 价值；而增长值指的是新品在一个周期内的递增幅度。对于新品来说，增长值是最重要的一个指标，毕竟在人气值、产值方面，新品很难拼得过老品，因此在增长值指标上，新品不仅要跟自己比，还要跟竞品比，增长值越优秀的新品，获得的权重越高。

7.1.3　新品标权重

很多运营人员会陷入这样的误区，认为只要上架了一款新品，淘宝就会扶持。其实不然，淘宝只会对那些拿到了新品标的产品进行扶持。新品标是指淘宝官方系统为首次上架的产品自动添加的标签。对于带新品标的产品，淘宝一般会给予 28 天的扶持期，但有的类目的扶持期可能更短，比如 3C 类目只有 14 天，如图 7.1 所示。而且不是所有类目都会有新品标，目前开放的类目主要有女装/女士精品、男装、箱包皮具/热销女包/男包、女鞋、女士内衣/男士内衣/家居服、流行男鞋、服饰配件/皮带/帽子/围巾、童装/婴儿装/亲子装、童鞋/婴儿鞋/亲子鞋、饰品/流行首饰/时尚饰品等。影响产品获得新品标的因素主要有以下几个。

🛒 图 7.1　新品标透出示例

1. 商家存在《淘宝规则》中规定的违规情形

① 近 90 天内，存在一般违规行为（虚假交易除外），扣满 12 分或 12 分的倍数的处罚。

② 近 365 天内，存在严重违规行为（出售假冒商品除外），扣满 12 分或 12 分的倍数的处罚。

③ 近 90 天内，存在因虚假交易被违规扣分但未达 48 分（含 0 分）的处罚；或者近 730 天内，存在因虚假交易被违规扣分达 48 分及以上的处罚。

④ 近 365 天内，存在因出售假冒商品被违规扣分达 12 分及以上、24 分以下的处罚；或者近 730 天内，存在因出售假冒商品被违规扣分达 24 分及以上的处罚。

⑤ 近 90 天内，存在利用非正当手段扰乱市场秩序的行为，包含但不限于虚假交易、虚构购物车数量、虚构收藏数量等行为。

⑥ 因各种违规行为而被搜索全店屏蔽的。

2．商品需同时符合以下条件

① 图片无严重牛皮癣。

② 非旧款重发。

③ 非拍卖、二手、闲置商品。

④ 商品标题中不包含"清仓""反季""二手"等字样。

⑤ 商品第一次发布且在 28 天以内。

⑥ 有一定的新品喜爱度。

3．其他注意事项

① 主图要有差异性，切记不要盗用别人的图片。淘宝系统会把主图分成若干小区域，比如色调、线条等要素，接着与其他商品进行对比。如果是盗取的图片，肯定不会被打上新品标。

② 标题切勿抄袭。有的运营人员为了省事，直接将别人的标题复制过来，这样很容易被淘宝系统判定为雷同度高的商品，而不会被打上新品标。

③ 属性填写要有差异性。商品属性除了要填写完整，对于一些无关紧要的属性，比如货号、SKU 名称等，可以略微做一些改动，以增加差异性。

④ 详情页切勿套版。一些设计能力不强的商家可能会直接把竞品的详情页拿过来用，或者一些分销商为了省事直接用供应商提供的详情页模板，这样做淘宝系统也会判定商品不是新品，因此一定要自己设计详情页，或者起码做一些简单的修改，比如重新排版、重新切图、调整图片顺序、将不相关的内容透明化等。

此外，天猫为了大力扶持新品，特意打造了一个天猫新品的运营主阵地——天猫新品运营中心，它集"新品定义、信息查询、新品营销、新品成长、数据赋能、效果考核"能力于一体，为商家提供新品全生命周期、全链路的解决方案，大家可以到天猫商家后台的左侧栏找到"货品管理—新品运营中心"，然后自行探索，如图 7.2 所示。

图 7.2 天猫新品运营中心入口

7.2 新品快速引爆的四个步骤

新品从零到快速打造成为爆款是一个系统性的工程，绝非靠运气或一两个招数就能轻易达成。本书前面所讲的搜索、推广、视觉、数据、营销等内容，以及后面要讲的品类、定位、颜值、背书、场景等内容，它们对于新品快速引爆具有十分重要的作用。为了便于大家实践，我将自身经验及与各行业大商家交流的心得归纳成了一套方法论，它包含四个步骤：选款、破零、测款、流量布局。

7.2.1 选款

这里所说的"选款"指的是我们选择一款什么样的产品投入市场，它关系到新品最终的成败。试想一下，如果我们进入的是"红海市场"，或者错过了进入市场的最佳时机，即便后续我们投入再多，也很难扭转乾坤。因此，我们打造一款新品之前，一定要花大力气去选款，只有这样才能最大限度地降低试错的风险。常见的选款方法主要有以下几种。

1．数据选款

在第 4 章中，我们讲过如何利用数据分析选款，它包含三个步骤，分别是判断市场容量与趋势，查看市场竞争度与集中度，判断哪些属性更受市场欢迎。在这里，我再补充两点。

一是要学会分析新品核心关键词下的淘宝店和天猫店占比。举个例子，假设我们准备推出一款秋季格子连衣裙，核心关键词是"早秋格子连衣裙"，为了提高成功率，我们就要分析在这个关键词下是淘宝店还是天猫店更有优势。判断方法有两种：第一种方法是在淘宝搜索框中输入核心关键词，然后按照销量从高到低进行排序，如图 7.3 所示，销量靠前的几个宝贝以淘宝店居多，那么显然通过淘宝店把新品推起来的概率就要大很多；第二种方法是在"生意参谋"中选择"市场—搜索分析"，然后在搜索框中输入核心关键词，进来之后选择"相关分析"，接着勾选"商城点击占比"，这时候我们就可以看到核心关键词下的商城点击占比，如果商城点击占比过高，原则上不建议淘宝店进入该市场，如图 7.4 所示。

图 7.3　分析淘宝店、天猫店占比方法一

图 7.4　分析淘宝店、天猫店占比方法二

二是建议新手尽量不要选择标品类目。标品是指官方有明显规格型号的产品，比如大家电、手机、纸尿裤等。标品一般受价格和销量的影响非常大，如果你没有雄厚的资金实力或强大的供应链做支撑，建议不要轻易进入该市场。

2. 经验选款

很多老板或运营人员由于在一个行业里有着深厚的积累，因此对于行业趋势的把握十分准确，尤其对于那些尚未被满足的新需求，他们的经验或洞察力往往起着决定性的作用。比如小仙炖推出的"鲜炖燕窝"，云鲸推出的"全自动扫拖一体机器人"，它们的诞生都有赖于创始人对本行业的深刻洞察。

3. 市场趋势选款

对于那些变化较快的行业，比如女装、化妆品、时尚配饰等，如果我们能及时抓住某些热点或趋势并推出相应的新品，就能享受变化带来的红利。这里我教大家两种观察行业热点或趋势的方法：第一种方法是在"生意参谋"中选择"市场—搜索排行"，然后选择"搜索词排行"中的"飙升"，进来之后我们可以看到最近飙升的搜索词有哪些，如图 7.5 所示；第二种方法是在直通车后台选择"工具—趋势明星"，下拉页面我们就可以看到"行业趋势热榜"，如图 7.6 所示。

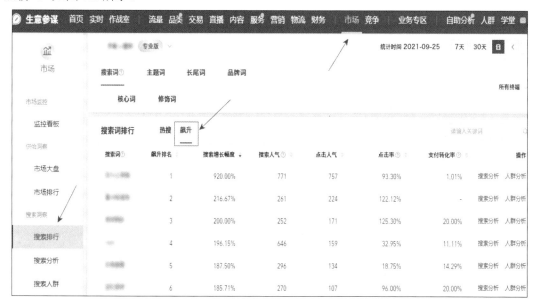

图 7.5 查看市场趋势方法一

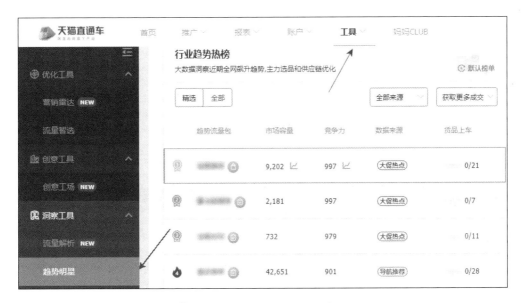

图 7.6　查看市场趋势方法二

4．跟行业爆款

爆款一般都经过了市场的验证，跟行业爆款可以让我们少走很多弯路，但跟行业爆款需要对店铺的层级进行评估，如果是一、二、三层级，可以考虑放弃跟款，如果是四层级及以上的店铺，由于店铺有很强的运营能力，跟款的成功率会很高。

5．老客户选款

对于有一定老客户基础的店铺，不妨让老客户选款，这样不仅精准，还能提升老客户的黏性，一举两得。具体的方法有很多，比如把还未上市的新品当作赠品送给老客户体验，并收集他们的反馈意见，这样能大幅提升新品上市后的成功率。

7.2.2　破零

我之所以把销量和评价的破零放在新品快速引爆的第二步，是因为如果新品连销量和评价都没有，不仅会影响接下来的测款，还会影响新品引爆的速度。除此以外，有的人误认为破零就是让新品有销量和评价就可以了，于是会采取刷单的方法。不可否认，刷单的确会简单很多，但刷单也容易扰乱新品的人群标签。因此，我建议大家一定要用真实的客户去破零，这样不仅能给新品打上精准的标签，同时这些客户还能沉淀为店铺的隐形资产，有利于店铺后期的运营。这里列举一些比较常见的新品破零的方法供大家参考。

1．提前购

淘宝群的提前购功能可以让新品在未上架之前就积累一定的销量和评价，缩短新品成为爆款的时间，具体步骤如下。

第一步，将"仓库中的宝贝"设置为"定时上架"，上架时间选择 7 天以内，如图 7.7 所示。

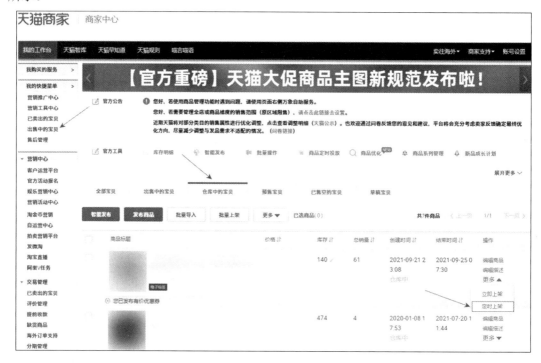

图 7.7　提前购设置第一步

第二步，进入淘宝群后台，由于新旧版本正在更替中，我们首先进入新版淘宝群后台，选择"群组管理"，然后点击"创建新群组"，进来之后选择"创建普通商家群"，接着按照要求填写相关信息即可，如图 7.8 所示。

第三步，返回旧版淘宝群后台，首先选择"后台管理"，然后选择"设置营销活动"，接着点击创建"提前购"活动，进来之后选择我们提前设置好的定时上架的新品即可，如图 7.9 所示。

图 7.8　提前购设置第二步

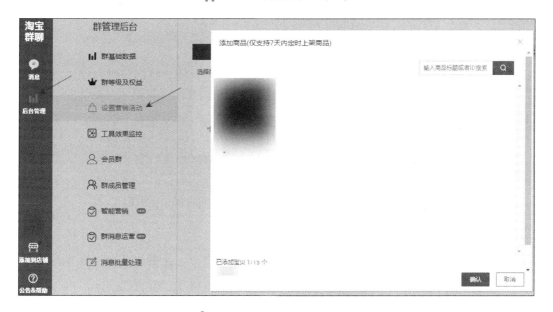

图 7.9　提前购设置第三步

第四步，设置完成后，将提供购活动发送到之前新创建的淘宝群中即可，如图 7.10所示。

图 7.10　提前购设置第四步

2．客服引导

当有人咨询或购买相关产品时，客服可以推送新品链接给客户，同时做好让利或赠品相关的活动。不过在现实中，客服对于推销新品往往没有什么积极性，因此可以考虑把新品纳入客服的绩效考核或提成制度中。

3．达人推荐

通过热浪引擎平台，我们可以找到与新品定位相符的达人，并与其合作。对于中小商家来说，那些粉丝量不是太大但粉丝黏性很高的达人的性价比可能更高。

4．闲鱼导购

相关数据显示，闲鱼平台的月活跃用户数已经突破 1 亿，我们可以把新品发布到闲鱼平台。一旦有客户咨询，我们就告知客户可以用二手的价格买到全新的产品，在这种情况下，客户一般很难拒绝。

5．限时秒杀

最简单管用的方法是直接让利给客户，通过限时秒杀活动营造购物紧张感，让客户有一种不买就吃亏的感觉。

6．店内关联

在店铺首页、分类页、相关单品详情页上突出展示新品，这样能将店铺内流量最大限度地导入给新品。如果再配合大幅度的让利，新品破零应该不难。

7．淘客活动

对于一些客单价较低的新品，我们可以考虑通过淘客活动快速积累销量。不过，有的人担心参加淘客活动会打乱新品的人群标签，其实这要分情况。如果新品的定价本身就低，那么参加淘客活动并不会影响它的人群标签；如果新品的定价比较高，但很多人是冲着淘客活动大幅度让利才买的，这样可能影响新品的人群标签。

8．站外引流

既然站内的流量成本越来越高，那我们不妨到站外去引流。如果你平时非常注重私域流量运营的话，当有新品发布时，你就可以通过在朋友圈发布新品促销广告来吸引客户购买。还有抖音、快手、小红书等新媒体平台，都可以成为我们新品破零的流量来源。不过需要提醒大家的是，站外平台运营不能靠临时抱佛脚，而要在平时多给客户提供一些价值，只有这样客户才愿意用行动支持你。

7.2.3 测款

当新品有了初步的销量和评价之后，我们就要通过免费流量或付费流量测试新品是否受到人们的欢迎，而付费流量测款所用的推广工具主要有直通车、极速推、引力魔方、万相台。

那到底该用哪个推广工具来测款比较好呢？我们可以从速度、成本、准确性三个方面进行判断。从测款的速度来看，极速推最快，引力魔方、万相台次之，直通车最慢。因为极速推购买的是确定性的流量，没有权重一说，而直通车需要时间累积权重。从测款的成本来看，也是极速推、引力魔方、万相台、直通车依次递增。从测款的准确性来看，直通车相对来说准确性最高，万相台、引力魔方次之，极速推的准确性最低。

除了考虑以上三个方面，我们还要参考产品所属类目的竞品以哪种流量为主。如果竞品以推荐流量为主，我们就选择引力魔方测款；如果竞品以搜索流量为主，我们就选择直通车测款；如果竞品的推荐流量和搜索流量不相上下，以上几个推广工具都可以用来测款。接下来，我对每个推广工具的要点做一些说明。

1．直通车测款

在日常运营中，直通车是最常用来测款的推广工具，它包含标准计划和智能计划。用标准计划测款的优点是对关键词、人群、出价等环节的把控性较强，缺点是需要运营人员有一定的操作经验和技巧，并且计划的权重积累需要一定的时间。用智能计划测款的优点是操作简单，成本相比标准计划更低，适合新手或产品较多的店铺，缺点是自主操控性较弱。另外需要注意的是，两种计划的测款结果可能有较大差别，因为智能计划默认的匹配方式是精准匹配，而标准计划的匹配方式是广泛匹配。

关于如何用标准计划测款，在第 2 章中有详细的阐述。而用智能计划测款，跟智能计划中日常销售场景的计划设置是一样的，大家同样可以参考第 2 章的相关内容。这里再补充一点，很多人会纠结智能计划测款到底要不要添加自选词，我建议一开始可以不添加，因为智能计划最大的优势是它利用了大数据算法，不妨先让系统帮助我们筛选关键词，后面如果发现系统筛选的某些关键词不够精准，我们可以把它们屏蔽掉，再手动添加一些精准的关键词。

2．极速推测款

极速推是淘宝店特有的一款付费推广工具，它的优点是展现稳定、流量来得快。如果你的店铺上新比较频繁，或者新品具有一定的季节性，那么用极速推测款是非常不错的一种选择。

3．引力魔方测款

从流量来源看，直通车更适合以搜索流量为主的类目用来测款，而引力魔方更适合以推荐流量为主的类目用来测款。引力魔方在测款时有两个场景，一个是自定义计划，另一个是投放管家。

如果用自定义计划测款，定向人群方面，建议选择"常用人群"下的"关键词兴趣"，添加 20～30 个跟宝贝相关的关键词，"目标人群扩展"打开，侧重人群选择"侧重兴趣人群""侧重认知人群""侧重未知人群"，屏蔽人群选择"近 7 天或 15 天购买人群"，如图 7.11 所示。资源位方面，除了"淘系焦点图"和"红包互动权益场"，其他的全部勾选上。优化目标选择"促进点击"。智能调价打开。目标出价选择"详细出价"，人群溢价和资源位溢价按照系统建议的来出，每日预算根据宝贝想要获取的点击量和点击成本估算。

如果用投放管家测款，计划设置方面相对简单，比较适合需要批量测款的商家。

图 7.11　用引力魔方测款时的定向人群选择

4．万相台测款

与以上三个推广工具不同，万相台是唯一可以跨平台投放的新品测款工具，它相当于"直通车+引力魔方"的综合体，因此，无论是以搜索流量为主还是以推荐流量为主的新品都可以用万相台进行测款。此外，万相台还专门推出了"测款快"场景，具体的操作并不难，可以参考第 2 章的相关内容。

7.2.4　流量布局

完成了选款、破零、测款三项工作后，基本上我们就选出了有热销潜质的新品，接下来就要好好利用淘宝扶持期给新品导入更多的流量，才能将其以最快的速度打造成爆款。不过，很多运营人员在给新品引流时往往没有清晰的思路，导致钱花了却没有达到预期的效果，因此我们一定要做好新品的流量布局。新品的流量布局可以分为三步，分别是打标、放大和精选，恰好对应了新品从起步期到快速上升期再到爆款期的三个阶段。

1．打标

什么叫打标？简单来说就是淘宝系统给产品打上的人群标签。通过前面章节的内容，我们知道产品标签是由初始标签和用户反馈标签组成的，它们都可以给产品打上精准的人群标签，但不足之处在于打标的速度太慢。这时候我们就要借助付费推广工具来让淘宝系统快速识别产品的目标人群，也就是俗称的"打标入池"，产品只有"入池"成功了，淘宝系统才会给它推荐更多精准的流量。

新品打标的方法归纳起来有两种。一种叫老客户打标，针对的是那些目标人群跟店铺已有人群重合度较高的新品，比如店铺只卖大码女装，上架的新品恰好针对的也是大码女生，这时候就可以借助店铺的老客户给新品快速打上标签。另一种叫智能打标，针对的是那些新开店铺的新品，或者新品的目标人群跟店铺已有人群差异较大的情况，比如店铺以前只卖女士内衣，现在准备上架男士内衣，两者的目标人群完全不同，这时候就可以通过淘宝系统的大数据算法来给新品快速打上标签。接下来，我详细讲解一下两种新品打标方法的具体操作步骤，以及如何判断新品打标成功。

（1）新品打标的操作步骤

常用来打标的付费推广工具是直通车和引力魔方，我们先来看看老客户如何用这两种推广工具给新品打标。

- 直通车。由于店铺有一定的老客户基础，淘宝系统能较快识别新品的目标人群，因此我们可以用标准计划给新品快速打上标签。

第一步，新建标准计划。进入直通车后台，选择"推广—标准计划"，然后点击"新建推广计划"，如图 7.12 所示。

图 7.12　新建标准计划

第二步，投放设置。计划名称可以按照"商品名称+打标"或个人习惯填写。日限额最低 30 元起投，一般一个产品至少需要 100 个以上点击量才能打标成功，我们可以根据想要获取的点击量和点击成本估算一下每日的预算，避免计划过早下线。投放方式建议选择"标准投放"。投放位置除了"站外优质媒体"关闭，其他的保持开启状态。投放地域可以关闭偏远地区，以及港澳台和国外。投放时间 0:00—08:00 的折扣设置为 30%，其他时间段的折扣设置为 100%，如图 7.13 所示。

图 7.13　投放设置

第三步，添加关键词。选择好宝贝之后，就进入了添加关键词的环节。这里建议先关闭"流量智选词包""捡漏词包""竞品词包"，以及系统推荐的关键词，再手动添加一些精准关键词，数量越多越好。关于出价，计算机端统一按照 0.05 元来出，移动端先按照店铺里相似宝贝的直通车平均点击花费或流量解析里关键词的市场均价的 80% 来出，再观察点击量的变化，如果没有点击量就慢慢加价，直到有点击量为止，如图 7.14 所示。预算充足的话，也可以采取高位出价法，这样能够快速获取打标所需要的流量。

图 7.14　添加关键词

第四步，添加人群。我们先把系统推荐的人群包关闭，再添加"店铺定向人群"中的"浏览未购买店内商品的访客""店内商品放入购物车的访客""购买过店内商品的访客""收藏过店内商品的访客"，溢价统一按照"30%"设置，如图 7.15 所示。

图 7.15　添加人群

第五步，智能调价设置。开启"智能调价"，让系统在基础出价上帮助我们去争取更多的优质流量，优化目标设置为"促进点击"，最高溢价设置为"30%"即可，如图 7.16 所示。

图 7.16　智能调价设置

- 引力魔方。跟直通车一样，由于有一定的老客户基础，我们选择自定义计划给新品快速打上标签。

第一步，新建自定义计划。在引力魔方后台选择"新建计划组"，计划组类型选择"自定义计划"，如图 7.17 所示。

图 7.17　新建自定义计划

第二步，定向人群设置。定向方式选择"自定义"。人群选择方面，我们主要用"常用人群"给新品打标。首先，我们可以选择"常用人群—宝贝相关"下的"喜欢我的宝贝"，并选择跟新品的目标人群重合度较高且销量不错的宝贝。其次，我们可以选择"常用人群—店铺相关"下的"喜欢我的店铺""深度行为人群""领券未使用人群""粉丝人群"。最后，我们可以选择"常用人群—关键词兴趣"，且自定义添加一些精准关键词。"目标人群扩展"建议打开，侧重人群选择"侧重忠诚人群"和"侧重购买人群"。

第三步，资源位设置。资源位方面，建议除了"淘系焦点图"和"红包互动权益场"，其他的全部勾选上。

第四步，预算与排期设置。优化目标选择"促进点击"，智能调价打开，目标出价选择"详细出价"，人群溢价和资源位溢价按照系统建议的来出，每日预算根据新品想要获取的点击量和点击成本确定，投放日期选择 3～7 天。

讲完了老客户打标的操作步骤，接下来我们介绍一下智能打标的操作步骤，同样用直通车和引力魔方来操作。

- 直通车。为了缩短冷启动时间，建议选择直通车的智能计划给新品快速打上标签。

第一步，新建智能计划。进入直通车后台，首先选择"推广—智能计划"，然后点击"新建推广计划"。

第二步，选择营销目标。建议选择"均匀测款"场景，虽然听起来是测款，但其实也可以用来给新品打标。

第三步，日限额与出价设置。出价方式选择"放量优先"，这样能快速拿到流量。日限额最低 30 元起投，每日预算同样根据新品想要获取的点击量和点击成本确定。

第四步，投放设置。计划名称和高级设置跟标准计划的一样，这里不再赘述。需要注意的是，虽然我们借助的是智能计划的大数据算法给新品打标，但为了打标更加精准，建议勾选"添加自选词"，我们既可以选择系统推荐的关键词，也可以自定义添加关键词。

- 引力魔方。跟直通车类似，为了缩短冷启动时间，建议选择引力魔方的投放管家给新品快速打上标签。

第一步，新建投放管家计划。在引力魔方后台选择"新建计划组"，进去之后计划组类型选择"投放管家"。

第二步，设置计划。投放主体选择"自定义商品"，并添加想要打标的新品，目标出价按照相似店铺建议的出价来出，每日预算根据新品想要获取的点击量和点击成本确定。

（2）如何判断新品打标成功

新品是否打标成功，不能仅凭直觉，而要通过数据进行判断。方法是首先打开"生意参谋"，选择"流量—商品来源"，然后选择打标的新品，时间选择近 30 天，接着点击手淘搜索，我们就可以看到新品近 30 天所有的手淘搜索关键词，如图 7.18 所示。

图 7.18　查看新品手淘搜索关键词

我们可以从两个维度判断新品是否打标成功。一是看关键词的数量，关键词数量越多代表新品引入的流量越多，也说明淘宝系统给新品打上的标签越丰富。当然，关键词数量的多寡也因类目而异，大类目要普遍多于小类目，非标品类目要多于标品类目。二是看关键词的引流能力，按照访客数从高到低进行排序，只有排在前 10 位或前 5 位的搜索关键词所引入的访客数大于 100 个时，新品才算打标成功。

2．放大

新品打标成功后，接下来就要给它引入尽可能多的流量，才能让新品在短时间内爆发。关于如何引入更多流量，这里我们参考前面第 1、2、6 章中涉及的相关内容，为大家提供一个大致的方向。

首先，放大流量可以分为放大免费流量和放大付费流量两大类。免费流量包含手淘搜索、手猫搜索、手淘推荐、我的淘宝、购物车、逛逛、订阅等，付费流量包含直通车、引力魔方、万相台、淘宝客等。

其次，要放大免费流量，我们能做的只有两件事。一是要做好新品的基础权重，也就是前面所讲的做好新品的标签权重、数据权重和新品标权重。二是要拓宽新品的引流渠道，如今淘宝的流量来源越来越分散，我们不能把希望全部寄托在某个流量入口的爆发上，而要注意多点布局。比如在内容和私域这两个版块，中小商家一定要投入更多的资源和精力，才能确保新品有足够稳定的流量引入。

最后，要放大付费流量，我们也要做好两件事。一是要熟悉每个付费推广工具的优缺点和适用范围。比如直通车是基于搜索场景的付费流量入口，它的优点是引入的流量相对精准，缺点是需要一个权重累积的过程，适合以搜索流量为主的类目。引力魔方更多是基于推荐场景的付费流量入口，它的优点是流量起来快，流量成本相对较低，缺点是流量不够精准，适合以推荐流量为主的类目。万相台则是搜索和推荐场景相结合的付费流量入口，也是淘宝最近力推的付费工具之一，它的操作相对来说比较简单和智能，适合所有类目。二是要结合每个付费推广工具的特点进行组合使用，很多运营人员或推广人员习惯使用某个付费推广工具之后，就对其形成路径依赖，不愿意轻易尝试新的付费推广工具，这样不仅导致新品的流量来源过于狭窄，还可能导致新品的流量获取成本居高不下，从而使新品失去竞争力。

3. 精选

放大流量之后必然带来一个问题，那就是营销费用的大幅增加。我接触过很多商家，表面上看起来十分不错，但就是不赚钱或利润微薄，其中很重要的一个原因就是营销费用太高。运营人员如果只懂得怎么在短时间内把新品打造成爆款，却不知道该如何实现盈利，那么他也算不上一位合格的运营人员，毕竟企业要发展，利润是保障，更是生命线。因此，优秀的运营人员还要懂得将新品打造成爆款之后，如何既能维持住产品的热度，又能控制好营销费用，实现可持续发展。

这时候就需要运营人员对引入的流量做一些筛选。对于优质流量要继续放大，对于劣质流量或垃圾流量，要么降低出价，要么淘汰。判断流量优质与否的核心指标有两个，一个是加购率，另一个是投产比。接下来，我分四种情况跟大家探讨如何精选流量。

（1）加购率高，投产比也高

加购率高，代表意向客户多；而投产比高，代表最终转化的客户多。这种流量非常优质，也十分稀缺，因此要加大投放力度。

（2）加购率高，投产比低

有些流量意向客户多，但投产比偏低，这时候有两种可能，一种是点击成本偏高，另一种是客户中途流失较多。针对第一种情况，要尽可能降低点击成本，比如直通车可以采取"拖价法"，在不影响宝贝排名的前提下，逐步降低出价；还可以通过提高点击率降低点击成本，点击率高了，点击成本自然就下来了。针对第二种情况，要分析客户流失的原因，是没有及时收割，还是竞品的拦截等，只有分析出原因才能够对症下药。

（3）加购率低，投产比高

这种情况一般发生在决策周期较长或客单价较高的产品上，比如家具，很多人在装修阶段就开始在网上逛，遇到有意向的款式就会提前加入购物车；再比如奢侈品包包、化妆品等，很多人等到有活动优惠了才购买。对于这种流量，我们只要做到稳定投放并及时收割就好了。

（4）加购率低，投产比也低

这种流量基本上属于垃圾流量，原因可能在于客户群体错配或同行的恶意点击。对于这种流量，我们要果断地淘汰。比如在做直通车推广时，如果你所在地区的同行较多，在地域设置方面就可以选择不投放该地区。此外，还可以利用达摩盘丰富的人群标签对人群做更加精细化的运营，从而让新品在目标人群面前尽量多展现，在不相关人群面前少展现甚至不展现。

关于如何判断加购率高低，目前主要有两种方法。一种是跟店铺内相似产品的加购率数据进行对比。另一种是首先找到 5～10 款跟宝贝在款式、价格、销量、流量来源等方面相似的新品，然后把这些新品添加到"生意参谋"中进行竞品分析，接着就可以得到这些竞品的流量指数、加购人气，最后我们自行或借助第三方工具对指数进行换算，就能得出一个大致的行业加购率数据。

关于如何判断投产比高低，目前也有两种方法。一种是跟店铺内相似产品的投产比数据进行对比。另一种是首先通过竞品分析查看竞品的流量指数和交易指数，然后我们自行或借助第三方工具对指数进行换算，就能得出一个大致的行业投产比数据。

第 8 章

打造品牌之前读懂品类

8.1　什么是品类思维

作为一名有着十几年工作经验的电商运营人员，我既经历过店铺的野蛮生长，也经历过店铺从巅峰跌落谷底。每次当我想力挽狂澜时，总会生出一股无力感。有时候，我期望通过投入更多推广费用、参加更多官方活动，或者开发更多新品来提升店铺业绩，但结果往往是做得越多，效果越不理想。直到后来接触了品类理论，我才明白任何品类都会经历从启动期到发展期再到成熟期的生命周期，每个时期该采取的品类策略也是不同的。更为重要的是，以前我认为企业的最终目的是打造成一个品牌，这当然没有错，但如果忽视了品类这个重要因素，就会让品牌陷入迷茫之中，并错失发展良机。

那到底什么是品类呢？我们来做一个小测试：在榴梿、橙子、菠萝、樱桃、木瓜、枣中，大家觉得最像水果的水果是什么？大多数人的答案是橙子，这是一种很有趣的现象，虽然每个人头脑中的想法千差万别，可一旦将人放到同一个群体或同一种文化中，共识就出现了，而这种对于商品的集体认知就称为品类。品类不是根据行业来定义的，而是由消费者脑海中早已形成的共识决定的。

说到这里，可能有的人会问，了解品类对我运营店铺有什么帮助呢？我再描述一个非常有趣的现象，在全球做果汁的头部企业中，大多数企业销量排名第一的是橙汁或橙汁口味的饮料，甚至一个现榨果汁的店里如果没有摆橙子，大家就会心生怀疑。这告诉我们一个事实：所有品类在消费者脑海里都会形成一系列的共识，而这些共识又会集中体现在一两个特征或属性上。比如一家卖婴儿用品的淘宝店，你觉得最应该上哪种产品？毫无疑问是纸尿裤，因为纸尿裤最具有代表性。

我们还可以从心智的角度来理解品类。人的心智空间有点像家里的储物柜，我们通常会把相似的东西放在一个柜子里。例如，在对燃油汽车这个大类的认知上，我们的心智中会形成很多储物柜，分别放入不同品类的汽车，比如轿车、跑车、赛车、越野车、商务车等。这些品类还会不断往下细分，又分别放入品类储物柜不同的隔层中，比如轿车中有豪华轿车、经济型轿车，跑车中有超级跑车、GT 跑车等。分清楚以后，我们就会在隔层里放上喜爱的品牌，比如豪华轿车这个隔层，我们会放上奔驰、宝马、玛莎拉蒂、保时捷等品牌。

这就是人的心智的一个基本规律，先有品类，后有品牌。品类就是心智中形成的品牌"储物柜"，其中"心智中形成"至关重要。因为很多人在提到品类时，往往会直接用行业惯用的品类分类方法，但心智中形成的品类，与行业划分的品类有时候会存在较大的差异。比如木地板，我们的心智中会有儿童安全地板这样一个品类，但企业分类里不存在这样的品类。行业一般会按照材质的不同，将地板分成实木地板、复合地板、竹木地板、软木地板等。可是在消费者的心智中，还会有其他的分类方法，比如消费者会在乎地板有没有甲醛，会不会对孩子的健康产生危害等。企业应该摸索消费者的心智规律，开发相应的产品来满足消费者需求，而不是一味地依赖行业经验或刻板印象。我曾经接触过一家卖手表表带的天猫店，它开发了一款牛皮材质的表带，并且在表带上加了一块很小的液晶显示屏，用来显示用户的心率、跑步数、跑步时长等数据，功能有点类似于智能手环，当时我就说这款产品不会火爆，没想到一语成谶，原因就在于它挑战了消费者心智中对表带的既定认知。

弄清楚什么是心智后，我们还需要知道人的心智空间到底有多大。其实，心智空间非常特别，它有两个划分维度，一个是无限维度，另一个是有限维度，我们可以理解为"T形维度"。在横向上，心智空间是无限的，它可以存放无限多的品类数量；在纵向上，心智空间是有限的，每个品类里可以存放的品牌数量往往是有限的。比如碱性电池这个品类，除了南孚，估计大家很难想起第二个品牌。只有理解了品类与心智之间的关系，我们才能明白企业为什么要采取聚焦战略，因为只有把所有的资源都聚焦到一处，企业才能在消费者的心智"储物柜"中占据更加有利的位置。

里斯在《品牌的起源》一书中讲过"消费者用品类来思考，用品牌来表达"，如果企业跳过品类直接表达品牌就会出大问题。再讲一个案例，ROOTSENSE 根元旗舰店（以下简称根元），单靠一款"舌尖卫士"的冰箱空气净化器，月销售额就突破了500万元。其实，单从产品的维度来看，有些竞争对手的功能甚至更多，价格也更便宜，但就是卖不过根元，原因在于这些竞争对手挑战了消费者心智中对于品类的既定认知，它们在描述自家的冰箱空气净化器时，都喜欢强调一点，那就是它既可以用在冰箱里，也可以用在鞋柜、厕所、厨房等空间里，看似一物多用，实际上没有弄清楚冰箱空气净化器的品类特性。当消费者把冰箱空气净化器和臭鞋、臭袜子、马桶联想到一起时，估计立马就会失去购买的欲望。总的来讲，品类就像一条"河流"，品牌则是其中的"船"。我们通过研究"河流"的流向及流速，可以让品牌这条船以最快的速度驶入最好的河道。甚至，我们可以根据"河流"的特性去打造一条最适合品牌前进的"船"，但前提是不能把"船"放到错误的"河流"中，否则，即便你的产品做得再优秀，也无法获得消费者的认同。

前面我们讲过，在不同阶段，企业应该采取不同的品类策略。在启动期，品牌要尽量采取聚焦策略，也就是聚集企业所有的资源先把一个点击穿，直到占据消费者心智中一个最有利的位置；在发展期，品牌可以继续采取聚焦策略，但如果品牌所在品类的市场容量遇到了天花板，也可以采取拓展策略；在成熟期，市场格局已经形成，新兴品牌往往很难进入，头部品牌也容易产生创新惰性，这时候新兴品牌不要跑到原有品类的赛道里去跟头部品牌竞争，而要另辟蹊径，寻找品类升级和创新的机会，尤其随着"90后""00后"开始成为消费的主力军，任何行业都需要用新方法和新思路重新构思。

8.2 品类创新：创新是企业的使命

新品牌想要脱颖而出就必须把握品类创新的机会，这时候了解品类创新的特性就显得尤为重要。在我看来，品类创新一般具有以下三个特性。

首先，品类创新一定继承了老品类的本质基因。

一个新出现的品类，只有继承了老品类的本质基因，我们才能知道它的身份，才能与需求对号入座。例如，从纯牛奶到酸牛奶、花生奶等，无论品类发展得多么丰富，新品类都继承了一个本质基因，那就是牛奶。你想开创哪个新品类，你就要继承那个老品类的本质基因，这是大原则，不能变。否则，像啤儿茶爽这样"四不像"的产品，它到底是啤酒还是茶？它的上一辈是谁？它的根在哪儿？继承了哪个品类的本质基因？大家都不知道，出问题是迟早的事。

其次，品类创新一定要符合消费者心智中已有的认知。

还是以啤儿茶爽为例，它为什么会失败？因为啤儿茶爽违背了人们对啤酒和茶的基本认知，没有从消费者心智的角度去考虑产品研发。喜欢茶的人不会为这瓶像酒的东西买单，而想喝酒的人也不会考虑买瓶酒味的茶来喝。冰糖葫芦人人皆知，酸甜可口，但是要把冰糖葫芦做成汁儿装在瓶子里当作饮料喝，又是一种什么样的体验呢？我想消费者是没有这种认知的，因此汇源冰糖葫芦汁淹没在品类创新的汪洋中，自然也就不难理解了。

最后，品类创新应该满足一定频率的刚性需求。

有的企业为了创新而创新，这其实要不得，剑走偏锋往往容易走入无人区，图个表面热闹，最后从市场上烟消云散。品类创新是有风险的，如果企业自己都弄不清楚新品类到底满足了消费者的哪些刚性需求，或者需求太窄、市场太小，最后一定寸步难行。我们来看 RIO 鸡尾酒的例子。2015 年 RIO 鸡尾酒销售额接近 23 亿元，2016 年出现断崖式下滑，销售额不足 10 亿元。经过大明星代言、铺天盖地的电视剧广告植入，RIO 鸡尾酒确实激发了一波消费者尝鲜的热情，但鸡尾酒品类到底满足了消费者哪种刚性需求？在这个刚性需求上能否持续释放品类价值？RIO 鸡尾酒没能给出清晰有力的答案，消费者自然也就很难产生持续的购买行为。

说完了品类创新的三个特性，运营人员又该如何利用品类创新呢？我认为有以下四个维度。

1. 技术创新

这个很好理解，如果你有很牛的技术，就非常容易开创一个新的品类。例如，天猫有一家叫云鲸的旗舰店，靠一款单品就创造了年销售额过亿元的佳绩，它真正开创了"全自动扫拖一体机器人"这个全新的细分品类。在此之前，扫地机器人拖完地后往往需要人工换洗拖把，顶多算是半自动，云鲸通过技术创新解决了这个难题，才能在短时间内有如此惊人的市场表现。

2. 顾客需求

前面我们讲了品类之所以有创新的机会，是因为消费者潜在的需求得不到充分满足，尤其随着"新中产阶级"崛起，这种冲突就表现得越发明显。一方面传统市场厮杀激烈，另一方面国人不断去海外购物，这背后其实蕴藏着巨大的新的消费需求。我们再来看一个天猫店案例——Miss Candy，中文名叫糖果小姐，它成立于 2014 年 6 月，用了不到 10 个月的时间就在指甲油这个细分品类获得了第一名，糖果小姐之所以能成功，关键就在于它开创了一个全新的品类。

我们先来看看指甲油品类到底存在哪些问题？说起美甲，甲油的刺鼻气味、干得慢及卸甲麻烦等，大概是大众的第一印象。传统指甲油受限于技术及成本，成分中大都含有有毒或有害的溶剂、色素等。此外，传统指甲油需要用洗甲水卸除，如果做的是光疗甲，还需要借助锉刀，这都会给指甲带来物理或化学上的伤害。在创立前的一个星期，糖果小姐调研了上万名用户，得知90%以上女性都将健康列为首位或第二位。于是，糖果小姐以健康为最大特色，产品不含甲醛、甲苯、塑化剂等有害物质，做到了真正的健康、无刺鼻气味。此外，糖果小姐的产品还具有可剥特性，消费者可以直接剥离干了的指甲油，这样既缩减了传统美甲的烦琐步骤，也杜绝了卸甲产品给指甲带来的不必要伤害。

当然，指甲油对耐久度、色彩饱和度都有着很高的要求，只有解决了指甲油的这两个基本问题，健康才会上升为消费者核心的诉求。于是经过整整两年时间的研发，糖果小姐的产品具有了以下几种功能：第一，持久，牢固度提升，可保持14天，做家务、磕碰等都不怕；第二，便捷，自己在家用10～15分钟就可以做美甲；第三，光泽和色彩，如同水晶般透亮闪耀。当市面上大多数是有刺鼻气味的传统指甲油时，糖果小姐却另辟蹊径开创了一个全新的细分品类——健康指彩，这才有了后来10个月做到类目第一的神话（见图8.1）。

图 8.1　Miss Candy

3. 市场竞争

当一个品类的竞争到了白热化程度，往往也预示着创新的机会即将出现。举个天猫店案例——极米科技，我们都知道传统的投影仪市场已经被明基、东芝等大品牌所占据，并且使用范围局限在办公这个场景。极米科技作为一家成立于 2013 年的公司，它发现投影仪的使用场景可以更加多元化，于是顺势推出了基于家庭场景的投影产品，一下子就引爆了市场需求。2019 年天猫"双 12"，极米科技再创佳绩，全网销量、销售额均位居第一，实现了"双 12"六连冠，2020 年 5 月，极米科技向上交所提交了上市申请。成功的原因不言自明，极米科技聪明地避开了传统投影仪市场激烈的竞争，打破了局限，独辟蹊径开创了"无屏电视"这个全新的品类。再加上新冠肺炎疫情增加了人们的居家时间，而有了"无屏电视"，人们在家里就可以体验到电影院般的视觉效果，市场火爆就在情理之中了。

4．文化特性

文化是深植于每个人内心的精神基因，是品类创新可以借助的一个重要方面。不同地域有不同的文化，不同民族也有自己独特的文化。借助于文化，你会发现品类创新就像有源之水一样，取之不尽，用之不竭。例如，内蒙古有个叫兰格格的品牌，它开创了蒙古族酸奶这个全新的品类。兰格格借鉴了蒙古人制作酸奶的传统工艺，做出来的酸奶是低温的，早期的广告语就是"600 里草原急送"，不仅强调了送货的及时性，还附加了民族特色，这实际上就是扎根到一方文化里结出来的创新果实。

如果你的品牌刚成立，一定要仔细观察品类所处的阶段，判断它是处在启动期、发展期还是成熟期。如果品类处在启动期，我们就要抓住市场先机，尽快成长为头部品牌；如果品类处在发展期，我们就要加大市场投入，使其成为该品类的代名词；如果品类处在成熟期，我们就要洞察品类是否存在升级和创新的机会，而不是采取跟随策略或打价格战。

8.3　品类升级：找到下一条增长曲线

前面我们讲了品类发展到一定阶段，就会出现品类创新的机会，但这样的创新机会毕竟是少数，大多数情况下品类会走向升级。什么叫品类升级呢？你可以把它简单理解为消费升级。消费升级指的是消费结构的升级，即各类消费支出在消费总支出中的结构升级和层次提高。目前，我们正在经历的消费升级表现为健康、休闲、社交、娱乐等方面的需求迅速增加。

根据马斯洛需求层次理论，人的需求分为生理需求、安全需求、社交需求、尊重需求、自我实现的需求五个层次，它是一个从低层次向高层次发展的阶梯状过程，当低层次需求被满足或部分满足后，人们就开始追求较高层次的需求。那当下的品类升级有哪些特征呢？

1. 从品质到体验

品类升级突出表现为以"90后""00后"为主的年轻一代对产品体验的极致追求。以小仙炖为例，它只用了短短5年时间，销售额就达到了2亿元，并在2019年突破了8亿元，打败了老牌燕窝燕之屋，成为天猫燕窝销量第一的品牌。2020年3月，小仙炖的销售额实现了292%的同比增长，"38女王节"期间更是获得了同比471%的增长。这在整个滋补品行业发展历史中相当罕见，小仙炖是怎么做到的呢？很关键的一点在于，它抓住了品类升级的机会。

一提到燕窝，大家本能就会想到它是很传统的滋补品，而且价格不便宜。事实上，燕窝的消费人群正在变得越来越年轻化。以小仙炖为例，它的用户以一、二线城市的女性白领和孕妇为主，其中19～35岁的用户占比达到了75%。此前相关机构发布过一组燕窝行业的数据，26～30岁的用户正在成为燕窝的主力消费人群，18～25岁的"90后"人群已跃居消费排名的第二位，燕窝滋补行业正在呈现年轻化的发展趋势。但如何挑选品质上佳的燕窝、如何处理及食用、如何甄选品质及对比价格等，这些都需要消费者主动去接触和了解。而对于生活在快节奏下的年轻人来说，既没有时间去仔细研究，也没有时间去亲自炖煮，这就是传统燕窝消费的痛点所在。这时候市场迫切需要一个更懂年轻人需求的燕窝品牌，于是小仙炖横空出世了。在创立之初，小仙炖就提出了鲜炖燕窝的概念，并首创了鲜炖燕窝行业的五大标准，打破了传统燕窝滋补僵局。小仙炖创始人林小仙在走访了国内许多即食燕窝加工工厂之后，她发现所有工厂都无法满足她对产品品质的要求，于是她决定自建工厂。另外，为了让消费者吃得放心，小仙炖还特别推出了可视化的专属溯源码，拿起手机一扫便可知道产品的行踪。在最后的配送环节，为了保证燕窝以最新鲜的状态送达客户手中，小仙炖采用C2M模式，也就是订单化生产，只有客户下单后，工厂才会接到生产的命令，燕窝当天炖好后，直接通过顺丰冷鲜送到客户手中（见图8.2）。

图 8.2　小仙炖

试想一下，以前很多人买了燕窝之后，因为嫌麻烦或没时间弄就束之高阁了，而现在小仙炖直接把新鲜的燕窝煮好，不添加任何防腐剂，直接送到你手里，你什么感受？是不是觉得方便很多？并且，小仙炖推出了周卡、月卡、年卡，买了这些卡以后，客户在手机上就可以预约或更改送货时间，这相当于把以前"高大上"的燕窝食品变成了消费频次高的大众化产品。小仙炖一系列的创新举措，比如 0 添加、保质 15 天、当天鲜炖、冷鲜配送，如今已经成为鲜炖燕窝品类的标配。

通过分析小仙炖我们发现，它之所以能成功是因为洞察到了年轻人对产品体验的强烈需求，而好的产品体验包含质量、服务、包装、视觉等各个维度。作为商家，我们要从以往只注重产品的质量过渡到对产品各个维度的提升，只有这样才能提高产品的综合竞争力。

2．从功能到精神

随着消费升级，全新的消费特征也在不断浮现，比如中国传统文化的大力弘扬，培养出许多新的消费品类分支，"故宫博物院文创产品"就是其中的代表，故宫淘宝也被网友亲切地称作"朕"的生意、全球最大的网红。据说，故宫的文创产品超过了一万种，年销售额超过 10 亿元。此外，像潮流文化、动漫等二次元文化也日渐大众化，以"90 后""00 后"为代表的年轻人更注重自我表达。以泡泡玛特为例，2019 年天猫"双 11"它的销售额达到了 8212 万元，同比增长 295%，并在天猫玩具大类中排名第一，首次超过了乐高、万代等知名玩具品牌。作为一个中国本土玩具品牌，泡泡玛特凭什么在玩具这个国际巨头把持的领域逆势崛起呢？答案就在于它掌握了年轻群体对潮流文化的价值取向。首先，潮流玩具的 IP 塑造路径更短。大家都知道，传统 IP 需要长时间积累才能推出玩具等衍生品，但如今年轻人最宝贵的就是时间，为了迎合这种趋势，潮流玩具省略了故事情节，直接从形象认同入手，路径更短。其次，潮流玩具更注重年轻人的自我表达。由于潮流玩具本身没有内容和价值主张，因此它反而成为年轻人自我表达的载体。最后，潮流玩具正在成为年轻人接触文创的入门级产品。随着收入水平的提高，年轻人对于文化创意的喜爱与日俱增，潮流玩具则承担了启蒙的作用。

3．从大众到个性

如今的消费者在购物时，不再像以前一样喜欢随大流，而是什么限量我就买什么，什么个性我就买什么。还记得万人疯抢优衣库 T 恤事件吗？2019 年 6 月 3 日优衣库与 Kaws 联名的潮流服饰发售，零点一过，优衣库天猫旗舰店上发售的该系列就被秒空。落空的人们开始跑到优衣库线下店抢购，于是出现了难得一见的疯狂场面：人们就像饿了许久的鱼抢食一样，见到货就抢，摆在货架上的 T 恤抢没了，就把模特身上穿的扒下来。这听上去非常荒谬，但其实不仅是普通人，像费德勒、欧阳娜娜、周杰伦等名人也都是 Kaws 的粉丝，何况这次是 Kaws 跟优衣库的最后一次合作，还只卖 99 元，能不疯抢吗？这个看似夸张的事件背后其实是消费者对个性化产品的强烈需求，未来不仅是服装行业，消费者对吃的、用的都会更追求个性化和定制化，商家拿着流水线生产出来的产品就能"忽悠"一大帮人的时代即将一去不复返，因为消费者买的不再是单纯的产品，而是产品背后代表的价值观和生活方式。

那么，我们该如何判断品类是否出现了升级的机会？方法跟我们判断品类创新机会类似。首先判断品类是处在启动期、发展期还是成熟期，一般品类升级的机会出现在成熟期的后期；其次要洞察年轻人的消费需求和习惯，正所谓"得年轻人者得天下"。只有做好了以上两点，企业才能找到下一条增长曲线。

8.4　品类聚焦与拓展：长大的烦恼

通过前面的内容我们知道，品类发展到成熟期的后期就会出现创新和升级的机会，那品类如果处在启动期或发展期，又该采取什么策略呢？这时候我们可以选择第三种策略——品类聚焦与拓展。品类聚焦是指专注于某个细分品类，深耕深挖、做专做透，比如我是做女装的，我就一直做女装。而品类拓展是指品牌开始横向或纵向拓展，横向拓展指的是跨品类进行拓展，比如我是卖伞的，拓展到户外防晒服、防晒化妆品等；纵向拓展指的是在核心品类的上下游进行拓展，比如我是卖童装的，一开始只做 7 岁以下的婴童和幼小童服装，后来拓展到中大童，也就是 7～14 岁的儿童服装。接下来，我们通过一个天猫店案例来聊聊品类聚焦与拓展。

这个案例非常特别，它在品类聚焦与拓展两方面都非常具有代表性，它就是大希地，爱吃牛排的朋友可能听说过。除了牛排，大希地的产品还包括虾、汤包、比萨等。其实，大希地成立的时间并不长，但仅用了一年时间销售额就超过 2 亿元，2019 年大希地累计销售额高达 20 亿元，在全网牛排类目中销量排名第一（见图 8.3）。大希地是如何从零做到品类第一的呢？经过详细的调查和研究，我发现很重要的原因是大希地很好地使用了品类聚焦与拓展策略。

图 8.3　大希地

首先，我们来聊聊品类聚焦。大家有没有想过，为什么大希地一开始只聚焦牛排品类呢？我们不妨来看一下生鲜电商的发展演变，作为餐桌上的常客，生鲜需求刚性、高频，再加上对品质的要求高且保质期较短，因而拥有极高的复购率和较强的体验需求，市场空间巨大。2005 年随着易果生鲜成立，国内生鲜电商之旅随之开启，2012 年生鲜电商大量涌现，这一年也被称为"生鲜电商元年"，随后经历了 2014—2015 年的高速发展阶段，却在 2016 年迎来洗牌期：一方面，一大批中小型生鲜电商企业或倒闭或被并购；另一方面，巨头入局，不断加大冷链物流和生鲜供应链投资。基于这种背景，大希地没有一上来就做"大而全",而是选择了牛排这个细分品类作为切入口。这么做的好处有两点:一是牛排在生鲜中属于高单价产品,且这个品类还没有出现领导品牌,大希地可以集中资源进行重点突破;二是行业鱼龙混杂,市面上到处都是以次充好的牛排产品,甚至有以鸭肉、猪肉拼接牛排的做法,大希地恰好可以借机突围。

牛排作为消费升级下的产物,消费者极其渴望出现一个安全、健康、闭着眼睛就能买的品牌,这时候大希地毫不犹豫地将自身定位聚焦于牛排品类,提出"牛排就吃大希地"的口号,并且把目标人群锁定为缺乏烹饪经验的"80后"年轻妈妈。针对用户的痛点,大希地专门为"80后"这代家庭提供高品质的半成品食材,致力于让人们"5分钟做大餐",大幅度降低了家庭烹饪的难度和时间,提高了家庭美食的品质和满意度。另外,为了把集中资源办大事的优势发挥到极致,大希地将元禾原点的千万级投资全部用在了牛排产品的研发,以及供应链、物流配送体系等的搭建上。这一系列聚焦措施很快就让大希地成为牛排细分品类的第一品牌,即便到今天,它的口号依然是"牛排就吃大希地",因为它深知一旦把这个标签植入消费者心智中,未来消费者在选择牛排时就会本能地想起大希地。

企业做品牌定位的核心其实就是找准一个点,然后不停地重复。比如农夫山泉,十几年如一日地宣传它是大自然的搬运工。再来看大希地,即便它的产品线后来拓展到了海鲜、包子、比萨等,但它依然坚持把自己跟牛排画等号,一方面大希地需要巩固自己在牛排品类的领导地位,另一方面大希地继续在牛排品类发展的利润空间仍然可观,还有很大的潜力,因此,它继续聚焦牛排品类深耕的战略在未来5~10年都没有更改的必要。

接着,我们来聊聊品类拓展。很多品牌在发展到一定的规模后就会进行品类拓展,这是企业追求利益最大化的本能使然,尤其对于行业领导品牌来说,品类拓展还影响到投资者回报、市场信心等。但很多品牌在品类拓展中步子迈得太大,结果耗费了大量资源,却没有收到预期的效果。我们来看两个反面案例。一个是乐视,乐视的电视、电影等业务一开始的发展势头十分喜人,市值一度冲到了1800亿元。然而,危机的开端出在手机业务上,手机可是一个资金密集型行业,罗永浩的锤子科技最终失败也从侧面印证了做手机的难度。可乐视创始人贾跃亭那时候信心满满,他认为自己无所不能,没想到最后手机业务爆雷,供应商集体讨薪,银行开始断贷,一系列连锁反应让本就捉襟见肘的乐视雪上加霜。即便后来融创的孙宏斌雪中送炭,乐视还是没能逃过被退市的厄运,2019年5月13日深交所决定暂停乐视网股票上市,28万名股东血本无归。从乐视的案例中我们得出一个教训,企业做品类拓展时步子不能迈得太大,一定要确保资金链的健康,才能顺利拓展。

另一个是欧莎,虽然它现在的发展也不错,但是跟巅峰时期的表现不可同日而语。欧莎是一个专注做都市白领时装的快时尚品牌，创立于 2007 年，2008 年入驻淘宝商城（天猫前身），之后销量每年以 5 倍的速度增长，连续 4 年获得淘宝商城女装销售冠军，2012 年欧莎的年销售额达到 4.5 亿元，拥有 300 多万名核心用户。在此之后，欧莎进行了快速的品类拓展，将触角伸向了自己并不熟悉的男装和童装品类，还启动了线下实体店业务。从这个时候开始，快速扩张的欧莎陷入了业绩停滞的窘境，2014 年"双 11"欧莎的销售额只有 3200 多万元，同比下降 24%，2015 年欧莎在天猫女装中的排名跌到百名开外。欧莎的退步，虽然跟整个大环境的变化有关，比如电商运营成本越来越高、传统女装巨头杀入线上市场等，但最核心的问题出在激进的跨品类拓展策略上。男装、童装、实体店等业务所需要的核心能力跟运营女装完全是两码事，欧莎既没有成熟的供应链，也没有强大的设计师团队，仅靠之前攒下的老客户口碑难以支撑跨品类的新业务，结果就是生产出来的款式无法满足消费者需求，在多种不利因素的叠加之下，欧莎从淘宝女装第一的位置上退下来也在情理之中了。

可能依然有人会问，如果我的企业要扩张，有没有什么原则可以遵循呢？当然有，企业进行品类拓展要围绕一个中心，这个中心就是"客户的需求和企业的核心能力要十分契合"。还是以大希地为例，从它天猫店铺里的产品来看，除了牛排，大希地还有虾、灌汤包、比萨、意面等产品，表面看起来杂乱无章，好像什么都做，但其实都紧密契合了大希地的品牌使命：大希地定位于冷冻半成品食材品牌，面向中国的现代家庭厨房，提供半成品食材，减少家庭烹饪的难度和所需要的时间。大希地想做的不仅仅是牛排，牛排只是它进入半成品食材的一个突破口，它真正想做的是为消费者提供简单、易做、美味的半成品食材。同时这些跨品类产品所需要的核心能力，比如食材采购、冷链物流、信息化系统等都是类似的，大希地在做牛排时就已经搭建好了，接下来的品类拓展都是在共享这种能力，这就大大降低了企业投资的风险，并且有利于满足消费者的一站式购物需求，建立了品牌的行业壁垒。同样，运营人员在进行品类拓展之前，一定要问自己的核心能力是否已经搭建完成？这些核心能力包括产品研发、营销策划、信息系统、售后服务、仓库物流等，如果你的答案是肯定的，那么进行品类拓展就是水到渠成的事。

第 9 章

消费者记不住，一切白费

9.1 什么是定位思维

上一章我们讲了品类思维，相信大家头脑中有了一个基本概念，人们购买的逻辑是"用品类思考，用品牌表达"，没有品类就谈不上品牌。但问题是任何一个品类下都不止一个品牌，为什么人们偏偏要记住你？于是就延伸出了本章的内容——定位思维。其实，"定位"这个词现在有点被滥用了，似乎营销中的一切术语都可以和"定位"这个词组合在一起，形成一个新的概念，比如产品定位、市场定位、人群定位、竞争定位、心智定位、业务模式定位等。因此，我们有必要回归定位的源头，去看看定位能给品牌带来什么，而不是为了定位而定位。

定位理论是美国著名营销专家艾·里斯与杰克·特劳特于 20 世纪 70 年代提出的，里斯和特劳特认为定位不是你对产品要做的事，而是你对预期客户要做的事。换句话说，你要去"操纵"客户心中的想法，确保产品在预期客户的头脑中占据一个真正有价值的位置。每个品类下客户能记住的品牌一般不会超过 7 个，因此，品牌定位要解决的根本问题是如何在客户能记住的品类列表里给自己的品牌找到一个位置，其本质是要在客户的心智中给自己贴上一个标签，使自己区别于其他竞争对手，进而占据一个品类。

9.2　人群定位：年轻人就是未来

品牌在消费者心智中的样子关系到品牌的营销和传播方向，甚至是一个品牌的生死。因此，品牌定位是每个商家在开店之前必须做的一件事，也就是想清楚我的产品要卖给谁？卖什么产品？在哪里卖？对应我们常说的人、货、场。下面我们就聊聊产品要卖给谁的问题，也就是品牌如何找到自己的目标人群，它对于品牌建设至少有以下几个重要意义。

1．让品牌形象更准确

精准的目标人群定位可以让运营人员获知该人群的审美喜好、听读喜好，以及选择同类产品时的直觉喜好等信息，有了这些信息，运营人员就可以根据目标人群的喜好去打造品牌的形象。

2．让传播渠道更准确

不同的人群在接收外来信息的习惯上存在着巨大差异，有的人喜欢看影视剧，有的人喜欢看网剧，还有的人喜欢逛小红书、豆瓣、B 站等社交网站，运营人员可以根据不同人群获取外界信息的习惯与爱好差异，制定更精准的传播策略，让品牌传播取得最佳效果。

3．让品牌体验更准确

同样一款产品，面对的人群不同，所要打造的产品及服务体验也不同。对于年轻人来说，他们更喜欢新奇、有趣的购物体验。以钟薛高为例，为了回馈有过两次以上购买行为的客户，恰逢高邮湖开渔，钟薛高就在客户毫不知情的情况下，给每位客户送了一条冻在冰砖里的鱼，结果公司的电话、客服旺旺直接爆掉，无数客户询问究竟是怎么回事。这种客户自发传播的效果要好过千万级别的广告，因为它成本极低、效果极好。

4．让营销模式更准确

好的营销模式应该是策略、渠道、步骤、行为的完美结合，而每个环节的设计都需要考虑品牌的目标人群。客户的消费习惯、消费心理、消费频率、购买欲来源等信息是否准确都会影响最终营销的效果。以天猫鸡胸肉著名品牌优形为例，针对健身塑形人群，它用举办跑步活动及现场免费试吃的营销策略拉拢客户；而针对轻减肥人群，它通过与综艺节目《向往的生活》合作展现品牌健康向上的理念，从而影响目标人群的购买决策。

5．让市场拓展更准确

目标人群定位包括对人群的聚集区域、聚集场所、活跃区域、交集区域、交集频率等信息的掌握，这些信息可以让运营人员很直观地知道哪些区域是潜在客户的集中地，什么时间段会出现峰值，从而帮助品牌制订准确有效的市场拓展计划。

淘宝改版以后，从过去的"人找货"模式变成了如今的"货找人"模式。如果你的店铺的人群定位不够精准的话，就会导致流量不精准，而流量不精准又会影响店铺的转化。

当然，人群划分的维度有很多，其中年龄在 18～30 岁的年轻人群体，运营人员一定要更加重视。放眼望去，无论是最近几年涌现出来的新兴品牌，还是传统品牌的转型升级，几乎都离不开对年轻人的重视。有句话叫"得年轻人者得天下"，可见年轻人在消费市场中的分量有多重。接下来，我们通过两个案例探讨一下如何做好年轻人的定位。

先来看一个服装品牌案例。作为一个十分传统且竞争非常激烈的行业，碰上 2020 年新冠肺炎疫情，服装行业可以用"一片惨淡"来形容，然而在这种情况下，却有一个叫 Bosie（中文名叫伯喜）的新兴服装品牌大放异彩，引起了人们的关注。伯喜定位为"无性别服饰"品牌，用了不到两年时间，就从一个"相对小众的设计师品牌"成长为"95 后""00 后"心目中的主流时装品牌（见图 9.1）。销售额从 2018 年 6 月上线天猫后首月的 100 万元，做到了 2019 年全渠道销售额 1.4 亿元。线上启动不到 9 个月就从电商走到了线下，开了 11 家线下店，不到 3 年时间就获得了包括青山资本在内的 3 轮数千万元投资，被业内评价"其经营水平已经和国际领先的快时尚公司持平，国内的服装品牌望其项背"。伯喜到底凭什么获得如此高的评价？其中很关键的一点就是，它把自己定位为年轻人，特别是"95 后""00 后"的时尚服装品牌。可能有的人会说这也没什么难的，无非就是年轻人喜欢什么我就卖什么，话虽没错，但年轻人到底喜欢什么呢？该如何挖掘年轻人的需求呢？通过解读伯喜，我们也许能找到一些脉络和灵感。

图 9.1　伯喜

虽然服装行业整体低迷已经成为不争的事实，但独立设计师品牌表现出了旺盛的生命力。据 CIC 2016 年的研究，国内设计师品牌近 5 年一直保持 20% 以上的增速，2020 年的市场规模突破 900 亿元。伯喜为了将自己打造成一个专门为"95 后""00 后"服务的"无性别服装"品牌，建立了一支独立设计师团队，平均年龄才 25 岁，他们更懂得年轻人的审美。另外，在产品研发机制上，传统服装企业的设计师大都讲究论资排辈，伯喜却大胆放权给有想法的年轻人。举个简单的例子，2019 年天猫"双 11"，伯喜跟法国童话 IP 小王子联名做了一款羽绒服，这款羽绒服设计得十分花哨，有些人甚至觉得有些幼稚，但在"双 11"开场后的 10 分钟就卖了近一万件，最后若不是因为缺货，估计单款可以冲到 2000 万元甚至 3000 万元的销售额。鲜为人知的是，这款联名羽绒服是一个月薪 3500 元、1999 年出生的实习生做出来的，正是伯喜对于年轻设计师的信任，才有了这次堪称惊艳的市场表现。伯喜的成功并不是偶然的，它不是简单地把自己定位为年轻人的服装品牌，而是塑造为骨子里为年轻人而生的这样一个服装品牌，这恰恰是它从传统服装品牌中脱颖而出的原因。

再来看一个保健品案例。一提到保健品，大家可能觉得中老年人才是它的目标人群，但有一个澳大利亚保健品品牌 Swisse，近几年在保健品领域可以说是超级网红，成为"双 11""6·18"最受欢迎进口品牌。Swisse 的成功除了抓住进口电商的红利，还有很重要的一个原因是当其他品牌都在向中老年人推销保健品时，它却把目标人群转向了年轻人。Swisse 成为中国保健品行业的颠覆者，它不断引导年轻人重新认识和接受保健品。在贯彻年轻化的品牌定位这个企业战略上，Swisse 做到了以下三点。

一是坚持产品年轻化。针对年轻人职场压力大、脱发、熬夜、失眠等问题，Swisse 紧扣年轻人痛点，推出了复合维生素及膳食补充品、运动营养品、美容营养品、功能食品等产品。同时，为了让年轻人接受养生的生活方式，Swisse 创新了保健品的服用场景，其研发的多款产品让年轻人既能边吃火锅边养生，也能边喝奶茶边养颜，快乐和健康兼得，在年轻人中掀起了一股健康养生的新风潮。

二是坚持内容年轻化。为了跟年轻人产生共鸣，2019 年 10 月 27 日，Swisse 官方宣布迪丽热巴正式成为品牌代言人，并通过"激活 Q 弹少女肌""戳戳我的胶原蛋白"等互动活动，抓住了年轻人渴望兼顾时尚与健康的诉求。

三是坚持渠道年轻化。年轻人喜欢社交，Swisse 就在传播渠道上下功夫。在微博、微信、抖音、小红书等社交平台上，以及行业头部 KOL 的宣传中大家都能看到 Swisse 的身影。

通过以上三步，Swisse 把自己打造成了一个完全年轻化的品牌，让年轻人想到保健品时马上就会联想到 Swisse。其实，伯喜和 Swisse 都不是简单地把自己的目标人群定位成年轻人就完事了，而是从内到外将产品、营销、内容、渠道等环节都改造成为年轻人服务，年轻人喜欢什么我就生产什么，年轻人喜欢出现在哪儿我就去哪儿。因此，无论品牌把自己的人群定位成年轻人、中年人还是老年人，都要站在目标人群的角度去思考他们真正关心什么、喜欢去哪儿、爱和谁打交道等，并提供让他们尖叫的产品和服务，这才是品牌进行人群定位的正确方式。

9.3　超级符号：千万不要教育市场

人群定位是品牌定位首先要解决的问题，因为很难有品牌能做到把产品卖给所有人，但人群定位仍然无法解决如何让人们在数量众多的品牌库里快速选出我的品牌并放入心智中的品牌"储物柜"这个问题。于是，我想到超级符号和抢占心智两种策略，它们或许可以帮助大家解决这个难题。

我们先来聊聊超级符号，什么是超级符号？在人类社会还没有出现"品牌"这个词以前，人们主要靠符号去理解与表达，比如一提到春节，中国人脑海里立马出现的联想就是对联、门神、春晚等一系列符号。这些符号潜移默化地融入人们的生活，有时甚至不需要思考它们为什么存在，人们就会不由自主地依照它们提示的信息行事，这就是超级符号的威力。就像在日常生活中，大部分品牌通过 LOGO 被识别，而有的品牌不需要 LOGO 就能一眼被认出来，比如当你看见老花色的 Monogram 图案时，你能迅速反应过来这是 LV 品牌的产品。超级符号是人们本来就记得、熟悉、喜欢的符号，是蕴藏在人类文化里的"原力"，是隐藏在人类大脑深处的集体潜意识。

超级符号到底是如何影响消费者心智的呢？一方面，人作为符号化的动物，符号携带或明显或隐喻的意义，深刻地影响着人的行为，或者说符号控制了人的行为，是驱使我们消费的动力。在消费社会，商品即符号，人们通过消费商品来传达自己的品位、爱好、身份等信息。另一方面，品牌只有调动大众的集体潜意识，才能让消费者对品牌有感觉，只有与大众的内心产生共鸣，才能获得消费者的认可及品牌溢价。比如一看到绿格纹的餐桌布，大家立马就会联想到它是餐厅的符号、是吃饭的符号。比如厨邦就把绿格子布嫁接到自己品牌上，结果销售额比之前提高了 10 倍以上，它就调用了人们对绿格子布的集体潜意识。既然超级符号的威力这么大，运营人员该如何打造属于自己品牌的超级符号呢？我认为主要有以下几种方法。

1. 品牌 LOGO

虽然超级符号不局限于品牌 LOGO，它还可以是品牌的外包装、人物形象、触觉、嗅觉、听觉等，但 LOGO 仍是品牌打造超级符号十分常见的一种方法。我们来看一个天猫店案例——袋鼠妈妈，一提到这个名字，大家凭感觉都会联想到与母婴、孕妇相关的产品，事实上袋鼠妈妈就是做孕妇护肤品的。再来看袋鼠妈妈的 LOGO，一只袋鼠妈妈和一只小袋鼠站在一起，小袋鼠依偎在妈妈怀里，抬头望向自己的妈妈，这是一个多么形象、有爱的画面。接着袋鼠会让你联想到什么？澳大利亚对不对？而袋鼠妈妈恰好就将自己定位为"澳洲孕期鲜护肤专家"，其实不用太多语言，消费者就能从品牌 LOGO 里读出大量信息。袋鼠妈妈将品牌 LOGO、品牌名称、品牌口号与它所经营的产品完美地结合起来，形成了自己品牌的超级符号，它不仅帮助企业节省了大量的宣传费用，还让品牌连续 6 年成为全网孕妇护肤类目的销量第一（见图 9.2）。

🛒 图 9.2　袋鼠妈妈

2. 优秀的产品

超级符号不是寻章摘句、故弄玄虚的噱头，而是建立在超级产品的前提下。复购率高或人带人的能力强是超级产品的核心特征，重复购买说明产品得到了客户的认可，而带其他人购买，说明客户愿意分享，产品已形成口碑。比如只要一提到"无感标签内衣"，有些人立马就会联想到蕉内，这就要归功于它极度舒适的产品体验。与传统内衣品牌喜欢强调耐穿不同，蕉内更注重内衣的舒适性，它把以往的粗缝线改成了细缝线，且缝线是毛茸茸的。同时，蕉内还在掉色、起球、松紧度等方面做了很多优化，让人们在接触产品的那一刻就能感到无比的舒适。因此，如果没有出类拔萃的产品体验，只有一个符号也无法成为让客户不断复购或自发传播的超级产品。

3．独特的视觉

我们利用超级符号的关键是寻找目标用户心智中早已存在的符号，并通过艺术化的手段实现嫁接。这些识别符号不仅要具备客户靠常识就能理解的某些特征，还要具备一定的独特性，让客户一眼就能将品牌认出来。比如美团外卖的黄色，饿了么的蓝色，都是很好的视觉识别符号。简单来说，常识性让客户一看就能明白，独特性让客户一看就能记住，两者相辅相成。我们来看两个天猫店案例，第一个是瑞典时尚手表品牌DW，它在2014年6月入驻天猫，2015年"双11"就获得了手表类目单店第一，同时在国内开设了166家实体店铺，2015年其全球营业收入已高达2.2亿美元。DW不仅十分擅长运用社交网络进行品牌传播，还很会利用超级符号的视觉策略。品牌其实和人一样，最怕的是什么都好，但就是没特点。DW恰恰相反，在制表技艺上，它知道自己很难与传统大牌竞争，于是它就在手表的视觉上加了一个超级符号——花色尼龙表带。这种尼龙表带最初是由英国国防部给士兵定制的，既十分耐用，又可以作为紧急绷带使用。DW独具慧眼，成为第一个把尼龙表带和简约风格设计的表盘搭配在一起的腕表品牌，它打造了一种简约时尚的学院风，让DW在众多手表品牌中迅速被识别出来，从此尼龙表带成为DW的超级符号（见图9.3）。

图 9.3　DW

第二个是精品速溶咖啡品牌——三顿半，成立5年左右，三顿半就在2019年"双11"中成为咖啡品类目的销量第一，超越雀巢登顶。要知道，此前雀巢可是称霸了咖啡品类目榜首近10年，直到黑马三顿半的出现才打破了这种格局。三顿半通过对超级符号视觉策略的运用，让很多人被其"颜值"所吸引。它摒弃了传统速溶咖啡的塑料袋包装，选用了强辨识度的"杯子装"，不少用户喝完咖啡后喜欢把杯子留下，用来种植物或做其他的装饰品。正是这个让人过目不忘的小杯子，让三顿半的包装成为二次广告宣传的阵地，同时成为品牌与用户互动的超级接触点。

4．重复

除了以上几点，品牌想要利用好超级符号视觉策略，还需要重复，因为宣传即重复。有研究表明，一个广告只有在陌生人面前出现 6 次以上，人们才有可能记住它。我们来看一个案例——妙可蓝多，很多人之所以能记住这个品牌，并不是因为它的产品多么独特，而是它在宣传时把重复这种策略运用到了极致。"妙可蓝多，妙可蓝多，奶酪棒，奶酪棒，高钙又营养，陪伴我成长，真美味，真美味"，这首由耳熟能详的《两只老虎》改编的广告歌出现在全国大大小小城市的小区电梯广告中，再加上央视的密集广告投放和知名动漫 IP 汪汪队的加持，妙可蓝多最终占据了消费者心智中"中国第一奶酪品牌"的位置。

可以说超级符号就像隐藏在品牌背后的一只手，它时刻影响着人们的购物决策。如果要给运营人员一句忠告，那就是品牌千万不要试着去教育市场，因为教育的代价十分惨重。

9.4　抢占心智：得人心者得天下

其实，超级符号只是品牌抢占消费者心智的手段之一。那什么是心智呢？简单来讲，一个人的心智就是其过往获得的一切知识及经验的总和，包括基于这些知识和经验形成的思考方法和思维模式。品牌为什么要去抢占消费者的心智呢？因为每个人的心智容量都是有限的，品牌只有经过激烈的竞争，才能进入消费者的心智。

纵观商业史，企业之间的竞争共经历了四个阶段。第一个阶段，流水线时代。它是企业之间竞争的原始阶段，发生在 20 世纪 70 年代初期。那时销售渠道稀少且货源紧缺，产品不愁销路，企业生产什么，人们就买什么。在这个阶段，企业只需要想办法提高生产能力和生产效率，生产出更多的产品，就可以赚得盆满钵满。第二个阶段，渠道时代。这个阶段发生在 20 世纪 90 年代，物流运输业开始兴起，产品销售突破了地域限制，转而面向全国，企业之间的竞争已经从生产能力上升到对新的销售渠道的抢夺。面对全国巨大的消费市场，产品自然供不应求，这时候谁能进入更多新的销售渠道，占据更有利的位置，谁就能让更多的人看到和购买。比如国美与苏宁就是在这个时候发展起来的电器渠道商，以及娃哈哈、格力、美的等一大批品牌也在同期建立了庞大的经销商网络。第三个阶段，广告时代。从 20 世纪末、21 世纪初开始，产品供给出现了一定程度的过剩，同类型的产品往往有多个品牌供人们选择。与此同时，媒体出现了爆发式的发展，成为左右人们选择与判断的关键砝码。谁掌握了媒体，谁投放了更多的媒体广告，谁的广告内容更加出众，谁就能吸引更多的人购买。最能体现这个时期特征的是央视每年的广告招标现场，从 1995 年孔府宴酒以 3079 万元在央视首届竞标会上一举夺魁，被戏称为"标王"，到后来"标王"不断涌现，中标金额也一再刷新人们的认知。第四个阶段，品牌时代。如今，产品供给出现了严重过剩，产品的同质化也愈发明显，同时市场上以次充好、坑蒙拐骗等商业恶性行为日益增多。人们开始由以往的关注产品过渡到重视品牌，因为品牌意味着更好的质量和更优质的服务。既然我们已经身处品牌时代，即抢占消费者心智的时代，那我们就必须了解心智的思考模式。

1．心智厌恶混乱

简单的东西往往更容易被人们所接受，因为人的心智厌恶混乱，因此品牌信息要尽量简化，标签鲜明。比如足力健，一提到老人鞋很多人立马就能联想到它。别的不说，只要看到足力健的 LOGO：一个挂着拐杖、迈着大步的人形图像，下面一行文字"专业老人鞋，认准足力健"，大多数人立马就能明白它是卖什么的，这其实就是利用了心智喜欢简化信息的特点（见图 9.4）。

图 9.4　足力健

2．心智分类存储

人们认识一个新事物的规律是先对它进行归类。比如一提到精油你会想到哪个品牌呢？相信很多人立马会脱口而出——阿芙，为什么不是其他品牌呢？这是阿芙常年宣传的结果，它把品牌口号及宣传关键词都聚焦于精油，比如"阿芙，就是精油"，这相当于把阿芙和精油品类直接画等号。当人们购买精油时，第一个想到的自然就是阿芙，甚至其他品牌在宣传精油时，都间接地为阿芙做了宣传。

3. 心智难以改变

人们一旦形成了自己的分类体系，品牌如果不能用人们认可的分类和概念来表达，往往很难进入人们的心智。比如我之前提到的冰箱空气净化器，人们在心里早已把它跟冰箱画等号，且这种认知难以改变，如果商家硬要宣传冰箱空气净化器同样可以用在鞋柜、厨房、厕所等场所，无疑是在挑战人们已有的认知，结果当然是撞得头破血流。

4. 心智缺乏安全

品牌进入人们心智最大的一个障碍是"我凭什么相信你？"，因此，品牌需要提供足够的安全感去消除人们心中的顾虑。举个例子，最近非常火的低温酸奶品牌——简爱，它于2018 年 5 月入驻天猫，月销售额很快就突破了 800 万元。简爱之所以能成功，因为它洞察了人们对于普通酸奶中所含各种添加剂的担心，于是它推出了零添加剂的酸奶，并以一句"生牛乳、糖、乳酸菌，其他没了"的口号打消了人们对食品安全的顾虑，从而在人们心智中建立了安全零添加的品牌认知（见图 9.5）。

图 9.5　简爱

5．心智青睐第一

这里说的第一是指进入人们心智中的第一，第一个品牌往往被解读为实力雄厚且深受大家欢迎。大家不妨想象一下我们能记住的人、事、物：世界第一高峰珠穆朗玛峰、中国航天第一人杨利伟、进入 NBA 的第一位中国球员姚明等，有谁还记得第二位登上月球的人叫什么名字？世界第二高的山峰是哪一座？恐怕很难吧！在利用"第一"这一点上，淘宝上也有非常多优秀的案例，比如半亩花田，它说自己是天猫身体护理类目的第一品牌，卫仕说自己是宠物营养品类目的天猫销售额第一名，源氏木语宣称自己连续 8 年获得天猫纯实木家具类目的第一名等。可能很多人会疑惑能获得第一名的品牌只有一个，你让后面的品牌怎么办？其实这里面有个隐藏的诀窍，比如卫仕说自己是宠物营养品类目的天猫销售额第一名，其实它参照的是 2018 年 4 月到 2019 年 10 月的数据，并且只是在某个月份拿到了第一名。相信大家也看出了其中的奥秘，"第一"是有很多维度的，你可以按照时间来分，比如年度第一、季度第一、月度第一，也可以按照产品来分，比如单品第一、类别第一，或者某个指标第一，只要你去想一定可以想出很多个"第一"来。

不过，我们还需要一个秘密武器才能将品牌的定位深深植入人们的心智中，它就是不断地重复。在这方面，脑白金可以称为鼻祖，虽然很多人都觉得脑白金的广告恶俗、无聊、没创意，但不可否认，它的广告起到了绝佳的宣传效果，直到今天，它的广告语很多人都能脱口而出。在如今以社交媒体为主导的移动互联网时代，这种重复策略依然有效。比如 HFP（全称 Home Facial Pro），2014 年在广州成立，两年多时间它的销售额就突破了 10 亿元。我在对 HFP 做深入分析后发现，它的方法和脑白金出奇的一致，说 HFP 是脑白金的信徒一点也不为过。HFP 在微信公众号的投放上简直可以用密集轰炸来形容，它投放最多的是与自身定位相符的公众号，其中以美妆、公信力杂志大号、个人号等为主。从 2016 年 3 月到 2018 年 8 月，HFP 累计合作公众号 1428 个，投放 6247 次，广告费过亿元。全覆盖、广撒网、重复传播，可以说是 HFP 内容营销的几个主要特点。在很多商家对微信公众号的投放效果持怀疑态度时，HFP 抓住了这波红利，它以极低的单次成本，利用不同的公众号发出相同的声音，从而占据了人们心智中"成分护肤领导品牌"的位置。占据人们心智之后，HFP 开始将意向客户引流到官方公众号和天猫旗舰店，促进了销量的强劲增长。

当然，任何营销传播都是有窗口期的，一旦有商家抢占了人们心智中的某个核心资源，同行其他商家就很难再去改变。比如二手车电商领域，自从瓜子二手车以饱和式宣传抢占了人们心智中第一的位置后，短短一两年时间，市场中的其他二手车平台就纷纷宣布倒闭或裁员。可见，品牌越早进入人们的心智越能获得发展先机，用一句话来总结就是"得人心者得天下"。

第 10 章

打造超级转化率的秘诀

10.1 颜值思维：始于颜值，忠于品牌

正所谓"颜值即正义"，不仅适用于人，还适用于商品。三明治机要能印出卡通图案，多功能锅要有马卡龙配色，榨汁机和豆浆机也要有多种可爱的造型等，可以说颜值已经成为人们购物时非常重要的参考因素。现象级家电品牌戴森就是一个很好的例子，在高端性能的底色上，戴森将简约、时尚、科技融为一体，打造出独树一帜的高颜值产品，即便价格动辄三五千元，也不妨碍它受到中产消费者的疯狂追捧。一直以来，颜值都是产品不可或缺的一个要素，但与以往不同，如今颜值在产品中所占的比重越来越高，背后主要有以下几个原因。

首先，收入提高催生"颜值热"。在商品匮乏、消费水平低的年代，市场上的商品由于秉持够用、耐用的原则，大多缺乏设计感，人们也普遍欠缺审美，对商品外观的要求相对较低。而随着社会经济的快速发展，人们的消费能力逐渐提高，尤其随着年轻人成为消费的主力军，社会需求结构发生了翻天覆地的变化，消费者不仅要求东西"好"，还要求东西"美"。

其次，颜值影响购物体验。很多人认为颜值就是"看脸"，其实不然，它还会影响人们的购物体验。1980 年有一项科学研究，将青柠味饮料调成橙色给受试者喝，结果近一半的人认为饮料是橙味的，当饮料被调成绿色后，就没有受试者这么认为了。同样影响味觉的还有包装，根据受试者的反馈，白色杯子里的咖啡比透明或蓝色杯子里的咖啡感觉更苦一些，而包装中的黄色更多时，受试者感觉汽水的柠檬味更重。

最后，高颜值等于社交货币。如今，产品除了满足人们的功能需求，还代表了人们的

品位与审美。很多人吃美食之前要拍照，买了好看的玩偶第一时间合影，去了某个七星级酒店先发照片到朋友圈等，这些行为本质上都是为了得到他人的关注。拍照好不好看，有没有品位，够不够独特，已经成为人与人之间的一种谈资，是人打造自身符号系统的一部分，也是我们通常所说的"社交货币"。社交货币的确时时刻刻影响着我们的购物决策。有段时间非常流行的星巴克"猫爪杯"，原价199元的杯子本就不便宜，但由于抢的人实在太多，结果售价被炒到了799元甚至更高。由于稀缺性和独特性，"猫爪杯"已经不是一个单纯的杯子，而是成为星巴克粉丝的一种身份象征。

那很多人可能要问了，产品做成什么样子才算高颜值呢？我认为高颜值至少有三个层次。

1. 外观

人们看一个产品，第一眼肯定被它的外观所吸引，比如包装好看、产品设计独特、颜色流行等。这是颜值最初级的表现形式，主要有以下两个判断标准供大家参考。

（1）独特性

一个产品的颜值高不高，首先取决于它与别的产品有什么不一样，即便你的产品设计得再好看，但如果与别人的产品雷同，那也很难引起人们的注意。其次，好看是一件特别主观的事情，因此产品的设计风格还要符合目标用户的审美。比如有一个叫谷小酒的新兴白酒品牌，这几年的风头盖过了很多传统白酒巨头。作为进驻天猫不久的白酒品牌，谷小酒旗下的"红米粒系列"就荣登2019年"双11"天猫V榜，目前谷小酒一年的销售额已经超过1亿元，复购率也达到了惊人的45%，在白酒行业还没有一家品牌能做到这个数字。先不说酒的味道怎么样，当我们第一眼看到谷小酒时，就很容易被它独特的颜值所吸引，它的瓶子设计成了一粒米的样子，上面尖，下面宽，喜庆的红色，再配上大大的"谷"字，十分惹眼。在独特性之外，谷小酒的外观设计还获得了最权威的两个世界级工业设计大奖，一个是被誉为设计界"奥斯卡奖"的2019iF设计奖，另一个是德国官方颁发的最高级别工业设计奖——德国国家设计奖，如此高能的设计风格瞬间俘获了年轻人的心，成为他们之间的一种社交货币。然而，在谷小酒推出这款酒瓶设计之初，有不少白酒行业的资深从业者直呼它是"外行人"，可没想到这种设计却深得年轻人的心（见图10.1）。因此，产品要想卖得好，既要把产品外观设计得跟别人不一样，又要符合目标用户的审美，让他们看一眼就爱上，还愿意到处去宣传。

图 10.1　谷小酒

（2）分享性

一个产品好不好，很重要的一个判断标准是，用户愿不愿意自发地在朋友圈或社交媒体上分享。然而，要做到这一点并不容易，因为用户分享的东西代表了他的品位，没有任何人愿意分享一个看起来很低级或烂大街的东西，用户能主动分享，说明你的产品已经成为他圈子里的社交货币。比如空刻意面，它 2019 年 7 月才开设天猫店，上线仅仅几个月便在当年"双 11"荣登速食意面类目的榜首，单月售出 150 万盒，销售额突破千万元。空刻的成功很重要的一点就是，无论是对于产品外包装，还是在直播或短视频里展示的样品，都要求做到有仪式感。什么叫仪式感？简单地说，就是给一件单调普通的事情赋予意义，把平凡的日子过得不一样，它是快节奏生活中年轻人表达情感的一种方式。在这方面空刻相当在行，比如图 10.2 中的"烛光意面"速食系列，一盘秀色可餐的意大利面旁边配上了一瓶法国红酒，从而很好地营造了一种烛光晚宴的氛围。

图 10.2　空刻

2. 体验

这个层面的颜值开始追求产品视觉与体验上的完美融合，而非停留在产品外观、包装、颜色等方面的好看上。比如同样一款颜值很高的儿童书包，为什么有的人宁愿花高价买日本货而不愿意买国产货呢？根本原因在于人家的产品在体验上确实做得比咱们要好。日本的儿童书包在设计方面非常人性化，比如有防地震功能、GPS 定位功能，甚至如果小孩子落水了，书包还可以起到救生工具的作用。反观国内有些儿童书包的设计，过分注重外观样式，虽然价格便宜，但小孩子一背到身上就感觉十分不舒服。其实，真正的高颜值，不仅要让人们第一眼看了就喜欢，还要在使用的过程中让人们感受到商家的用心与温度，也就是我们常说的"表里如一"。

3. 品牌

颜值代表人们对产品的第一印象，但绝不是最终印象。颜值的本质其实是品牌力，它涵盖了产品质量、企业文化、社会责任等各个方面。比如苹果手机，很多人最初喜欢它，可能是因为它简约优雅的外观，流畅好用的操作系统，以及优良的产品性能等，但时间一长你会发现，那些真正的粉丝，无论苹果推出什么样的新品，他们都会第一时间去支持，因为粉丝购买的已经不是单纯的产品，而是品牌所代表的生活理念。因此，颜值是起点，品牌才是终点。

10.2　背书思维：站在巨人的肩膀上

在前文中，我们谈到人的心智普遍缺乏安全感，之所以会这样，是因为心智对以下五种风险的担忧：第一种，金钱风险，买这个产品可能买贵；第二种，功能风险，产品可能不好用，或者不像想象中那么好用；第三种，人身风险，看起来有危险，我可能受伤；第四种，社交风险，我买了它，周围的人会怎么看；第五种，心理风险，买了它可能产生心理负担。因此，品牌要通过建立信任状体系来消除人们心中的不安全感，说得简单点就是背书。背书对于品牌来说意味着一种保障，它能大幅度提升品牌的说服力。关于背书的方法有很多，这里列举八种比较常用的方法供大家参考。

1. 借助权威

权威有一种天然的让人自愿服从的能力，主要包括权威专家、权威机构和权威典籍等。

（1）权威专家

寻找行业专家，利用其专业形象给品牌背书，从而赢得消费者的信任感。比如舒适达牙膏，它就通过口腔医学专家告诉消费者适合什么样的牙膏。

（2）权威机构

权威机构既可以是 CCTV、省级卫视、视频网站等媒体机构，也可以是行业协会、专业检测机构、专业评审机构等第三方独立组织，它们在各自行业里有一定的公信力和影响力。如果品牌能得到这些权威机构的背书，就能证明自身的实力，从而增强消费者的信任感。比如即食鸡胸肉品牌优形，通过入驻《向往的生活第四季》这档现象级的综艺节目和天猫小黑盒，很快打开了市场销路。

（3）权威典籍

我们经常看到一些做食疗或保健品的商家，它们会说自己的产品配方源自某部古籍，这种做法其实就是在借助权威典籍的影响力，比如东阿阿胶就借用《本草纲目》做背书。

2. 借助有影响力的个人或品牌

有影响力的个人，指的是明星、网红、企业家等个体。优形邀请万茜作为其品牌代言人就是一个成功的案例，不仅因为她的热度高，还因为她身上彰显出来的"有型""实力""随性"等气质，与品牌的形象有着极高的匹配度。艾漫数据显示，2020 年 7 月，在食品类代言效果榜单中，优形鸡胸肉与万茜的组合，以 98.73 分的代言效果指数高居榜首，万茜成为该月的代言赢家。因此，品牌要选择符合自身气质的代言人做背书。

有影响力的品牌，是指那些已经在市场上建立了美誉度的企业。在这方面，钟薛高跨界联名的做法值得大家借鉴。钟薛高联合泸州老窖、荣威、飞亚达等知名品牌推出的几款脑洞大开的跨界产品，引发了市场热议。当然，沃尔玛、万达广场、天猫等高势能渠道，还有富士康这样极具实力或品质保障的供应商，也能够很好地为品牌塑造说服力。

3. 借助企业实力

企业实力包括行业地位、技术储备、定义标准、服务承诺等。

（1）行业地位

我们知道消费者有青睐第一的倾向，因此很多企业为了彰显自己的实力和市场地位，都会称自己是某个品类的开创者或领导者。还是用优形来举例，即食鸡胸肉市场的开创者和领导者都是凤祥股份，凤祥股份旗下的鸡胸肉不仅通过了多个国家严苛的检测，还被国家体育总局训练局选定为国家队运动员的保障产品。优形就借助了母公司凤祥股份的行业地位做背书，进而彰显了自己的实力。

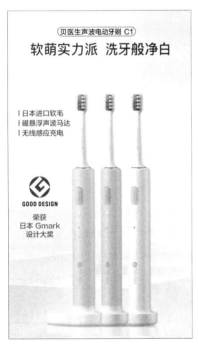

图 10.3 贝医生电动牙刷

（2）技术储备

企业掌握的核心技术也是消费者十分看重的一个方面，因此格力才会把空调的核心技术作为其主要的宣传点。再比如贝医生在口腔领域拥有 60 多项发明和实用性专利，这些发明和专利让其在起步之初就获得了消费者的追捧（见图 10.3）。

（3）定义标准

在大众印象中，能定义一个行业或产业标准的企业，一般都是具备技术实力的大企业。为什么华为的 5G 如此受欢迎？原因就在于华为是很多 5G 技术的标准制定者，像高通、苹果这样的知名品牌，每年都要向华为支付一大笔专利费。再比如金龙鱼宣传自己的营养比例是 1∶1∶1，这其实就是利用专业性定义标准，进而给消费者带来积极的心理暗示。

（4）服务承诺

一个企业敢承诺本身就能给消费者以信心，比如强调 30 天无理由退换货、假一赔十、线上与线下统一价等。

4．借助数据

借助数据往往能够让复杂的事物变得简单明了。因此，不妨用真实的数据说服消费者，比如电脑、手机这样的 3C 数码产品，我们可以展示产品在高温、遇水、跌落、重击等各种严格测试环境下的数据表现。此外，销售数据也可以做背书，每到"双 11""双 12"这样的大型促销活动，很多商家就喜欢发战报，因为战报中列出的活动销量、销售额、增长率等数据，能够展示出企业的实力和受欢迎程度。

5．借助从众心理

产品的销量和评价之所以重要，其实是从众心理在作祟。如果滥用，也可能起到反效果。

6．借助活动事件

大到奥运会、世博会、亚运会等活动，小到行业论坛、小众活动等，企业都可以根据自身实力和需要选择赞助或支持，这些正面积极的活动事件能赋予企业不一样的精神特质，比如红牛就经常赞助一些极限运动，如攀岩、高空飞行、滑板、汽车拉力赛等，这些活动事件将红牛"创造无限可能"的品牌理念深深植入了运动爱好者的心智中。

7．借助社交媒体

据统计，人们平均每天花在社交媒体上的时间已经达到四五个小时，因此社交媒体自然成为消费者接触品牌的一个非常重要的渠道，比如完美日记是靠小红书火起来的，HFP是靠微信公众号火起来的，花西子是靠抖音火起来的等。如果品牌不会借助社交媒体给自己背书，未来将很难进入消费者的视野。

8．借助企业的社会贡献

面对新冠肺炎疫情，阿里巴巴、腾讯、百度、恒大、字节跳动等企业都在第一时间站出来给武汉捐款捐物，不仅这一次，其实一旦出现比较大的危机事件，很多企业都会第一时间伸出援手。企业之所以这么做，一方面是出于社会责任感，另一方面是借助企业的社会贡献给品牌做背书。

总之，背书就像为品牌立了一个"信任状"，相当于"站在巨人的肩膀上"去开展业务，尤其对于新品牌而言，如果能通过以上方法给自己背书，就能够快速赢得消费者的信任感。

10.3　爆款思维：爆款是企业的灵魂

进入互联网时代，企业和消费者之间的距离极大地缩短了，无须通过一级级的经销商去铺货，消费端的需求能快速地反馈给生产端，再加上网络的聚集效应，爆款产生的概率大大提高了。

关于爆款可以理解为能引爆市场口碑的产品，它很难有一个标准，因为每个行业的规模不一样，判断的标准自然也不一样。比如鞋子，可能卖 100 万双以上就算是爆款，但牙膏的话，可能要卖 1000 万支以上才算是爆款。打造爆款是一个系统性工程，需要选品、测款、流量、活动、视觉等各个环节的配合。接下来，我们通过一个案例讲述打造爆款的两个关键点：一个是超级痛点，另一个是超级传播。

这个案例属于典型的单爆款店铺——云鲸，它靠着一款单品月销售额超过了 1 亿元，客单价高达 4299 元。2020 年首次参加"6·18"年中大促，云鲸推出的一款叫"小白鲸"的全自动扫拖一体机器人在 6 月 16 日零点开售，30 秒售罄 13000 台，后来追加 4000 台，再次售罄，3 小时内销售额就突破了 6000 万元，2020 年 4 月初云鲸还获得了字节跳动的投资。

1．超级痛点

什么叫超级痛点？超级痛点是用户诸多痛点中最迫切、最直接、最重要的痛点。毫无疑问，找痛点是一切产品的基础，找痛点也是一切创新的基础，但在互联网时代，还得学会找到用户的超级痛点，不然很难登上金字塔的顶端。关于如何找到用户的超级痛点，首先需要找到目标人群，然后做到产品高性价比和高品位。接下来，我们结合云鲸这个案例进行分析。

（1）找到目标人群

对于同样一款产品，消费者有很多不同的诉求，比如扫地机器人，有的人希望扫地干净，有的人希望续航久，还有的人希望足够智能。这些诉求表面上看起来都是消费者的痛点，但到底哪一个才是消费者的超级痛点呢？这就需要我们弄清楚品牌的目标人群。拿扫地机器人来讲，它爆发的原因其实是"懒人经济"的兴起，因此，它的目标人群是在互联网上成长起来的年轻人，这些年轻人的核心诉求是希望能够从烦琐、费时的家务劳动中解脱出来。然而，扫地机器人这个品类虽然经过了多年的发展，但实际上并没有很好地解决年轻人的核心痛点，尤其在拖地的表现和效率上，不仅时常需要人工去补拖，还需要人工换洗抹布和晒干，这些都是年轻人吐槽比较多的地方。而云鲸用了 3 年时间研发出全球第一台全自动扫拖一体机器人——小白鲸，它不仅能有效地清除地面上绝大多数颗粒垃圾和污渍，还能在拖地时自己清洁拖布，真正做到了解放年轻人的双手。试想一下，如果云鲸只是在传统扫地机器人的基础上做了一些优化，那么它也很难脱颖而出（见图 10.4）。

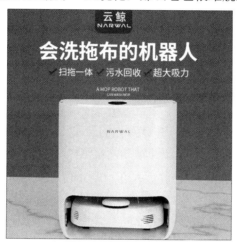

图 10.4　云鲸

（2）高性价比

很多人把低价等同于高性价比，这其实是一种误解。真正的高性价比是价格与品质的完美结合，也就是把产品性能做得足够出色，同时价格不超过客户的预期。这的确很难，但所有的超级爆款无一例外都遵循高性价比的原则。比如小米移动电源，当时华米科技的 CEO 张峰有两种方案，一种是生产更高标准的进口移动电源，售价 99 元；另一种是生产国产电池的移动电源，售价 69 元。结果，雷军告诉张峰必须按进口标准做 69 元的移动电源，这个决策让小米移动电源从诞生的那刻起就有了"价格屠夫"的称号。同样，与那些价格动辄上万元，功能却没有太大突破的高端扫地机器人相比，能做到全自动扫拖一体的机器人"小白鲸"无疑具有极高的性价比。

（3）高品位

什么是品位？它体现的是一种更高的消费维度，是你不用这个产品就"out"了。我们来看一下云鲸是如何做到让自己有品位的。第一个动作，在外观设计上足够惊艳。云鲸用了 3 年时间去优化它的外观设计，最终做出来的产品既实用又好看，无论用户的房子属于哪种装修风格，云鲸的产品都能够很好地融入进去。第二个动作，在技术上达到了行业专业水平。云鲸不仅获得了 CES 创新奖、德国红点设计奖、德国创新奖和欧洲 PlusX 等奖项，更在 2020 年获得了电子技术领域的"诺贝尔奖"——爱迪生发明金奖，乔布斯、埃隆马斯克等人都得过该奖项，这些奖项不仅提升了云鲸的科技感，还让消费者感到满满的品位。

2．超级传播

什么叫超级传播？超级传播不是那种"大撒把"式的营销模式，比如"央视广告+线下门店"，而是基于大数据的精准营销模式。结合云鲸这个案例，超级传播有三个行动工具：找到核心人群、激发用户参与感和事件营销。

（1）找到核心人群

深刻洞察某个核心人群的需求，并针对他们开发相应的产品，这在如今成了一种核心竞争力。很多成功的企业最初的核心人群都是小众群体，比如小米一开始主要是"发烧友"在用，苹果一开始主要是设计师在用，而京东一开始则主要是 IT 男在用。运营人员千万不能忽视小众群体，特别是那些意见领袖型的小众群体。云鲸在首发时，选择了欧美影响力最大的两个众筹平台 Kickstarter 和 Indiegogo，类似于国内的小米和京东众筹，受众人群大多是科技"发烧友"、数码爱好者、白领等，这些人不仅具有很强的溢价能力，还乐于分享，他们后来都成了云鲸的核心人群。

（2）激发用户参与感

找到核心人群后，企业还要激发用户的参与感。如果你去看云鲸天猫店的产品评论就会发现，有段时间评论区里几乎都是清一色带话题的长文，大多在 200～300 字，这其实是一种不错的激发用户参与感的手段。

（3）事件营销

超级传播的最高境界是把营销做成事件。云鲸有两个非常成功的营销事件：一个是在众筹过后，云鲸的"小白鲸"全自动扫拖一体机器人得到了国内外众多科技爱好者和欧美媒体的关注，有 90 多家国外媒体对其进行了报道和评论，福克斯新闻还做了特别介绍；另一个是在 2020 年 5 月 30 日晚上 8 点半，云鲸的全自动扫拖一体机器人出现在"聚划算官方优选官"刘涛的直播间里，还没等刘涛介绍完产品就被抢空，通过这次直播带货，当晚云鲸天猫店的进店人数同比增长了 2500%，相当于同时涌进来四五万名新客户。

10.4　IP 思维：让用户爱上你

我们知道品牌定位的最终目的是抢占消费者心智，它所依赖的是产品，先有产品，后有品牌。但在现实生活中，有些交易行为并不依赖于产品，比如粉丝经济，它依靠的是明星本人的魅力。还有的品牌，它可以超越自身产品的局限，延伸为各种商业形态，比如可口可乐早已不局限于饮料这种产品形态，还推出了服饰、食品、文创等相关的产品。

明星和可口可乐，从某种程度上来讲都可以称作 IP。那品牌和 IP 到底有什么区别呢？关于品牌，菲利普·科特勒指出，品牌是一个名称、名词、符号或设计，或者是它们的组合，其目的是识别某个销售者或某群销售者的产品或劳务，并使之同竞争对手的产品和劳务区别开来。关于 IP，全称为"Intellectual Property"，其原意为"知识（财产）所有权"或"智慧（财产）所有权"，也称为智力成果权。不过随着概念的泛化，现在很多东西都可以称为 IP，比如漫画、电视剧、小说、游戏，或者某个人、某个角色、某个金句，又或者某种商业现象、某种商业模式、某种思维方法等，包罗万象。

从相同点来看，品牌和 IP 都是一种符号，都需要辨识度和个性，都有连接力。从不同点来看，品牌更多地围绕商品产生，它跟用户是价值交换的关系。而 IP 则围绕内容产生，它跟用户是情感共鸣的关系。很多运营人员容易把两者混淆，甚至有的人认为打造品牌就是打造 IP。其实，我们可以把 IP 理解为打造品牌的一种工具或方法，当品牌为自身塑造了鲜明的特色，并通过持续、有价值的内容输出赢得了越来越多用户的喜爱和追随时，品牌就变成了 IP。换句话说，并不是所有的品牌都可以称作 IP，IP 是品牌进化的高级阶段。接下来，我就通过一些案例来解释如何把 IP 思维应用到日常运营中。

1. 联名

联名有两个好处，一个好处是扩大品牌的影响力，另一个好处是拓展品牌的消费人群。比如铜师傅，2013 年成立，2018 年营来收入就突破了 6 亿元。在工艺品这个非刚需且低频的行业，铜师傅能取得如此优异的成绩，成功的秘诀之一就在于借助了 IP 的力量。大家都知道工艺品是一个非常传统的行业，它跟年轻人基本上是脱节的，要么高高在上，价格贵得离谱，年轻人够不着，要么粗制滥造，不符合年轻人的审美。但铜师傅借助 IP 的强大力量实现了华丽转身，我们所熟知的大 IP 里基本都有铜师傅的影子，比如齐天大圣、流浪地球、漫威、变形金刚、故宫等。

2. 打造个人IP

有句玩笑话是"这个时代最不缺的就是网红",但我们缺 IP。IP 不仅需要内容作为基础,更需要经得起时间的考验。比如李子柒,这个在视频里活成了当代陶渊明的女子,通过拍摄古风美食视频,不仅创造了巨大的经济效益,还成为外国人了解中国传统文化的一张名片。2018 年 8 月,李子柒同名天猫店正式开业,上线仅 3 天,就有 5 款产品同时创下了千万元销售额的佳绩。2019 年"双 11"期间,李子柒天猫旗舰店总成交额突破了 8000 万元。从业绩来看,李子柒作为网红的变现能力可见一斑。除此之外,李子柒作为 IP 的影响力也不可小觑,她的抖音粉丝超过 3000 万,微博粉丝超过 2200 万,天猫店铺粉丝超过 300 万。李子柒的视频在 YouTube 上的总观看量接近 10 亿,粉丝数与全球影响力最大的媒体之一 CNN 相比,仅落后了不到 2 万,超过 800 万。

李子柒这个 IP 的成功塑造主要有三个原因,分别是抓住了短视频兴起的红利期,内容定位精准,以及有专业团队的操盘。这里重点分析一下李子柒是如何打造内容的。

我们都知道网红千千万,但能持续火爆的没几个,李子柒不仅火了这么长时间,而且她的视频内容还得到了官方媒体的赞扬,人民日报认为"李子柒的视频不着一个英文字,却圈了无数国外粉",央视新闻认为"没有一个字夸中国好,但是她讲好了中国文化,讲好了中国故事"。如此高的评价不仅是给李子柒本人的,更是给她视频中所表达的中国传统文化的。可见,内容在李子柒 IP 形成的过程中发挥了至关重要的作用,我们通过两个角度进行解析。

(1)内容定位精准

随着进入短视频行业的创作者越来越多,短视频内容正在走向同质化。当某个题材得到大众和市场认可后,相似的题材便遍地开花,这导致了受众的审美疲劳。因此,短视频创作者想要从激烈的市场竞争中脱颖而出,并占有一席之地,就得另辟蹊径。李子柒在内容定位上,可谓是"独树一帜",她在微博上的简介是古风美食博主,她巧妙地抓住了"古风"和"美食"两个元素,拥有了独一无二的内容定位。

(2)人设的塑造

除了内容定位精准,一个大 IP 还必须塑造独特的人设。李子柒能上山、下田,个人辨识度高,外形婉约、恬静,着装文艺清新。尤其是视频里李子柒对奶奶无微不至的照顾所表现出来的浓浓亲情,为她打上了孝顺的人设标签。同时,李子柒一直有意地控制自己的曝光度,这其实是一种爱惜羽毛的表现,与某些网红不断靠"搏出位"来增加曝光度不同,李子柒的这种克制反而让粉丝觉得特别踏实和低调。这些独特又触动人心的人设标签，让李子柒得到了上至官方媒体、下至普通大众的一致喜爱。

当然，李子柒毕竟只有一个，她的成功有其必然性，也带有偶然性，但其中打造 IP 的思路和方法值得运营人员借鉴。其实很多淘宝或天猫店铺在打造个人 IP 上摸索出了属于自己的方法，比如卫诗理旗舰店，作为天猫中高端家具品牌的代表之一，它的客单价高达 1.6 万元。卫诗理致力于将自己的创始人打造成 IP，它店铺里专门有一个版块叫"创始人说"，这位创始人在用自己的方式告诉客户，卫诗理卖得不仅是家具，更是一种生活方式。还有一家叫吉普号的天猫店，为了能从一堆茶叶品牌中脱颖而出，吉普号推出了它的个人 IP——小黑，一位留着络腮胡子、皮肤黝黑的主播，他同时是品牌的首席知识官。小黑不仅辨识度高，还具备丰富的专业知识，他出镜拍摄的视频的总播放量已经达到了几千万次。其实，并不是只有像马云、董明珠、雷军这样的知名企业家才叫 IP，中小企业也可以打造属于自己的 IP。

3．打造虚拟 IP

虚拟 IP 指的是实物以外的 IP，比如游戏、小说、漫画、电视剧、玩偶等。以具有强大吸金能力的超级 IP 小猪佩奇为例，它不仅成功带火了动画，还带火了包括鞋服、玩具、零食等在内的周边产品。同样，三只松鼠也在尝试进行品牌的 IP 化运营。打开三只松鼠的官网，你会发现三只萌萌的小松鼠飞在空中，背景上是城堡、蓝天和白云。三只松鼠被定义为"来自松鼠星球的三只宠物——小贱、小美、小酷，它们是主人心目中的'萌宠天团'"。围绕三只松鼠的形象，品牌还推出了动画片、壁纸、表情包，以及松鼠手游、延伸周边等产品。未来三只松鼠的产品还将外延到吃喝玩乐等更多业态，这也是其获得资本市场青睐的核心因素之一，因为它充满了想象空间（见图 10.5）。

🛒 图 10.5　三只松鼠

第 11 章

移动社交时代的传播之道

11.1 内容思维：让传播更有黏性

内容有多重要，相信做运营的朋友从历次淘宝的升级中可以看出一些端倪。2013 年，淘宝推出千人千面机制，从细分类目中抓取特征与用户兴趣点相匹配的商品，提供更丰富的"逛"的场景。2014 年，淘宝力推"All in 无线"战略，在电商领域率先完成无线化。2016 年，淘宝直播诞生，埋下了下一个风口的种子。2017 年，淘宝提出智能化和内容化，增加了"猜你喜欢"模块，对淘宝进行智能化改造。2018 年，"猜你喜欢"从第 7 屏跃升至第 2 屏。2019 年，淘宝直播进入淘宝首页。2020 年，"猜你喜欢"进入淘宝首页。不难发现，淘宝的每次升级都更加以"人"为中心，从以前的"人找货"发展到如今的"货找人"，同时更强调沉浸式的购物体验。在流量已见顶的大环境下，如何提高用户黏性俨然已成为淘宝和商家要解决的难题，而内容恰恰是提高用户黏性最重要的手段之一。运营人员可以从以下两方面入手，一方面是品牌自主生产内容，另一方面是品牌与用户共创内容。

1. 品牌自主生产内容

品牌能够生产的内容种类非常广泛，比如品牌故事、产品介绍、行业资讯、奇思妙想等。内容已经成为品牌与消费者进行沟通的一个非常重要的载体。以认养一头牛为例，它于 2016 年年底成立，当时所在的常温奶行业几乎被伊利、蒙牛这样的巨头所垄断，这两家企业占据了 78%的市场份额。2018 年，认养一头牛正式入驻天猫，目前用户已经超过 2000 万，其中包含 500 万资深会员，销售额超过 15 亿元。为什么偏偏认养一头牛迅速发展起来了呢？这不是单靠品质好就可以解释的。于是，我研究了很多资料，总结出另外一个非常关键的因素：认养一头牛交付给消费者的并不是简单的牛奶产品，而是放心与信任，而实现这点所依靠的是品牌从创立伊始就确定的方法——用内容塑造可信赖的品牌。

相信国人对于民族乳企都有一种恨铁不成钢的感觉，2008 年的"三聚氰胺"事件至今仍历历在目，自此以后，喝上一杯"放心奶"就成为人们最基本的诉求。2014 年，认养一头牛的创始人徐晓波从房地产商转型成为"农场主"，他带领团队斥资 4.6 亿元在北纬 37 度优质奶源带建立了一座现代化的牧场。徐晓波意识到，一杯好奶必须从源头上进行把控。可好酒也怕巷子深，那时蒙牛、伊利一年的广告费就高达 50～60 亿元，作为新兴品牌，认养一头牛拼广告费肯定是拼不过的，于是它只能靠被巨头们忽视的内容营销去出彩。在内容营销上，认养一头牛至少有以下几个方面值得借鉴。

（1）创始人故事

创始人是一个品牌的灵魂，他决定了品牌的基因。很多品牌在讲创始人故事时喜欢宣扬创始人从草根走上人生巅峰的过程，这虽然听起来很励志，但对于消费者来讲，其实没有任何实质上的意义。一个好的创始人故事应该让消费者找到情感上的共鸣，让消费者通过创始人故事感受到品牌的初心与温度。在这方面，认养一头牛做了一个很好的示范，它的创始人故事是这样的。2012 年，徐晓波还在做着房地产生意，公司的发展势头十分不错，可有一件事让他很头疼，那就是为了让自己 4 岁的儿子能喝上进口奶粉，他每次都得托朋友从香港或国外带回来。有几次进口奶粉喝完了，没办法只能拿国产奶粉凑合，可徐晓波心里还是有些忐忑，毕竟国产奶粉曾经有过一段"不光彩"的历史。还有一次他刚好去香港出差，就多买了一些奶粉，结果在过海关时被香港海关查扣了将近 4 个小时。这件事让他感到特别的屈辱和懊恼，当时他就在想，为什么中国人就不能喝上自己生产的放心奶呢？于是，他决定自己来做，由于养牛属于重资产行业，徐晓波不仅将自己所有的积蓄都投入进来，还向亲戚朋友借了不少钱，这才有了认养一头牛的诞生。看完这个创始人故事，我相信消费者，尤其是做父母的，都能找到情感上的共鸣，进而对品牌产生好感。

（2）产品故事

如果说创始人故事增加了消费者对品牌的好感度，那么产品故事就要建立消费者对品牌的信任感，前者虚，后者实，虚实结合才是一个好的内容组合。一个好的产品故事，当然不是罗列卖点这么简单，还要让人有画面感，要调动人的"五觉"，包括视觉、听觉、触觉、味觉、嗅觉。我们不妨来看一下认养一头牛的产品故事。牧场里的每头牛都是从澳洲直接引进的纯种荷斯坦奶牛，在这个牧场里，牛吃的东西比人的要求还高，吃的是进口优质牧草，每头牛平均每天的伙食费就要80多元，喝的是地下深井水，每天还要按摩、洗澡、听音乐等。牧场里还采用了世界上最先进的瑞典Delaval利拉伐转盘式挤奶台，让奶牛在音乐声中就完成了挤奶过程。为了保证原奶的质量，牧场的奶牛每年还可以休假3个月。此外，牧场的管理也达到了非常精细化的程度，比如分析实验室的5位员工，除了每天检测牛吃的东西，还要对每车发出去的牛奶进行严格检测。为了让消费者更加放心，认养一头牛还会通过直播展示奶牛在牧场的生活。这个产品故事让消费者仿佛置身于一个现代化的牧场中，能亲自看到、听到、闻到、触碰到牧场里的每个细节，从而加深了消费者对产品的信任感（见图11.1）。

图11.1　产品故事

（3）认养模式

认养一头牛不是名字上的噱头，它还真的把"认养"模式落到了实处，消费者可以通过云认养、联名认养、实名认养三种模式认养它家的奶牛。

- 云认养。这是一种线上互动游戏，消费者可以通过淘宝和微信的小程序进行云养牛。除了能在线上认养奶牛、奶牛养成、挤奶互动、牛奶兑换等，消费者还会收到牧场的动态和直播。

- 联名认养。认养一头牛联合敦煌 IP 等推出联名卡，消费者可以通过购买季卡、半年卡、年卡等获得联名认养权，享受定期新鲜产品直接送到家服务，以及主题型会员定制权益。

- 实名认养。消费者真正成为品牌的养牛合伙人。消费者可以在专供牧场提前一年预定牛奶，最高等级的会员还能为奶牛命名，认养一头牛也会定期向会员反馈奶牛的照片及各项生长数据。

认养一头牛通过创始人故事、产品故事、认养模式等内容赋予了产品丰富的内涵，在传播过程中，消费者不仅很容易记住品牌，还与品牌产生了情感上的共鸣，这才是品牌自主生产内容所要达成的最终目的。

2．品牌与用户共创内容

如今用户对于品牌的诉求不再是简单地满足价值交换，而是希望能够更多地参与品牌创造的过程。反过来看，品牌与用户进行互动，一方面可以让内容的形式更加多样化，另一方面可以指导产品研发与宣传策略的改进。接下来，我们通过一个案例讲述品牌如何与用户共创内容。

2020 年，从天猫"6·18"的数据来看，酒类迎来了开门红。其中，果酒类目的增长率超过了 80%，梅见品牌毫无悬念地成为果酒类目的销量第一，"6·18"前 1 个小时的成交额就超过了去年"双 11"全天，连续 6 个月保持了 100% 的环比增长。作为成立不到两年时间的"后浪"，梅见能以如此快的速度拿下果酒类目的第一名，这不得不让人感到好奇。在对梅见进行深入分析之后我发现，它的成功除了品牌定位精准，还与它十分重视用户参与感有很大的关系。

在线上，梅见经常与用户进行互动，比如微博上，梅见通过"记忆中的青梅酒"的话题互动，邀请用户分享品酒经历，以及与青梅酒有关的故事和情绪。梅见官方还组建了"小梅子唠嗑群"，跟粉丝进行深度连接。在线下，梅见经常组织酒友会、抖友红人之夜等社交活动，吸引了大批粉丝前来参加。通过与用户之间的频繁互动，梅见达成了两个目的：一是对青梅酒的认知教育效果进行了"验收考核"，从用户发布的内容中，梅见能够轻易地洞察出用户对于品牌认知程度的深浅；二是让梅见真正成为一个用户的品牌，用户在分享与梅见有关的经历或情感故事时，实际上与品牌产生了一种特有的情感连接，这种情感连接赋予了品牌独特的精神内涵（见图 11.2）。

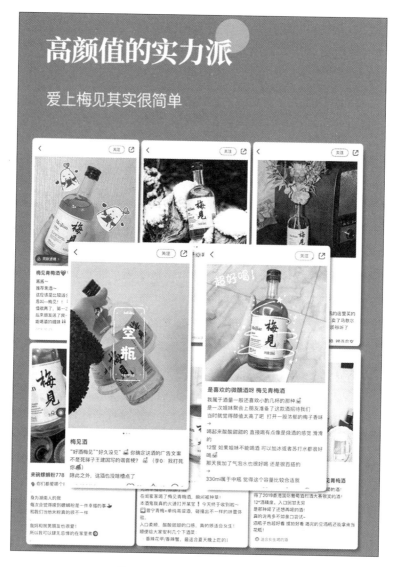

图 11.2　与用户共创内容

11.2　圈层思维：我们不一样

在讲圈层思维之前，我们先来厘清圈层和社群两个概念。圈层与社群存在共性，即都是具有相同社会属性或相似兴趣爱好的人群集合体。不同点在于，优质的社群往往都有统一的信仰，存在稳定的信仰中心，比如《罗辑思维》和"企鹅吃喝指南"的信仰中心分别是罗振宇和王胜寒，他们作为意见领袖，通过一次次向成员灌输自己的价值观，将认同自己信仰的人聚集在身边，并从中获取商业价值。然而，圈层的聚集则更多是自发形成的，每个圈层里虽然都有个别威望高的人存在，但无法形成一个稳固的精神领袖，也就是说圈层不等于社群，但社群一定是圈层。

圈层思维与运营的关系，主要包含以下两方面。一方面，随着竞争的加剧，品牌不断地推出更大力度的促销活动，但收效甚微，消费者对于各类促销活动的反应从"哇"渐渐变成了"哦"。在这种情况下，品牌只有深入消费者生活的圈层才能够赢得市场竞争。以我自己为例，我的妻子就经常在小区的宝妈群里买大米、红薯、生活用品等，并不是说这些东西跟超市里的有什么不同，而是她们作为宝妈有着共同的话题和兴趣，这让她们之间多了一层信任感。另一方面，电商平台的获客成本不断上升。相关数据显示，2019 年淘宝、京东的获客成本已经达到了惊人的 536 元和 757 元，就连拼多多的获客成本也从 2017 年的 10 元提升到了 143 元，增长了 10 倍不止。在这种大背景下，商家必须从以往的粗放式运营向精细化运营转变，而圈层思维就是精细化运营的重要手段之一。接下来，我跟大家分享利用圈层思维的三个步骤及一个案例。

1. 利用圈层思维的三个步骤

第一步，精准划分圈层

如果不懂得划分圈层，精准营销就无从谈起。我们都知道人可以被贴上不同的标签，因此人也可以被划分到不同的圈子里，比如一个人既可以喜欢汉服，也可以喜欢摄影，还可以喜欢美食，那么他的圈层就有汉服圈、摄影圈和美食圈。运营人员只有弄清楚了用户所处的圈层，在营销时才能"对症下药"。

第二步，制定不同的营销方案

圈出目标用户后，接下来就要思考用什么样的方式拉近与用户的距离，品牌所处的阶段不同，采取的方式也会不同。比如品牌初期，一定要利用专业性，先把一个圈层搞定，再去突破另外一个圈层，否则很容易被用户质疑，甚至抛弃。例如，之前 B 站官方做了一张海报却惹祸上身，很多用户指出海报上的人物设计是抄袭某个冷门动漫中的人物，B 站的这种行为对目标用户的伤害其实是很大的。因此，品牌一定要针对不同的圈层制定不同的营销方案，这样一方面能体现出品牌的专业性，另一方面能让用户感受到品牌的用心，从而自发地替品牌去做宣传。

第三步，注重对圈层的维护

想要维护好圈层，品牌就要不断地付出，比如通过活动加强圈层内成员之间的关系，而不是只会一味地推销自己的产品。

2. 案例分析

这个案例是比较火热的美妆品牌——完美日记。2017 年 8 月，完美日记天猫旗舰店正式上线；2018 年"双 11"，完美日记仅用 90 分钟就突破了 1 亿元的销售额；2019 年"6·18"年中大促，完美日记跻身"亿元俱乐部"，销售额位居美妆类目第一名，销售额增速达到了 1193%，成为消费品行业的明星品牌；2019 年 9 月 11 日，完美日记完成了 C 轮融资，估值超过了 10 亿美金。从诞生到爆发，完美日记仅用了两年左右的时间，这种速度在任何行业都算得上十分罕见。可能很多人会说完美日记是靠小红书火起来的，这种说法其实并不是十分准确，如今社交媒体早已不是什么新鲜事物，为什么只有完美日记逆袭成为美妆类目的第一名呢？经过深入分析我发现，完美日记还有一个撒手锏，那就是它能够十分娴熟地利用圈层营销。

相信大家对"流量黑暗森林"这种说法并不陌生，它说的是网络上的流量虽然多，但每个人的注意力其实都被分散到了各个不同的平台里，品牌想要精准触达目标消费群体，变得越来越困难。在浩瀚的互联网"流量黑暗森林"中，完美日记是如何找到自己用户的圈层并将其引爆的呢？根据分析，与完美日记关联度比较高的圈层有娱乐饭圈、自然保护圈、国风圈、时尚圈、艺术圈、丽人圈等。我们不妨来看一下，在 2017—2019 年，完美日记的圈层营销都有哪些特点。

在品牌初期，完美日记基于"从 T 台获取灵感，提炼时装周元素和色彩"的产品理念，从时尚圈、丽人圈起步，以强调品牌定位来获取核心用户的欢心与口碑。在品牌中期，随着初期圈层中的声量开始逐渐饱和，以及圈层规模触及天花板，完美日记急需通过突破圈层扩大用户的规模，这个时期完美日记仍然将自身的目标用户锁定在有一定关联的圈层，比如流量饭圈、艺术圈等。在品牌成熟期，完美日记开始有能力和余力去探寻更多的可能性，此时关联度已经不是最重要的，而是否有足够鲜明的主题，以及用户群体的规模，反而成为品牌选择圈层需要考虑的重要因素。

我们以完美日记店铺里一款名为"探险家十二动物眼影"的产品为例。从 2019 年 3 月开始预热，到一个月后走向常态化运营，完美日记投放微博 KOL 的规律如下。

首先，美妆达人这种高度精准的 KOL 是完美日记长期保持投放的，并且完美日记通常会选择微博粉丝量在 2 万以下的小型 KOL。显然，这部分 KOL 对完美日记来说，性价比是最高的，转化率也是最理想的。

其次，由于符合完美日记要求的优质美妆达人的数量有限，因此在需要大力宣传时，完美日记会寻找关联度较高的其他圈层的 KOL，比如时尚达人、品牌账号、搞笑博主、娱乐八卦等，以便在短时间内拥有较高的曝光量，从而引发话题讨论。

最后，在新品有了足够的市场认知度之后，完美日记就会迅速放弃对其他圈层 KOL 的投入以节约经费，仅保持对优质美妆达人的持续发力，并重点引导用户进行购买。

除了对 KOL 进行组合优化，完美日记的精细化运营还体现在对推广内容的制定上。我们看看 2019 年 3 月至 4 月完美日记在小红书上的内容变化，在"探险家十二动物眼影"这款新品推广的初期，完美日记内容营销的核心是产品信息的输出和植入，目的是让用户快速了解产品的核心优势，这个阶段的内容形式是以博主试色、体验描述为主的产品推荐。随着一个月的重点曝光，用户必然会产生阅读疲劳，从而使产品的转化率下降，此时完美日记迅速转为将化妆教程作为投放的重点，既维护了品牌的美誉度，又保持了品牌声量的稳定输出。最终，完美日记 2019 年的品牌购买潜力相较于 2018 年实现了 24 倍的增长，品牌美誉度也从 2018 年的 18.6% 提升至 2019 年的 24.2%，真正实现了销量与口碑的双赢。

第 12 章

留住用户才是正确姿势

12.1 产品思维：好的产品会说话

产品好坏几乎决定了淘宝天猫运营的成败，但很多运营人员不知道从何入手。接下来，我就通过两个案例跟大家聊聊产品思维中非常重要的两个方面，一个是聚焦，另一个是极致。

1. 聚焦

想要打造让消费者流连忘返的好产品，品牌首先要学会的是聚焦，只有聚焦才能产生放大镜效应。比如内衣品牌新起之秀 Ubras，2016 年成立，第二年线上销售额就突破了 7000 万元，2018 年 8 月获得了今日资本 5000 万元的 A 轮融资，2020 年"6·18"开卖不到一个小时，销售额就超过了 2019 年"6·18"全天。内衣是一个竞争十分激烈的传统行业，Ubras 能取得如此惊人的成绩，很重要的一点在于它懂得聚焦。如果你去 Ubras 的天猫店逛逛就会发现，无论是商品详情页还是产品外包装，都显得有点朴实和无趣，这其实是 Ubras 刻意营造出来的氛围，它希望消费者能把注意点集中到一个地方，那就是产品本身的舒适好穿。为了做到这一点，Ubras 在行业内开创了两个先河。

（1）内衣做到真正的无痕

随着年轻女性群体更加关注穿着体验，很多品牌都争相推出了无钢圈内衣，但实际上，无钢圈并不等同于健康舒适，很多无钢圈内衣甚至偷换概念，用胶骨等硬物取代钢圈。而 Ubras 只有一个标准——穿了就像没穿一样。为此，Ubras 选择用点状胶技术代替传统的胶骨和车缝，并抛弃了传统的海绵和钢圈，让内衣真正的舒适且无痕。

（2）无尺码选择

针对线上用户经常感到头痛的尺码选择问题，Ubras 将产品规格简化为 S、M、L、XL 四个尺码，用户只要根据自己的身高和体重就可以迅速选择合适的尺码。同时为了实现真正的无尺码选购，Ubras 还研发了包容性更强的专利——水滴形模杯，它采用了可以横向拉伸两倍以上且 100% 回弹的面料，大大提升了内衣对不同身材的包容性（见图 12.1）。

🛒 图 12.1　Ubras

聚焦其实就是把一个点击穿，只有在 1 厘米宽的地方做到 1000 千米深，产品才能在消费者的脑海中形成记忆点，而这个记忆点会让消费者不自觉地重复购买。聚焦策略说起来可能很简单，无非就是给产品做减法，但很多商家往往容易陷入以自我为中心的怪圈，总觉得产品的功能越多越能得到消费者的认可，殊不知如今没有突出特点的产品，消费者连看都不会看一眼，更遑论购买了。

2. 极致

如果说聚焦是把一个点击穿，那么产品只有做到真正的极致，才能让消费者离不开。比如轩妈，靠着一个单品蛋黄酥，2018 年的销售量就超过了 6000 万枚，年营业收入达到了 2 亿元，一跃成为淘宝传统糕点类目的销量冠军，更重要的是，轩妈的复购率竟然达到了 50% 以上。再举个反面例子——雕爷牛腩，它可以称得上是餐饮网红的鼻祖，曾经风光无限，用餐排队都要等两个小时以上，如今品牌却陷入了亏损、倒闭的泥潭，原因就在于雕爷牛腩过于依赖所谓的流量泡沫，偏离了餐饮的本质，没有把产品做到极致，导致最终被消费者抛弃。

该如何把产品做到极致呢？轩妈可以说是非常好的一个案例。要把一枚蛋黄酥做好吃其实并不难，难的是批量化生产之后还能保持蛋黄酥稳定的口感与品质。轩妈在传统工艺的基础上对蛋黄酥进行了大幅改进，比如改用锁水性较好的动物性黄油，它能让蛋黄酥的最佳口感延长至 20 天；再比如蛋黄部分，轩妈从源头上进行把控，要求供应商根据重量和产蛋日期分批腌制鸭蛋，以确保每批生蛋都具有相同的成熟度。此外，为了增加绵密口感，轩妈创造性地在蛋黄酥里添加了日本糕点中常用的雪媚娘层。正是凭借着这股子工匠精神，轩妈蛋黄酥在 2019 年 6 月获得了有着"食品界诺贝尔奖"之称的世界食品品质评鉴大会奖。不仅如此，轩妈还根据消费者的口味变化增加了芝士冰沙、紫薯味、桂花味、双层雪媚娘等新品。在蛋黄酥这条赛道上，轩妈一定不是走得最快的那一个，但它是走得最踏实的那一个，它的每个动作都围绕着"让消费者吃到一枚称心满意的蛋黄酥"这个初心而努力，并且保持极致的专注，最后消费者用味蕾投下了最诚实的一票，回报了轩妈的这份至诚之心（见图 12.2）。

图 12.2　轩妈

12.2　场景思维：无场景不消费

场景无处不在，特定的时间、地点、人物存在特定的场景关系，延伸到商业领域就会创造出不同的消费市场。传统电商是将消费场景从线下搬到线上，但随着人们的时间逐渐被智能设备碎片化分割，消费场景也变得移动和分散。虚拟世界与现实世界的交错融合，使得任何一个生活场景都有可能转化为实际消费场景，市场开始由价格导向转化为场景导向。

场景思维其实就是品牌在某个时间、某个地点，通过某种方式满足某种类型用户的某种欲望。比如零食，它可以分为在家里追剧时吃的，在办公室休息间隙吃的，在户外聚餐时吃的。接下来，我们通过以下五个维度探讨如何利用场景思维。

1．个性体验

随着个性化时代的来临，消费者越来越注重购物体验，有的品牌注意到了这种趋势并加以利用，很快就提高了用户的黏性和转化。比如前面讲过的伯喜，它从淘宝店起步，但成立不到一年就进入了线下市场，线下门店的客单价也做到了六七百元，连带率做到了 4 以上，动销率表现得也十分不错。这些成绩的取得离不开伯喜深度的场景化运营策略，像太空舱、2D 衣帽间、主题试衣间、趣味袜子机等创意空间都被搬进了伯喜的实体门店，成为网红打卡点。在小红书等社交媒体上，伯喜的"无性别时装实验室""网红试衣间""酷女孩""情侣装"等标签也被用户反复提及。

这种场景化运营策略有两个好处。一是降低了品牌的营销推广费用。实际上，伯喜线上的营销推广费用占比不到 8%，这得益于它快速上新的策略，以及实体门店的流量反哺。由于伯喜的线上和线下是完全打通的，因此很多消费者在实体门店体验后会自动转变为线上店铺的粉丝，而不像有的传统品牌那样存在左右手互搏的情形。二是带动了年轻人的自发传播。很多年轻人体验过伯喜的实体门店后都会不自觉地将其中好玩、有趣的场景元素分享到社交媒体上，这无形中替品牌做了二次宣传，关键是免费的。当很多传统品牌把门店做得中规中矩时，伯喜已经通过个性化的场景设计吸引了年轻人的目光，他们在门店里不仅能体验到科技与时尚带来的视觉效果，还能拍照、玩乐和社交。

2．精准营销

当商家不顾场景强行推销时，消费者往往很容易产生抗拒或厌恶的情绪。比如很多健身会所的推销员，哪怕遇到一个双手拎着重物的行人，也要强行将其拦下进行推销，这时候对于行人来说就是一种骚扰。品牌真正要做的是让消费者在不同场景下看到他想看的信息，即精准营销，而不是广撒网骚扰式的粗放营销。

3．产品研发

有的消费行为看似矛盾，但只要放到具体场景中，立马就变得合理起来。比如有的南方人对东北人冬天吃雪糕这种行为很不理解，但只要去过东北的人都知道，那里每家每户都装着暖气，冬天室内的温度和南方一样，了解了这一点，东北人冬天吃雪糕就变得合理了。

再举个天猫店案例——左都旗舰店，它店铺里的一个爆款就是利用场景思维开发出来的。很多人在下雨天坐车时都会碰到一个烦恼，那就是上车收伞时会弄得车上到处都是雨水。针对这个场景，左都专门研发了一款反向雨伞，其主打卖点就是防泼水、防湿车。这种策略不仅让左都成功避开了同行之间的激烈竞争，还让它赚得盆满钵满。

4．促进下单

运营人员都知道转化率的重要性，尤其现在流量成本越来越高，谁的转化率更高，谁就更有竞争力，而利用场景思维能帮助企业大幅度提高产品的转化率。比如叁肆钢旗舰店，它在介绍一款不锈钢菜板时，没有大讲特讲产品的卖点，而是通过几个家庭场景把消费者代入进去：一开始的场景是一位拿着坑坑洼洼竹木菜板发愁的女主人，以及使用了发霉藏菌木菜板而痛苦地捂着肚子的男主人，然后场景切换到了孩子给妈妈喂水果的温馨场面，场景里的产品换成了自家的不锈钢菜板，接着自然地过渡到用几个场景来描述产品易清洁、不伤刀、不串味等卖点。这样场景化的描述比只会简单罗列卖点的详情页设计更容易打动消费者。

5. 唤醒记忆

人本身就是场景下的生物，我们每天都要出入各种不同的场景，比如饭店、公司、家、电影院、电梯、游乐场等，在不同的场景下催生出各种不同的需求。同样，不同的场景会唤起我们不同的品牌记忆，比如当你吃火锅时，第一个想起的能去火的饮料品牌可能是王老吉，当你与同事在线下聊想法或创意时，第一个想起的场合可能是星巴克，等等。

以梅见青梅酒为例，它的成功跟精准的场景定位有着十分重要的关系。梅见青梅酒之所以将自身跟佐餐场景进行深度绑定，有两个原因：一是这个场景足够大，无论是独酌还是聚会，无论是男性还是女性，梅见青梅酒都能够切入进去；二是佐餐酒市场上还没有出现一个领导品牌，在我们认知里，红酒一般配西餐，但中餐好像缺一个大家普遍接受的酒类品牌。虽然白酒早已经普及，但口感太烈，不适合所有人，真正的佐餐酒一定是低度数且不抢菜味的，最好能够与中国菜的味道相融合。而梅见青梅酒恰好能够满足以上几个要求，青梅的酸可以激发味蕾，分泌唾液，激发出食物原本的味道；12 度的酒精含量，大众一般都可以接受；口感上酸酸甜甜，解辣解腻，适合各种菜系。因此，我们可以看到梅见的宣传都是围绕中餐这个场景展开的，目的是让大家在吃饭聚餐时第一个想起的中餐佐餐酒品牌就是梅见（见图 12.3）。

图 12.3　梅见